U0659156

京瓷哲学

人生与经营的原点

〔日〕**稻盛和夫** 著

周征文 译
曹岫云 译校

人民东方出版传媒
People's Oriental Publishing & Media

东方出版社
The Oriental Press

人类社会需要利他哲学

从科学管理到经营哲学

1982 年，我有机会去"日本生产性本部"学习"企业诊断"。"企业诊断"顾名思义就是给企业看病，药方就是科学管理的方法技法。

其主要内容就是泰勒的科学管理、戴明的质量管理以及丰田的看板管理，乃至后来德鲁克强调的目标管理，当然也包括开发产品、市场经营的战略战术等。总之，把企业的经营管理同"科学"两字挂钩。

　　偶尔有人提出经营是一门艺术。但是，没人把经营同"哲学"相连，当时不仅中国，甚至全世界，或许连"经营哲学"这个词汇都没有吧。

　　在这一点上，稻盛先生不愧是先知先觉。早在1956年，24岁的稻盛在一家陶瓷企业打工时，因为排除了杂念，全身心投入研究，他有了重大的发明创造。稻盛开始意识到"心纯见真"这个哲理。此后，在领导百余名部下进行生产销售活动过程中，他又悟出了把部下的力量凝聚起来的"以心为本的经营"。

　　当时三井物产一位大人物吉田先生在认真听取稻盛汇报后，说了这么一句话："才二十几岁的年轻人，真不简单，你已经有了自己的philosophy。"稻盛回去一查词典，才知"philosophy"就是"哲学"。"经营哲学"这个词汇就此应运而生。

　　稻盛先生说："在排除一切杂念，专注于一项研究的时候，我感到某种人生观在心里萌动，并以此为基础开始建立自己的哲学。我隐隐约约地意识到，这样的人生观或者说哲学是极其重要的东西。"

就是说，早在 59 年之前，稻盛就开始建立并实践他的经营哲学。但全世界的企业界，包括美国、日本、中国，长期以来没有人把"经营"同"哲学"挂上钩。汗牛充栋的都是有关企业经营的战略战术、方式模式、技术技巧，都是"术"的层面上的东西。

明确提出用"哲学"来经营企业，这是稻盛破天荒的创举。稻盛在 30 岁前后已经非常清晰地、相当完整地构建了他的"经营哲学"。与全体员工一起实践这种哲学，"京瓷"这个起步于街道工厂的零部件企业，居然挤进过世界 500 强。评价世界 500 强的标准有一个致命的偏差，就是只讲规模，不讲效益。如果销售规模和利润率两者兼顾的话，京瓷无疑依然是世界上最优秀的企业之一。京瓷 56 年来从未亏损，而且平均利润率保持在 10% 以上，这在日本乃至世界的大企业中恐怕绝无仅有吧。

而使用哲学这个"唯一的武器"，1984年，52 岁的稻盛开始创建第二电电（后更名为 KDDI），很快做到了通信公司中规模日本第二、利润率日本第一，而且不久就进入了世界 500 强，KDDI 至今仍保持着令人羡慕的业绩和强劲的发展势头。

更让全世界叹为观止的是：航空业的门外汉、78 岁高龄的稻盛先生进入刚刚宣布破产的日航以后，通过与干部员工们"哲学共有"，仅仅 1 年，就创造了日航 60 年历史上最高的利润，这个利润在全世界 727 家航空企业中遥遥领先。而且连续 5 年来，日航的利润和利润率在全世界独占鳌头，即使在稻盛离开日航以后，日航仍然保持了高收益的企业体质。

灿烂的思想哲学之花结出了丰硕的企业经营之果。从这个时候开始，"经营哲学""稻盛哲学""京瓷哲学"这些词汇才在日本、中国等地广泛流传。而一旦开始，这个势头将不可遏制，因为这个哲学就是经营一切事业的普遍正确的原理原则。

从利己到利他

人生在世，出于自我保护的本能，人会有各种利己的欲望，金钱、名誉、地位、权力等。这些不可一概否定。但人的欲望一旦过头，不但害人，而且害己。而人的欲望，如果不是有意识地加以抑制的话，很容易过头。特别是有能力、有贡献、有财富、有权力、有威望的人，一旦利令智昏，他们就无法对事情做出正确的判断，因而对集团乃至社会带来巨大的负面冲击。

对经营中面临的各种问题，都要很快做出正确的判断，有什么秘诀吗？稻盛在经营的烦恼中，悟出了判断事物的基准。

试想，如果没有尺子做测量长度的基准，我们就只能依靠目测，目测不可靠，而且因人而异，只有依靠尺子才能对物体的长度做出客观的正确判断。

那么判断事物有没有像尺子那样的基准呢？2001年10月28日在天津，我第一次听到稻盛讲，把"作为人，何谓正确？"当作判断一切事物的基准。当时我就有一种莫名的惊喜，一种醍醐灌顶的感觉。

换句话说，判断事物不以得失为基准，而以是非为基准。而"是非之心，人皆有之"。所谓"是非之心"就是人本来就具备的良知。具体来说，就是做人应该正直，不应该虚伪；应该谦虚，不应该傲慢；应该勤奋，不应该懒惰；应该知足，不应该贪婪等。更具体地展开，就是本书《京瓷哲学：人生与经营的原点》的78条及其稻盛对每一条的详细解释。

把这78条凝缩起来，再换句话说，就是以"利他之心"而不是以"利己之心"，对面临的一切事情做出判断。

在明确了事物的判断基准以后不久，由于11名高中生的辞职事件，触发了稻盛对企业目的这个重大问题的思考。稻盛毅然决然，抛弃"让自己的技术问世"这一偏向利己的经营目的，而把京瓷的企业目的，也就是经营理念确定为"在追求全体员工物质和精神两方面幸福的同时，为人类社会的进步发展做出贡献"。稻盛说，正是这个利他的目的，为京瓷的持续腾飞打下了坚实的基础。

《京瓷哲学：人生与经营的原点》这本书，本来是京瓷内部经营管理的秘籍，后来也只在"盛和塾"内部传播，现在公之于世，这本身也是一种很大的利他的行为。

从企业哲学到拯救人类的哲学

《京瓷哲学：人生与经营的原点》是稻盛先生在经营京瓷的实践中总结出来的。但是，我们仔细观察，无论是作为京瓷哲学"核心"的成功方程式也好，作为京瓷哲学"原点"的判断基准也好，还是稻盛称之为京瓷哲学"根干"的经营理念也好，以及京瓷哲学 78 条的每一条背后的精神实质也好，所有这些，从利己和利他平衡的角度来看，这个哲学不仅适用于经营企业，而且完全适用于所谓"修身、齐家、治国、平天下"的所有阶段的所有方面。

现代文明的本质是"人类欲望的无限解放"。科技进步、经济发展与人的精神道德的衰退，是这个时代的一个巨大、深刻而尖锐的矛盾。不从正面解决这个矛盾，人类将没有未来，"人只为己"，结果势必会"天诛地灭"。

稻盛的利他哲学是划时代的。京瓷、KDDI、日航这三家大企业，员工大约 13 万人，全体员工共同实践这个哲学，全体员工都在某种程度上实现了物质和精神两方面的幸福。这是千百年来人们憧憬、描绘、追求的，却从来没能实现的理想社会的缩影。从这个意义上讲，稻盛先生这 50 多年来进行的社会实验意味深长。稻盛的利他哲学代表了人类的良知和睿智，指明了人类前进的方向，稻盛哲学就是拯救人类的哲学。

　　我认为，不仅是企业的干部员工，不仅企业经营者们，而且各行各界的领导人，包括具备良知的各国的领袖们，都应该花时间认真学习、研究和实践稻盛先生的利他哲学。

　　　　　稻盛和夫（北京）管理顾问有限公司

　　　　　　　　董事长　曹岫云

　　　　　　　　　2015/10/12

自 序

　　1959 年，一群赏识我技术能力的人向我提供支援，并帮助我创立了京瓷公司。创业伊始的京瓷是一家资本金 300 万日元、员工 28 人的小公司。连公司用房都是租借的。

　　刚刚创立后，京瓷就立即遇到了诸多问题。而每当遇到问题时，员工总会接二连三地要求我做出裁决。当时的我，只要判断稍有失误，就可能会让襁褓中的公司陷入危机，使员工流落街头。于是，对于公司经营既无经验又无知识的我，开始绞尽脑汁地思索"要怎样才能做出正确判断？要怎样才能让公司持续发展？"

　　经过苦苦思索，我得出了一个结论——首先要问自己"作为人，何谓正确？"一旦认定是正确的，就毫不动摇地贯彻到底。大家小时候，学校老师和自己父母肯定教过你那些平常的、原始的伦理观。比如"莫贪心""莫欺骗""莫说谎""要诚实"等。我把这些最为稀松平常的伦理观作为判断一切事物的准绳。

这样的判断基准似乎过于单纯，但它正是能够看清事物本质、做出正确判断的方法。而且，其适用范围不仅局限于日常的工作及经营，而且适用于人生中的万事万物，可谓是"放之四海而皆准"的原理原则。

我经常自问"作为人，何谓正确？"并坚持认真工作和经营。在贯彻这样的人生态度的过程中，我领悟出了"京瓷哲学"，也就是本书的标题。

正是因为有了如此明快的判断基准，在过去的半个世纪里，我才能在经营京瓷、KDDI以及日航的过程中做到判断正确，从而使各公司发展成长。如今的我虽然已近82岁高龄，但回顾过去的人生，我感到幸福满足、精彩纷呈。这也多亏了"京瓷哲学"这盏明灯，使我在人生的各个重要阶段做出了正确的决断。

不仅仅是我，许多读者也来信，表达他们在读完《活法》（以"京瓷哲学"为基础而写成的书籍，中文版本已由东方出版社出版）之后自己的喜悦之情："（该书）使我从人生的痛苦和烦恼中解脱出来，点燃了我的梦想与希望。"可见，这种把"作为人，何谓正确？"作为通用判断基准的经营哲学不受行业的局限，它不仅是企业成长发展的基石，还能够作为一种人生哲学，成为使众人度过幸福人生的精神食粮。

本书的内容基于京瓷的员工手册——《京瓷哲学手册》，该手册对"京瓷哲学"的内容进行了概括总结，以供员工学习之用。而在本书中，针对原手册中的每个条目，我会进行具体解说。

本书原本是我从1998年秋季到2000年春季这段时间内的盛和塾讲话记录。在总计16次的演讲中，我以年轻企业家为对象，讲解了经营企业的方式方法。而这些讲话内容之后被编辑成册，作为京瓷公司的内部教材使用。后来在盛和塾塾生的强烈要求下，2009 年，以《京瓷哲学：人生与经营的原点》为标题，作为盛和塾的内部读物，由盛和塾事务局面向塾生出版发行。

于是，许多塾生表示"通过该读物，我和下属员工们一起学到了经营企业和度过人生的正确方式"，而随着塾生的宣传，该读物渐渐被社会大众所知，不仅在企业经营者当中，在其他各行各业的人当中，要求公开出版发行《京瓷哲学：人生与经营的原点》的呼声也日渐高涨。

今年正值京瓷公司创立 55 周年，之前作为公司"至宝"、除了盛和塾"拒不外传"的京瓷哲学，我觉得是时候把它贡献给社会大众了。我希望越来越多的人能把它运用于人生及企业经营中，也希望这样的举措能够为我一直所倡导的"为社会、为世人做奉献"的宗旨起到微薄的宣传作用。此外，我认为这或许正是成长至今的京瓷公司对于社会的一种回报方式。

　　本书《京瓷哲学：人生与经营的原点》是我的"想法"和"活法"的原点，汇集了我八十多年来的经营活动和人生旅程的精华。我衷心希望本书不仅对商业人士能起到帮助，还能对其他各行各业的人们，譬如教师、学生甚至家庭主妇起到"人生指南"的作用。祝愿本书能够帮助各位读者获得充实的经营成果和人生收获。

稻盛和夫

2014 年 4 月

出版说明

1. 本书的内容基于作者于 1998 年至 2000 年在"盛和塾（作者亲自主持开办的经营学培训机构）"中的讲演内容编辑而成。本书中提及的各种数据、固有名词及人物职务等内容均按照当时的讲演内容，未作改动。

2. 本书内容由京瓷公司的内部教材——《京瓷哲学手册》的各条目及相应的解说所构成。书中的京瓷哲学的各条目及相应的解说按照如下标记区分。

"京瓷哲学"的条目名按序号排列

　　　　　＝"京瓷哲学"的解说内容

目　录

2 精益求精 / 040

3 做出正确判断 / 155

6 思考人生 / 287

第2章

经营要诀

第 3 章

在京瓷人人都是经营者

第 4 章

关于开展日常工作

京瓷哲学是如何诞生的？

自创建京瓷以来，直至今日，我把经营企业所必需的哲学，即"京瓷哲学"不断给员工们讲解，并与大家一起实践，这才有了今天的京瓷公司。因此，我准备依据这本《京瓷哲学手册》，详细地解释京瓷哲学的精髓。

关于"京瓷哲学"

在讲解之前，我想有必要说一说京瓷哲学的诞生过程。

我出生在鹿儿岛，毕业于鹿儿岛大学，就职于京都的一家陶瓷企业。因为是 1955 年 4 月，距战争结束刚好经过 10 年，整个日本已经开始从废墟中恢复过来。

但是，我就职的这家企业却依然处于战后的混乱状态，连年赤字。记得刚进公司时，我的工资是每月 8000 日元。从地方大学——鹿儿岛大学毕业，总算有了工作，但自己今后的人生将会怎样呢？我非常不安。我在那家公司从事精密陶瓷的研究，精密陶瓷后来成了京瓷的主打产品。

我刚刚大学毕业，却要独自一人承担这项研究，这使我愈发不安。我头脑里想的尽是："这么不可靠的公司，应该尽早辞职，应该去找一家好一点的企业。"可是，当时就职很困难，即使是大学毕业也找不到好工作。连这家公司还是托人帮忙才进来的，即便想跳槽，也没有更好的去处。在这种情况下，尽管不满，也只好默默地工作。

后来，我决心把自己年轻时的热情倾注到精密陶瓷的研究中去。一个破公司，老是迟发工资，但是既然发牢骚也无济于事，我想不如将全部精力投入研究中去。不可思议的是，这样做的结果，研究进展非常顺利，取得了卓越的成果。

本来，是为了逃避令人烦恼的现实才不得不潜心于研究，但实际上，这却成了我的人生观或者说哲学形成的一个契机。

在排除一切杂念，专注于一项研究的时候，我感到某种人生观在心里萌动，并以此为基础开始建立京瓷哲学。

我隐隐约约地意识到，这样的人生观或者说哲学是极其重要的东西。

我 27 岁时创建了京瓷公司。那时我就意识到，我自己的人生、京瓷公司的未来，都将由我心中所持有的人生观、思维方式、哲学来决定。

为了让全体员工团结一心，经营者必须不断磨炼自己的"思维方式"

我在上旧制初中一年级时，战争结束了。我们那个年代，在战争中自然无法好好读书，在战后的废墟中，每天靠打工求生，也不能认真学习。

当时传说继冲绳之后，美军将在鹿儿岛登陆，鹿儿岛整个街镇遭受空袭，被炸得面目全非，一片疮痍。

在那种状况下，生活异常艰苦，我自己又不擅长学习。学生时代，连校服也买不起，只能穿着短衫，拖着木屐去上学。这样一个乡下小伙子从鹿儿岛来到京都，不会说普通话，关西话更是一句也听不懂，仅仅过了四年，就得挑起刚成立的京瓷公司的经营重担。

从那一瞬间开始，作为企业的领导人，我必须把员工们凝聚起来。与我一起从以前的公司辞职的 7 位伙伴，加上新招聘的员工，我必须保障全体员工的生活。究竟怎样才能把员工们团结在一起呢？我烦恼不已。这对于只懂技术的我而言，是一个非常困难的问题。当时我想："作为经营者，如果我自己缺乏正确的思想和高尚的人生观，就很难吸引大家，带动大家。要想经营企业，要想经营出色，经营者必须提高自己的思想水平、人生观以及哲学境界。"

另外，我想到，我自己的人生也将取决于我所持有的人生观、思维方式和哲学。基于这样的想法，我决心重视哲学。

"思维方式"大大地左右着人生
人生·工作的结果＝思维方式 × 热情 × 能力
稻盛和夫的成功方程式

我认为：人生和工作的结果由"思维方式 × 热情 × 能力"这个方程式决定。

前面讲到，我不是一流大学的毕业生，而是毕业于地方大学，因此，就能力而言，绝对称不上一流。

但是"热情"这一项可以由自己的意志决定。只要付出不亚于任何人的努力，热情的分数可以很高。因为两者的关系不是相加而是相乘，即使能力稍有不足，只要比一流大学出身的人付出更大的热情，就能取得比前者更大的成就。

比如，一个"能力"80 的人，"热情"只有 10，那乘积是 800；另一位"能力"40 的人，"热情"有 90，乘积就达 3600。如果用加法，两者之差不大，用乘法计算，就拉大了差距。

接下来再乘上"思维方式"。这就是我常讲的哲学，或者当事人所持有的人生观。这个"思维方式"我认为可从 –100 分到 +100 分的幅度内打分。

举个极端的例子。比如一个人有能力也有热情，但是他玩世不恭，认为这个世界反正不公平，尽是矛盾，因此自己干脆当小偷算了。如果这样想，那么他的思维方式就是一个负值。即使他的能力和热情都是 100，如果思维方式是 –10，结果乘积就是 –100000。

也就是说，如果"思维方式"是负数，那么结果必然也是负数。

在想出这个方程式时，我看到世上常有这样的人，他们毕业于名校，也很努力，但工作业绩上不去，公司经营不好，人生多有坎坷。可能就因为思维方式是一个负值。思维方式哪怕只是一个小小的负值，因为是乘法，整个结果都是负值。说那个人为人不太好，那个人品格稍微有点问题，并不是说品格稍有问题，他的人生也只是稍有问题，而是他的整个人生都会成为负值。

相反，某人没有高学历，没有很高的教养，不怎么能说会道，但工作热情很高，人品不错，他把公司经营得有声有色。这样的事例很多。为什么呢？看起来似乎没有什么了不起的原因，但实际上他的人格、思维方式起了至关重要的作用。

如果说这个方程式决定了我们的人生，那么，我们必须提升自己的理念和思维方式，这是很清楚的。

意识到这一点后再认真思考，那么就会注意到在过去，在战前的教育中就有修身和道德教育的课程，正确的思维方式是什么，我们曾经学过很多。然而，这样的教育在战后遭到了全盘否定，因为当时的日本政府曾把修身和道德作为军国主义思想教育的内容加以利用。

但是我认为，学习和掌握正确的"思维方式"十分重要。难道我们不应该用高尚的理念，用正确的"思维方式"来指引我们的人生吗？从京瓷创业以来，我一直向员工们宣讲这一条。

在反对声中竭力渗透"京瓷哲学"

《京瓷哲学手册》有点严肃，好论理，要求一种克己的、严谨的生活态度。就是说："我们公司以这样的理念、这样的思维方式经营企业，因此希望大家也抱同样的理念，以同样的思维方式做事。"从 1959 创建京瓷公司开始，我就不厌其烦地对员工们这样讲。

京瓷创建当年，是战后第 14 个年头，当时民主主义、自由主义思潮盛行，学生运动等左翼风潮方兴未艾。在那样的社会背景下，"京瓷哲学"却强调克己奉公，要求保持严肃认真的生活态度，因而在年轻员工中间，产生了这样的疑问："京瓷公司是要进行思想管制吗？抱有何种思想，难道不是个人的自由吗？"

本来思想和思维方式应该是自由的，但京瓷却要求大家"共有"相同的"思维方式"，因此遭到员工们强烈的抵制，特别是大学毕业的知识分子，抵触情绪更为强烈。

对此，我苦恼万分。即便如此，对于不接受"京瓷哲学"、不愿分享"京瓷"思想哲学的员工，我会说："你的观念与我的观念不同。即使是优秀的一流大学的毕业生，如果观念不合，就无法共事。你可以去那些与你的想法一致的公司。"就这样，即使与他们断绝缘分，我还是决心让全体员工都接受"京瓷哲学"。

"我们应该持有这样的思维方式"，当我这样向员工们灌输的时候，总会遭到员工的抵制，他们反驳说："难道思想、哲学、思维方式可以强制吗？"我自己有时也觉得自己是不是做得太过分了。但是在矛盾和烦恼中，我还是坚持将"京瓷哲学"推行下去。

设定的目标不同，攀登的山峰也会不同

京瓷设立后不久的那个时代，不管怎样强调哲学多么重要，人们还是无法理解。当时有这样一件事。

京都有一家叫华歌尔的公司，这家公

司的创业者塚本先生在京都的经济界是个举足轻重的人物，他常与年轻的企业家们喝酒交流。

有一次，我们这些年轻企业家和塚本先生一起喝酒聚会。我一杯酒下肚，又谈起了严肃认真的哲学话题。这时有一位经营者却反驳说："不，稻盛君，我可不那么想，我的人生观与你的不同，我不赞成你的意见，我的想法是……"

这时候坐在一旁总是笑眯眯喝酒的塚本社长忽然发起火来，"喂！你究竟说什么呢？稻盛君讲他的理念，你却说不，我不这么想，我的观点如此如此，你有与稻盛辩论的资格吗？对稻盛君，即使是我，也得刮目相看，在经营哲学上，连我也谈不上有任何的异议，你却说你不赞同，你有说这话的资格吗？"塚本社长突然如烈火般怒不可遏。

被训斥的那一位很是尴尬，涨红了脸，他不理解塚本社长为什么朝他发火。因为事情很突然，我也吃了一惊。但过后，我领会了塚本社长的意思。问题就在于上述方程式中的"思维方式"的差异。

可以把人生比喻为登山。首先，重要的是决定自己准备攀登什么样的山。因为根据所登山的不同，要准备的东西也不同。如果是爬周边的一座小山，像去郊游那样的轻装就可以了。可是，要是想爬冬天的八甲田山，从防寒用具到宿营的准备等，必须预备好冬天登山所需的一切装备。如果要想攀登珠穆朗玛峰的话，连垂直攀岩的技术都必须掌握。

也就是说，根据人生目标的不同，所需要"思维方式"也各不相同。

当时塚本社长想说的是：你这位先生与稻盛君对立，说什么"我不那么想，我这么想"。其实，你与稻盛君没有可比性。如果以你那种浅薄的思想，也可以经营与京瓷一样规模的公司，那问题可以另当别论。但你只是个第二代，从父亲那里继承了产业，规模也好、利润也好，远远落后于京瓷，望尘莫及。你的思维方式与稻盛的思维方式能相提并论吗？你有辩论的资格吗？

塚本社长想表达的就是这层意思。后来我才意识到这一点。

想要把自己的公司带往何处，或者想要度过怎样的人生，就是说，你想达成的目的是什么，这决定了你需要什么样的思维方式。如果你想爬更高的山，或者说，想要办更高水平的公司，想让自己的人生更加充实，那么，你的"思维方式"也必须是高水准的。设定的目标不同，"思维方式"也不同。

我常对员工们强调要严肃认真，要克己奉公，可有人心生抵触，认为思想哲学不能强加于人。

这时候，如果我这么说："因为我要爬这样的山，所以需要这样的装备，就是说，需要这样的思维方式。""如果你只想马马虎虎、轻松随意地度过你的人生，那也行。可我们的公司需要这样的思想哲学，因为我们期望攀登这样的高山。"我想这样说服员工，他们就能明白。但我意识到这一点，是在塚本社长发火这件事之后，距创业已过了很久。

京瓷的目标是"世界第一"

京瓷创立时，只有 300 万日元资本金、28 名员工，在宫木电机公司的支援下开始起步。宫木电机公司位于京都市中京区的西京原町，京瓷租借该公司的仓库，一层当厂房，二层当办公室。

从那时起，我就不断地对员工们说："现在我们要把京瓷打造成京都第一的企业。不！要超越京都第一，成为日本第一。不！要超越日本第一，成为陶瓷行业世界第一的企业。"面对仅有的 28 名员工，我连续几天强调"要成为世界第一的企业"。

看似一个不自量力的梦想，但我却确立了"成为世界第一的企业"这样的远大目标，并决定朝着这个目标努力奋斗。为了达成这个目标，我决定采取"严肃认真的、克己主义的"生活方式。然而，如今回想起来，这样的"思维方式"正是京瓷成为世界性企业所绝对需要的条件。

京瓷创业后经过了二十余年，即使一流

大学毕业的员工也不再对京瓷哲学抱抵触情绪了。因为依靠这种哲学，全体员工团结一致、齐心协力，结果就是京瓷公司不断地发展壮大。因为有了这种业绩，大家就再也没有什么异议了。

公司的规模超不出经营者的器量

从"人生·工作的结果 = 思维方式 × 热情 × 能力"的方程式中可以看出，"思维方式"并不是唯一的因素。"能力"每个人各不相同，主要是天赋，因此哪怕现在拼命努力，也很难有飞跃性的增长。但"热情"却完全由自己的意志决定。

在我主办的盛和塾（传授我的经营思想的教育组织）中，我经常对塾生们讲："要付出不亚于任何人的努力！"来盛和塾学习的塾生中，企业的"二代""三代"占了一大半。所以我是替代他们的上一辈来严格教育他们。这些塾生有时听不进自家长辈的话，但在盛和塾里，他们会认真聆听我说的话。

"你们继承了优秀的公司，你们一定要付出不亚于任何人的努力，把从上一辈传下的企业增大几倍，借以回报。这时，许多人会说'不！我已经很努力了'。我批评他们说，你们说'已经很努力了'，只不过是你们自以为是。你们真的是'付出了不亚于任何人的努力了吗'？"

我这么说，是因为"付出不亚于任何人的努力"这句话分量很重，决非轻而易举的事情。

"看看你周围的人。当你睡觉时，有的人还在拼命工作。你得更加努力，不能输给别人。如果你努力不够，事业不可能顺畅。"

这就是所谓"付出不亚于任何人的努力"。

"付出不亚于任何人的努力"，这是"热情"。它取决于个人的自觉。

但是，最为重要的还是"思维方式"。

领导者所持有的人生观、哲学和思维方式决定了一切。企业的规模、品格超越不了领导人的器量，它与领导人的人格相匹配。

俗话说："螃蟹只会比照自己壳的大小打洞。"企业的发展超不出企业领导人的器量和人格。想让自己的企业发展壮大，想让自己的人生精彩纷呈，那就必须提升自己的心性，磨砺自己的人格。除此以外，别无他法。

关于《京瓷哲学手册》

京瓷公司在创立 35 周年的时候，就是 1994 年，编制了前文所述的《京瓷哲学手册》。为了便于员工随身携带、随时对照参考，特地把它做成了小册子。这是当时京瓷的伊藤谦介社长倡议的。在这本手册的卷首，我以"关于京瓷哲学"为题，写了下面这段话：

35 年前，在周围人士的热心援助之下，我和七位伙伴一起创立了"京都陶瓷株式会社"。

公司创立初期，既没有充足的资金，也没有像样的厂房和设备。但是，我却拥有如同家人般同甘共苦的，能够互帮互助、互相信赖的伙伴。

　　因此，我决定把"以心为本"作为公司经营的方针。如果说，最容易动摇、最难把握的是人心，那么，一旦互相信赖、心心相连，最坚牢、最可靠的还是人心。这是我的信念。

　　此后，在"以心为本"经营京瓷的过程中，虽然遭遇了各种各样的艰难困苦，但是，我们克服了一个又一个的困难。在这过程中的各个时刻，关于事业，关于人生，我不断地自问自答，用这种方式总结归纳出来的，就是京瓷哲学。

　　京瓷哲学是通过实践得出的人生哲学，其根本在于"人应该具备的正确的人生态度"。采取这样的态度，每个人的人生都会幸福，企业也会持续繁荣。我不断向员工们诉说这个道理。

　　正是因为员工们对这样的思维方式产生了共鸣，相信人具备无限的可能性，不断付出无尽的努力，这才有了京瓷今天的辉煌。

　　为了京瓷公司永久的繁荣，为了每一位员工都拥有美好的人生，我认为，最重要的是：大家都能领会京瓷哲学，并付诸实践。

在这个重要的年头，我由衷期望，比较过去，大家能够更加认真地学习和领会京瓷哲学，真正把它变为自己的东西。

这个"共有"，非常重要。不管是哲学思想还是经营计划，一切都要与员工"共有"，让大家产生共鸣，让大家一齐赞同，这是非常重要的。

京瓷的经营理念

对一般人来说，创办自己的企业，最初的动机往往是"想要赚钱"。但我却不是这样，因为京瓷是周围的朋友出钱出力，帮助我创建的公司。

京瓷创立时的资本金是 300 万日元，而我当时只有 15000 日元。而且这 15000 日元还要养家糊口，因此，我没有向公司注入一分钱的资金。300 万日元的资本金都是由相信我技术的朋友们出的钱。当时，出资人对我说："我们相信你的技术，所以才出资成立公司。你不用出一分钱，我们让你以技术出资，把你的技术换算成资本金。"这样，我就获得了股份，并成了大股东。我并没有用钱购买股份，是出钱的投资者把股份算到了我的名下。因为有这一段缘由，所以，我创建公司并不是为了自己赚钱。

京瓷公司创立时，最初的定位是："让稻盛和夫的技术问世。"就是说，在以前就职的公司里，对于稻盛和夫的研究成果，经营者并没有充分理解，评价也不高。而这一次，稻盛和夫的技术可以向世间发扬光大了，作为自由活动的舞台，创建了京瓷，用这种形式开始起步。

但是，在京瓷成立的第 3 年，十余名高中毕业的员工一起来找我交涉。他们手拿集体盖章的联名状，向我提出了要求："刚刚创立的小公司，我们非常不安。今年年终奖金要给多少，明年工资要涨多少，如果不能给我们今后 5 年的保障，我们就辞职。"

通过这次艰难的交涉，我舍弃了作为技术人员的浪漫，改变了公司的目的和理念，我把京瓷的经营理念改订为："在追求全体员工物质和精神两方面幸福的同时，为人类社会的进步发展做出贡献。"就是说，让作为技术员及大股东的稻盛和夫获得成功，并不是公司的目的，经营公司的目的在于"追求全体员工物质和精神两方面的幸福"。不过，仅仅追求员工的幸福还不够，所以又强调"为人类社会的进步发展做出贡献"。

有这么个原委，在这过程中，我总结出了京瓷哲学。所以在《京瓷哲学手册》一开头，我就揭示了这一条。

在经营理念中，我们高调揭示，京瓷的经营目的是"在追求全体员工物质和精神两方面幸福的同时，为人类社会的进步发展做出贡献"。

我们所追求的"物质和精神两方面"的幸福，是指追求经济的宽裕和收入的稳定，同时，通过工作实现自我，从中感觉到人生的意义和劳动的价值，从而获得精神上的幸福。

另外，我们不断磨炼技术，不断向世人提供卓越的新产品，为科学技术的进步做出贡献。同时，不断提高公司的利润，通过缴纳更多的税金，为增进公共福祉做出贡献。

为了今后能持续履行这样的经营目的，我们必须依靠自身力量，让京瓷持续发展壮大，让每位员工都能安心，都能把自己的将来托付给公司。

京瓷哲学正是这一切的行动指针，而且也是度过美好人生的思考基准，大家必须领会并付诸实践。

第 1 章

度过美好的人生

1 提高心性

人生的目的在于努力纯化和净化自己的心，从而拥有美好心灵

我在经营企业的过程中，一直把"人心"视为最重要的因素。所谓"人心"，就是"人生·工作的结果＝思维方式 × 热情 × 能力"中的"思维方式"。而"热情"也是由人心所生。因此从表示人生和事业结果的该方程式中来看，也能知道"人心"有多么重要。

我是理工科出身，大学的专业方向原本是有机化学，尤其是制造合成树脂等物质的石油化学，更是我的专攻科目。如今，各种化学物质导致地球环境的污染问题，但在当时，我确实梦想通过化学反应制造出新物质，从而造福世人。

一般来说，凡是抱有这种梦想的技术人员，往往会倾向于"科技万能"的思维方式，但我从年轻时起，就认为"人心"要比科学技术更为重要。在踏入社会后，我也一直没有动摇过这种"重视人心"的思维方式。也正因为如此，在我的讲演中，有关"人心"的内容往往占了最大的比重。

1999 年，山口大学迎来了建校 50 周年，该校的校长是广中平祐先生。广中先生是世界级的数学家，而且还兼任京都大学的名誉教授。生于山口县的广中先生 4 年前被聘为山口大学校长，当时迎来了他的第二个任期。广中先生热情邀请我给山口大学的学生们做纪念建校 50 周年的演讲，因为与广中先生私交颇深，所以我欣然答应。

给大学生们讲什么好呢？经过一番思考，我决定把"人生的意义"作为演讲的主题。所以随后几个月之内，我一直在思考这个问题——"一个人获得生命、来到世间的人生目的和意义是什么？"最后得出的结论是："人生的意义即'提高心性'。""提高心性""让心灵变得美好""纯化心灵""净化心灵""成就美丽之心"……虽然说法各有不同，但其本质却殊途同归——努力提高心性正是人生的目的所在，正是赋予人生意义的行为。各种机缘巧合，使我最终领悟到了这个道理。

心灵清澈则人生平顺

为什么要把"提高心性"作为人生的目的和意义呢？

日本的佛教传道协会在宾馆房间等地方都会放置供人们免费取阅的《佛教圣典》一书。在书中，释迦牟尼佛祖对于"人心"，有如下开示。

这个世界由心指引，由心牵动，由心支配

迷乱之心，让世间充满烦恼

万物以心为先，以心为主，由心而生
以污秽之心指导言行
苦难就跟随他
如同车跟随拉车的牛

以善良之心指导言行
欢乐就跟随他
就像影子跟随身体
行恶之人，遭受恶报而痛苦
行善之人，领受善报而快乐

心污浊
则人生之路崎岖不平
必会因此跌倒
心灵清澈
则人生之路平顺安宁

以身心清澈为乐之人
可破恶魔之网，行进于佛道
心静之人得安乐
愈发努力，日夜修心

如果一个人心灵污浊，那他的人生道路就会变得崎岖不平，因此必然会跌倒。而如果一个人心灵清澈，则他的人生道路会变得平顺，因此能够度过幸福安定的一生。释迦牟尼佛祖通过这种方式来向世人解说"人心"、开示法宝。

而这个道理同样适用于企业经营。如果企业家心灵清澈，则企业经营状况便会顺利且稳定。所谓"提高心性"，即一心向善、美化心灵。这是一个人的人生旅程和经营事业都迈入良性轨道的原动力。

①与"宇宙的意志"相协调

观察世界万物：宇宙中物质的产生、生命的诞生以及进化的演绎，我们不得不认为，这些现象并不是偶然的产物，其中存在着必然性。

在这个世界上，万物都有进化发展的趋势，这可称为"宇宙的意志"。宇宙的意志充满着爱、真诚以及和谐。

所以，我们每个人的思维所发出的能量，与宇宙的意志是否协调，就决定了我们各自的命运。

如果你拥有美好的心性，和宇宙的意志协调和谐，那么你的人生必将充满光明。

刚才提到的释迦牟尼佛祖的开示中也有"如果一个人心灵清澈，则他的人生道路会变得平顺"的内容。但对于现代人而言，这种"说教色彩浓厚"的话似乎让人难以真正理解。我起初也无法理解，但突然的机缘巧合，让我顿悟到宇宙中似乎存在着"宇宙的意志"。

我们所在的太阳系属于银河系的一部分。据说在银河系中，有几亿个与我们太阳系大小类似的恒星。而在茫茫宇宙中，像银河系这样的星系也是不计其数。

尽管我们的宇宙如此巨大，但现代物理学家指出，宇宙在诞生之初，只是一小撮超高温、超高压的基本粒子。而突然发生的大爆炸，使得宇宙得以产生，而直到现在，其还在持续膨胀。最近，宇宙物理学家通过观测所得的数据，都逐渐印证了该"大爆炸理论"的正确性。

一小撮的基本粒子怎么会变成如此巨大的宇宙呢？这确实让人感到不可思议。但这是运用最先进的物理学知识而演算出的结果。按照这个理论，我觉得或许可以说宇宙是"由空而生"的。

佛教中有"色即是空"的说法，其含义是"我们所见的表象世界的实质是'空无所有'的"。现代物理学所阐述的"宇宙由一小撮基本粒子爆炸膨胀而形成"的理论，可以理解为"宇宙的本质是'空无所有'的"。此外，还有学说认为宇宙诞生于真空。"真空"原本是"一切皆无"的状态，但其中却蕴藏着巨大的能量。

接下来，我们再来看一看原子的构造。在元素周期表中，排在最前面的原子是氢原子，其质量最轻。氢原子有一个原子核，原子核外有一个电子围绕着其转动。原子核由质子、中子和介子构成。

通过最新的大型加速器让中子和质子发生猛烈对撞，就会释放出基本粒子。通过这一实验，人们可以得出这样的结论：大爆炸使数个基本粒子互相结合，由此会产生质子、中子、介子。

在宇宙形成之际，原本就存在的基本粒子开始相互结合，从而形成质子、中子和介子。而通过介子的作用又使质子与中子得以结合，从而形成原子核。原子核在俘获了一个外层电子后，最终形成了氢原子。

原子之间的结合现象被称为"核聚变"，这也是氢弹爆炸的原理。氢原子通过核聚变相互结合后，就会形成一个质量更大的原子。如今元素周期表上的原子大约有一百种，但追本溯源，所有的原子都是由基本粒子不断结合而成的。而这各种各样的原子，最终构成了我们的物质世界。

随后，这些原子还结合成分子，分子又进一步结合成高分子。而这些高分子又与被称为 DNA 的遗传基因相结合，进而演变成了生命体。据说地球上最早出现的原始生命体是类似阿米巴虫的原生动物，而就是如此微小的阿米巴虫，在不断进化下，最终发展成了人类这种高级生物。

宇宙起初只是一小撮基本粒子，但其一直在不断发展，片刻不歇，从而形成了如今的宇宙。也就是说，宇宙具有这样的大趋势——决不停滞片刻，决不"安于现状"，而是不断推进万事万物向前发展进化。我觉得可以把这样的大趋势称作"宇宙的意志"。

不做片刻停留，指引森罗万象、万事万物向着进化发展的方向前进。这样的大趋势（或者说意志）遍布在宇宙空间。因此，即便个人认为"我不用再进步了"、"我的公司不用再发展了"，宇宙也不会允许。"向前发展进步"是世间万物的大趋势，企业亦不例外。

宗教家常说："宇宙中充满关爱"，佛教教导我们："处处皆有慈悲之心。"从本质意义上来说，这些说法与"宇宙中存在着使万事万物向前发展进化的意志"的观点如出一辙。

我曾经听世界级数学家广中平祐先生和

京都大学教授、宇宙物理学权威佐藤文隆先生阐述过有关宇宙诞生的观点，我也当场提出了自己的心得体会——"能否解释为'宇宙中存在着一种意志'？"而他们回答道："可以这样理解。"像广中先生和佐藤先生这样完全立足于自然科学来思考问题的学者，也对我提出的这种"形而上学"的"唯心主义"的观点表示了认同。

心中若能充满爱地度过每一天，人生及经营便能拨云见日

"慈悲万物，关爱万物，使万物变得更加美好"，这便是流淌在宇宙中的意志。这与"只顾自己利益"的自私之心是完全对立的。因此我们的心中也应该抱有"希望宇宙中的森罗万象、万事万物向着好的方向发展"的想法，从而与宇宙的关爱之心实现和谐与同步。

有的企业家或许有"就算排挤他人、破坏他人利益，也要自己飞黄腾达、赚个盆满钵满"的想法，但这种思想因为与宇宙的意

志背道而驰，所以经营事业注定不可能长久
顺利。

而如果企业家的心中充满爱，那么他
的思想就与"宇宙的意志"同步了，经营事
业也就能一帆风顺。而且，如果企业家拥有
这样美好的心灵，就算他觉得"自己的企业
不用再发展了，不用再扩大规模了"，他的
企业还是会自然而然地发展壮大，因为这个
世界的"发展"便是如此。为了让心中充满
爱，就需要做到我在前文中所述的"提高
心性"。

"不考虑自己，一心只为别人，这样就能
让自己的企业顺利运作吗？"可能有人会有
这样的疑惑。当然不是做任何事情，都只是
"为他人尽力"。

我前文已经提到过，宇宙中的森罗万
象、万事万物都在持续不断地发展进化，一
刻都不停歇。就算是像基本粒子这样的非生
物，就算是最最微小的生物和植物，都在拼
命努力地求生存、求发展，周而复始，生生
不息。同样，作为企业家，我也必须朝着"让自己的企业变得更出色"的目标方向，持续付出不亚于任何人的努力。我们要具备"不依他人，唯靠自己"的精神，拼命努力地工作。

企业家奋斗的目的不是为了与商界对手决一胜负。换言之，我们不是为了把别人打垮而努力工作的，而是为了自己的生存，为了让自己的企业变得出色。如果自己的企业已经发展得非常优秀，就可以用余力去帮助别人的企业发展成长，这当然是善莫大焉。但首先一定要做到拼命努力，让自己的企业变得出色，这点非常重要。

要不断努力提高心性和反省自身

可问题的难点在于"如何才能让心中充满爱"。其实，包括我自己也还未能做到。虽然做不到，但要具有"希望做到"的强烈念想，这点很重要。

如今的大多数人都忽视了心灵的重要性，对于"修心"也漠不关心。然而，我们首先必须抱有这样的念想——"必须提高自己的心性，美化自己的心灵"。但因为我们都是充满烦恼与欲望的凡夫俗子，要真正做到又谈何容易。就算做不到，也要具有"必须做到"的念想，并不断反省自己。有了反省之意，便生努力之心，这对我们的人生至关重要。

真正拥有美丽心灵之人就是"悟道之人"，但要达到这种开悟的境界，并非我们这些凡人所能达到的。自从释迦牟尼佛祖开悟及证悟以来，这 2500 年间，几乎再没有一人修得同样的正果。

但是，我觉得我们至少可以具有朝着该方向努力的意识。如果一个人能够努力提升自身心性、努力净化自身心灵，那么我认为这就是一种修行。对这样的人而言，其被赋予的生命和人生，就成了美化心灵的"道场"。

可能大家会觉得我说的话有点自以为是，但我努力地把该理念传达给大家的行为，其实对我而言，也是一种净化自身心灵的手段。如果大家质问我："那你的心灵净化到什么程度了呢？""那你的心性提高到什么水准了呢？"那我真的是惭愧不已、难以回答。但正因为如此，我才更要公开地向大家讲这些道理。因为这样一来，我势必会暗暗自责：自己又做到了多少呢？以这样的内心纠葛为动力，我就能够进一步努力提升自我，如此周而复始，便是人生修行。

有的塾生在听了我的讲演后说："既然一家企业的发展空间绝对不可能超出该企业领导的素质水准，那我决心提高自身素质。"我这里所说的"素质"当然不是指身体素质，而是指心灵、人格和人品素质。而提高这些方面的素质，就等于是提高心性、美化心灵。换言之，是一种"人性的锻炼"。

释迦牟尼佛祖曾说："你的人生即是你心境的反映。"企业家在人生这个"道场"上积累的修行及磨砺的心灵，决定了企业的发展空间。

②爱、真诚及和谐之心

要在人生中、在工作中取得出色的成果，人的思维方式、人的心性起着决定性的作用。

导致人们成功的是一颗好心，这颗好心用爱、真诚及和谐这些词汇来表达。我们人类在灵魂深处本来就拥有这样的好心。所谓"爱"，就是把别人的欢乐视为自己的欢乐。所谓"真诚"，就是总是想着为社会、为别人做些什么。所谓"和谐"，就是不仅希望自己，同时也希望身边所有的人都能得到幸福。

从爱、真诚及和谐之心中所产生的思想，就是引导人们走向成功的基础。

我认为，必须让心态一直保持在"充满爱、真诚及和谐"的境界之中。

"爱"、"真诚"及"和谐"，这三大品质

是我们生来就具备的本质。

一个人的存在，并非只是肉体的存在，还包括心念层面的存在。心念能够思考各种问题、生出各种想法，那么这心念又从何而来呢？我觉得其来自于被称为"灵魂"的灵性之物。

换言之，"我是谁"这一哲学本原问题，其实是对人类本质的一种探究。

印度瑜伽通过冥想来探究人自身的本源——闭上双目、诵念曼怛罗（曼怛罗是印度教的咒语。——译者注），使自身进入"精神统一"的状态，进而意识变得清澈，最终到达"真我"的境界。有人把其称为"找到真我"，据说在这样的境界中，人的一切意识都会消失，唯有"自我存在"的意识可以清晰感知，是一种"无他，我仅存在于天地间而已"的难以名状的感觉。

佛教中有"山川草木悉皆成佛"的说法。山也好，川也好，草也好，木也好，世间万物皆驻宿着佛性。小时候，你们的父母或许也教过你们"佛观一粒米，大如须弥山"的道理。

尽管对于人类的本质本源，有着各种各样的表达方式，但其本质都可以用"爱""真诚""和谐"这三个词来归纳。或许大家没有察觉到，但其实我们每个人本身就充满了爱、真诚及和谐。从这个角度来说，可以说："人人皆是佛。"

然而，我们虽然具有充满爱、真诚及和谐的灵魂，但同时又拥有肉体。为了维持自身肉体的机能，我们必须不断通过获取食物来摄取营养。而且，我们具有使肉体生存下去的强烈欲望，就算从他人手中抢夺粮食也在所不惜。

虽然人的本质应该是充满爱、真诚及和谐的美好之物，但肉体包裹着灵魂，因此导致人最先显露的是肉体所产生的欲望。

我们必须鼓起勇气，尽力抑制覆盖在灵魂外侧的欲望，努力让自我的本质——充满爱、真诚及和谐的灵魂显露出来。通过这样的方式，时刻努力提高自我的心性，使自己的心境保持在充满爱、真诚及和谐的状态下，从而与"促进万物生长发展"的"宇宙的意志"、宇宙之心相协调。

③以纯洁的心灵描绘愿望

如果不以纯洁的心灵描绘愿望，就不会有卓越的成功。即使抱有强烈的愿望，如果这种愿望是出于私利私欲，那么也许能够带来一时的成功，但这种成功不可能长期持续下去。

基于反社会的动机产生的愿望，越强烈越会与社会发生碰撞与摩擦，结果只会带来更大的失败。

要想使成功长期持续下去，描绘的愿望和焕发的热情必须是纯洁的。换言之，渗透到潜意识里的愿望纯洁与否，才是问题的关键。持有纯洁的愿望，坚持不懈地努力，那么愿望一定会实现。

在我刚才提到的《佛教圣典》中，释迦牟尼佛祖还说："（一切）如心所愿。"就是说，一切现实中产生的现象都源于人的心境。

这样的道理，我认为是真实不虚的，但也是最难证明的。"仅凭纯洁的心灵发愿，怎么可能就让企业顺利发展呢？"可能大家都会有这样的想法。综观现实，我们会觉得"人生不如意，十有八九"，甚至有不少"恶德企业家"的企业反而发展得顺风顺水。

因此，就算我再怎么强调"万事的结果皆如心所愿"，大家也很难真正从心底接受。如果"善有善报，恶有恶报"是以一一对应的方式显现因果，那么罪恶势必会在这个世界销声匿迹，但现实情况是暧昧模糊的。很多人认真勤恳，可人生路程和经营事业却坎坷崎岖，反而是大奸大恶之人似乎容易取得成功。但如果因此就推导出"世界不公平、不合理"的厌世结论，那么谁都不会响应我所提倡的"活法"了。

然而，"因果报应"确实存在，真实不虚。事实上，不管是人生还是经营，其现实与心境可谓是分毫不差，只是所需的时间跨度很长而已。一般来说，以 30 年左右的时间跨度来看，就能发现善有善报，恶有恶报。

如果心境转换为现实所需的时间是短短一周或者一个月，哪怕是一年，那人人都会诚心接受，并重视心灵与思维方式的修养。但现实情况是"起码过 30 年才会显现结果"，有时即便过了 30 年，也仍然不见结果，甚至有"至死未遭报应"的例子。因此要说服人人相信因果报应，的确非常困难。

19 世纪 20 年代，在英国伦敦有一群灵异学的追随者，他们在周末会聚在一起举行"通灵会"。据说自称西尔弗·帕奇的印第安鬼魂常会显灵。他通过将自己"附身"在通灵者身上、借通灵者之口的方式，来讲述言论。后来有家出版社将这位鬼魂的所述言论汇集成册，出版了《西尔弗·帕奇的灵言集》（日本的潮文社曾翻译出版，共十册）系列丛书。我在看了该书后非常震惊。

这个名为西尔弗·帕奇的美国本土鬼魂对于因果报应，有如下阐述：

"人活在现世中的所思、所想和所行，都遵循'善有善报，恶有恶报'的法则，想必各位认为这只是陈词滥调的大道理吧。这是因为从因到果，其所需的时间跨度很长。但是，从我活着的时候算上我如今所在的'那个世界'这样的大时间跨度来看，因果报应真是精确到了一分一寸，丝毫不差。"

换言之，我们不能把时间范围限定于我们肉身存活的现世，还要算上死后的"那个世界"，这样一来，因果报应的法则就完全成立了。

当然，即便没有纯洁之心，愿望有时也能实现。当抱有"不惜伤害他人、不惜破坏同行利益也要让自己的企业发展壮大"的强烈念想，并付出不亚于任何人的努力的话，你也确实能把企业做大做强。说得极端一点，就算是利欲熏心、极度自私之人，也能够取得成功，但绝对不会长久。从较长的时间跨度来看，这样的成功是无法持续的。

世上也存在有心灵纯洁、如佛陀一般为他人鞠躬尽瘁之人。这样的人完全没有让自己致富的想法，而是打心底里把帮助他人作为人生奋斗的意义。这样的人自然是非常了不起的。

但就如我在前文中所述，作为企业家，如果想让自己的企业发展壮大，但脑子里却尽想着别人，那是无法成功的。说到这里，可能会有塾生反驳我——"塾长，您不是说'努力实践利他之心，就能让自己的企业发展顺利'吗？"这是因为你们没有完全理解我的意思——首先必须付出不亚于任何人的努力，才能让自己的企业发展壮大。也就是说，"付出不亚于任何人的努力"是一切的先决条件。而在努力时，必须具有美好的心灵。如果在努力时抱有"就算排挤他人也没关系，只要自己赚大钱就行"的自私想法，那么势必会迎来失败没落的结局。

日本经济泡沫破灭后，不少人因舞弊行为被揭发，甚至被判刑。在泡沫经济的全盛时期，那些盛气凌人的所谓"商界精英"在银座和大阪等地大兴土木、盖建高楼，大摇大摆地走在繁华商业街，天天纸醉金迷、花钱如水，每晚消费少则几百万日元，多则几千万日元。而在短短 10 年间，这些人就已经消失得无影无踪。

这些活生生的例子告诫我们，作为企业家，千万不可只专注于满足一己私欲。必须把全体员工的幸福放在心上。如果公司倒闭，那么为其赌上将来而拼命努力工作的员工们就会流落街头。身为企业家，哪怕仅仅为了不让这一幕发生，也应该做到"吃苦在前，努力表率"。如果企业家以美好的心灵来描绘"想让自己的企业发展壮大"的愿景，那么从较长的时间跨度来看，势必会得到相应的福报。这就是我的思维方式。

④拥有坦诚之心

所谓坦诚之心，就是承认自己有不足，从而发奋努力的谦虚态度。

有能力的人、性情急躁的人、自我意识强烈的人，往往不愿听取别人的意见，即使听了，也会反驳。

但是，真正能够取得进步的人，是怀着坦诚之心、经常听取别人的意见、经常自我反省、能够正确认识自己的人。有了这样的坦诚之心，这个人的周围就会聚集同样心态的人，这样，力量就能凝聚起来，就能推动事业朝更好的方向前进。

听起来刺耳的话，往往是对自己的发展有帮助的良言。虚心听取别人的意见，这种态度非常重要。

如果把我前面一直在阐述的"爱、真诚及和谐之心"、"以纯洁的心灵描绘愿望"和"拥有坦诚之心"以及接下来要讲的"必须始终保持谦虚"这四条并列在一起看，我觉得有一种优美的语感。

说到"拥有坦诚之心"，可能有人会理解为"一味听信别人意见的"顺从态度，但我的意思绝非如此。

最近，在一个政府高级官员参加的研讨会上，我做了有关佛教教义的讲演。因为与会者都是知识分子，所以我觉得更有必要讲一讲"人心"，于是选择了佛教作为主题。在我讲演的过程中，有一位身居事务次长（事务次长相当于某些国家和地区的政府各部的副部长。——译者注）高位的精英官员举手提问。

他说："我前段时间去了缅甸。缅甸是个佛教国家，我之前一直对其抱有美好的印象。而通过实地考察，我发现缅甸的老百姓确实非常开朗，人们脸上的表情可谓神清气爽。但他们所遭受的贫困之苦，简直无法想象。刚才稻盛先生您阐述了'纯洁之心'、'坦诚之心'、'知足之心'、'感谢之心'和'谦虚之心'等佛教教义，可当我看到那些生活贫困却安于现状的缅甸老百姓时，我很怀疑他们是否真的幸福。缅甸是个军事政权国家，在那样的体制下，老百姓都是不敢反抗的'顺民'。您的意思是让大家像缅甸老百姓那样毫不抵抗而一味顺从吗？"

我所要表达的意思并非让大家一味顺从。

在佛教教义中，释迦牟尼佛祖最先强调的是"精进"。不管是修行还是工作，都要拼命努力地投入其中。这就是精进，也是一切的基础。

但如果只是为了一己私欲而努力，那么取得的成功就不会长久。人类的欲望是无穷无尽的，所以释迦牟尼佛祖出于"适可而止"的初衷，向人类开示"知足之心"的重要性。如果以美好之心发愿，希望通过更加努力的工作来使世间变得更美好，这样的愿望可以不知满足、永无限度；但对于个人自身的欲望，则应该努力抑制其膨胀。

所以，我说的"知足"绝非是让大家卑躬屈膝、安于现状，而是要抑制自己的欲望。

坦诚之心是进步之母

再说回坦诚之心，我认为拥有坦诚之心对人生至关重要。

每次见到参加盛和塾的各位塾生们，我都觉得大家果然都是拥有坦诚之心的人。大家如果没有坦诚的美德，是不会来正儿八经地学习经营哲学的。如果是性情乖僻、玩世不恭或刚愎自用之人，那么根本就听不进我的话。

在我看来，"坦诚之心"是进步之母。如果一个人没有坦诚之心，就无法成长进步。

松下幸之助先生也一直强调"坦诚之心"的重要性。松下先生连小学都没能毕业，却创立了松下电器产业（如今的 Panasonic）这样的大企业。其原动力正是坦诚之心。

松下先生在二战前就已经在事业上取得了巨大成功。如果当时的他因此骄傲自满、自以为是的话，那么松下电器的发展恐怕也就到头了，但随着年龄的增长，他却一直没有忘记谦虚的态度，总是说自己"一无学识，二无文凭"，凭借着从别人那里耳听心记所得的学问来不断充实自己。松下先生就是这样坚持听取别人意见、虚心学习新鲜事物，从而使得其一生都在不断发展和进步中度过的。

所谓"坦诚之心"，即承认自身不足并努力改进的谦虚态度。而这正是成功的关键。也正因为如此，我才把"拥有坦诚之心"作为京瓷哲学中的重要条目。

⑤必须始终保持谦虚

随着社会的不断发展，持有"自我中心"价值观的人，就是过分强调自我主张的人越来越多。抱有这种观念的人之间，必然会产生"自我"与"自我"的冲突。这样，需要团队间互相配合的工作就无法进展。

陶醉于自己的能力或微不足道的成功，骄傲自满，就得不到周围人的帮助，并且妨碍自己的成长。

为了形成团队合力，在和谐的气氛中有效地开展工作，必须意识到"有了大家才会有自己"，始终保持谦虚的态度，这是非常重要的。

"必须始终保持谦虚"也是我一直强调的条目。与坦诚之心一样，谦虚也是获取知识的原动力。

中国的古书中有"唯谦受福"一说，意

思是"幸运和幸福与傲慢之人无缘，唯有具备谦虚之心的人才能获得"。

说到谦虚，或许有的人会联想到"软弱卑下"的负面形象，但这其实是误解。往往越是了无成就的人，越是自以为是、态度傲慢、爱自我表现。如果一个人因为谦虚谨慎而遭人藐视，那么藐视者才是真正愚蠢之人。

对于企业家而言，自己的企业越是发展顺利，就越要具备这种谦虚的态度。一些大企业家自不必说，哪怕是一些中小企业家，在公司开始步入盈利轨道后，便开始自负起来。这样的公司是无法进一步发展壮大的。由于上天的眷顾，公司好不容易获得收益并开始成长进步，可企业家却丧失了谦虚的精神，变得傲慢起来，于是公司转眼间便陷入赤字的泥潭。所以大家务必要把"必须始终保持谦虚"的训诫铭记于心。

在经营企业时，必须让全体员工保持"上下一心"，在营造"心连心"的良性职场氛围的同时，让整个集体保持高效运转。为了打造如此优秀的企业文化，企业家自身必须首先保持谦虚的态度。如果企业家能够以身作则、做出榜样，那么就能够让员工纷纷跟随和效仿。

与此同时，企业家还要不断向各级员工强调谦虚的重要性。如果科长和部长在员工面前摆架子，董事会成员牛气十足，那么团队合作就无法顺利开展，整个公司也绝对无法做到上下一心。越是身居高位，就越要保持谦虚，公司干部要努力与基层员工深入交流，亲自向基层员工阐述工作与梦想等理念，从而打造优秀的企业职场文化，这点至关重要。如果企业家和员工们都能够保持谦虚的态度，那么公司内部就会构建起良性的人际关系，以此为基础，企业势必会发展壮大。

⑥怀有感谢之心

企业内部如果缺乏和谐的人际关系，就无法制造出让顾客满意的产品。因为产品中蕴含着制造者的心。只为自己着想的利己主义者，无法营造出公司和谐的人际关系。

我们能有今天，能尽情工作，离不开顾客、供应商、工作同事以及家人等周围人的支持，仅凭我们自己是不可能做到的。

不要忘记周围人的帮助，对他们怀抱感谢之心，彼此成为互相信赖的伙伴，一起推动事业的发展，这才是最重要的。

为了让同事之间相互信任、让工作顺利推进，关键在于对周围的人怀有感谢之心。

顾客和生意伙伴自不必说，而同事和家人的支持也不可或缺，这一切正是大家能够获得今日成就的原因，因此大家要对这些帮助和支持自己的人心怀感谢。而且，这对于每个人的人生而言，都是最为重要的美德。

我一直提倡把六项精进（具体内容参照下页）作为磨砺灵魂的方法。在六项精进中，作为度过美好人生的要素之一的"活着就要感谢"与"怀有感谢之心"的条目可谓殊途同归。

那么，何为"感谢"呢？首先，如果没有谦虚之心，是无法产生感谢之心的。在严酷的经济大环境下，公司之所以能够维持运作，一是靠全体员工的努力，二是靠客户的订单。我们必须以这种谦虚的思维方式，把周围一切对自己有帮助的人都作为感谢和感恩的对象。

反之，如果总是心怀不满、满嘴牢骚，就一定会使人生陷入黑暗与不幸，而心怀不满、满嘴牢骚的对立面就是心怀感谢与感恩之情，所以感谢之心能够使人生变得美好。从本质上来说，这是因为感谢的情绪能够美化心灵，从而使命运本身变得光明。换言之，感谢之心能够带来好运。

※ 六项精进（《六项精进》的中文版本已由东方出版社出版）

　　1. 付出不亚于任何人的努力

　　2. 谦虚戒骄

　　3. 天天反省

　　4. 活着就要感谢

　　5. 积善行、思利他

　　6. 不要有感性的烦恼

⑦保持乐观开朗

　　　　不管身处何种逆境，不管遭遇何种艰辛，始终保持乐观开朗的心态，满怀理想和希望，坚韧不拔，努力奋斗，这才造就了今天的京瓷。

　　　　人生充满着光明和希望。"我一定会迎来辉煌的人生！"时刻抱有这样的信念十分重要。

　　　　不要牢骚满腹，不要消沉郁闷，

不要憎恨别人，不要妒忌别人。这类
消极情绪将使人生暗淡无光。

　　道理很简单。对自己的未来充满
希望，乐观开朗，积极行动，这是促
使人生和事业顺利发展的首要条件。

　　凡是人生一帆风顺之人，必定乐观开
朗。这是一个非常奇妙的现象。反之，如果
是内心阴暗、心怀不满且满嘴牢骚之人，其
势必无法拥有精彩的人生。当然，"付出不
亚于任何人的努力"的"耐力"是必不可少
的。但在此基础上，还需要拥有乐观，时刻
坚信自己的未来和人生一定会得到幸运之神
的垂青。

　　不过，当我呼吁大家要相信自己的未来
充满幸运、自己的人生终将精彩时，或许有
的人会认为这样的想法太过天真——"谁都
不知道将来会发生什么，你叫我怎么能做到
如此乐观开朗呢？"但事实就是如此——人
人都能拥有精彩的人生。首先要坚信这点，
然后持续付出不亚于任何人的努力，那么你

的未来必将变得美好。

问题的关键在于是否具有坚定的信念。要相信自己的人生必将灿烂，不向艰难困苦低头，努力描绘自己的未来愿景。现实的残酷往往容易让人垂头丧气，但我们一定要不断激励自己，并保持乐观开朗的处世态度。只有这样的状态才能让自己的人生道路越走越宽广。

要以善意、乐观开朗的视角看待人和事

不管发生什么事情，都要从正面和善意的角度去解读。这点非常重要。如果以负面情绪看待人和事、感觉一切都充满恶意，则人生就会渐渐陷入黑暗。即便别人真的对自己抱有恶意、想陷害自己，也要当作什么事都没发生过一样，一笑了之。就算别人觉得自己"是不是脑子有问题"也无所谓。

以这种方式处世的人，或许会遭到别人的蔑视——"那家伙真是个傻瓜，居然碰到这样的事都不发火"。这种充满恶意的中伤之语其实无聊至极，完全不用在意，一笑而过

即可。

话虽如此，但我自己也还未能达到这样的境界。被人嘲笑或蔑视时，我也会心生恼怒。但我一直在努力，尽量不把人和事朝着坏的方向解读——"那个污蔑我的人多么可悲啊。他也许是因为精神世界贫乏，所以才会说出这样的话吧"。像这样，把对别人的愤怒转化为对别人的怜悯，是我一直努力的方向。像这样以乐观开朗的视角看待人和事，是我们需要具备的美德。

我小时候是个"孩子王"，从小学高年级到初中、高中，三天两头和别人打架。大家看我现在的个头不算低，不过一直到高一下学期，我的身高在学校里都属于中等偏下。即便如此，我还是争强好胜、经常打架。

说起当时打架的动机，真的非常单纯可笑。有时候就是因为和别的学校的学生擦肩而过时的眼神接触，我觉得对方在瞪我，于是我就狠狠地瞪回去，然后一句"你这家伙瞅啥呢？"就点燃了"战火"。有时候，别人因为看不惯我这"一副跩样"，也会向我挑衅。就是因为这种无聊且无谓的理由，当时的我总是和别人打架。

到了初三，好歹离成年也不远了，或许正值少年思考人生的青春期吧！当时的我也开始觉得自己很没出息，我责问自己："为什么老是打架呢？"换言之，我的心中出现了另一个自己，对爱打架的我进行劝诫："你这家伙，因为别人瞪了你或者瞧不起你就大打出手，实在是无聊至极。你看看你周围的朋友，他们对于这样的事情只是一笑而过。而你却总是对小事耿耿于怀，硬要把它们作为打架的借口。真是太可悲了。"

但与此同时，另一个自己又在心中反驳道："那些朋友只是没有勇气的'软脚虾'，他们在忍气吞声而已，而自己好歹有勇气打架，比他们要强得多。"于是升入高中后，我仍然改不了爱打架的臭毛病。

但人毕竟一年年在成熟，我渐渐地认识到自己这样整天好勇斗狠是没有前途的。不要为了一点点的小事就计较和发怒，应该学会一笑置之。我当时越来越觉得自己需要具备这样的品格。于是我开始深刻反省，从那以后，我就像变了个人一样，再也不打架了。

一个人在世上看到的一切现象，都是自身的心灵所招致的。如果性格乖僻、思想负面，那么其人生就势必不会光明。即便仅从该层面上来看，我们也要以善意的角度解读人和事，以乐观开朗的心态度过每一天。这点非常重要。

2　精益求精

⑧为伙伴尽力

在人的行为中，最值得敬佩和最为美好的便是利他行为。人们往往倾向于首先考虑自身的得失，但其实人们同时也具有把"为他人做贡献、为他人带去欢乐"作为人生最高幸福的利他之心。

曾经有一起发生在美国的空难，当时正值严冬，一位男士在自己将要获救的瞬间，竟然把求生的机会让给了旁边一位奄奄一息的女士，而自己则沉入了水底。人类的本性就是有如此美丽的一面。

> 我们企业家也一样，必须具有为伙伴、为同事做奉献的牺牲精神，只有不吝于帮助他人，才能打造优秀的团队。

我总是一有机会就强调"为世人、为社会尽力是人类最高尚的行为"。与"为世人、为社会"相比，"为伙伴"确实属于狭隘得多的利他行为，但在企业经营方面，这点至关重要。

"为世人、为社会，乃至为伙伴尽力"的行为源于美好的心灵，而这样的行为又会进一步美化心灵、净化心灵。也就是说，为了培养崇高的人格，这样的利他行为非常重要。

佛教中把这样的行为称为"利他行"。佛教教义中，把为他人做奉献的利他行为摆在举足轻重的位置。释迦牟尼佛祖教导世人"积利他行，可破迷开悟"。

"为伙伴而工作"是阿米巴经营的真髓

"为伙伴尽力"是构成京瓷阿米巴经营模式的基础。

从京瓷公司创立初期起，就采用阿米巴经营模式——把事业部分成小集团，各个小集团通过独立核算制进行运营。

在我看来，公司的各种经营方针不应该由几个管理层人员来制定，而要让公司全体员工参与公司经营。只有大家同心同德、目标一致，才能把公司做大做强。通过把公司组织分成小的集团，让每个小集团都像一家公司一样，通过独立核算制进行运营，从而掌握每个小集团的运营情况——是否盈利创收、是否存在浪费。这就是被称为"阿米巴经营"的管理手段。为了提升企业经营的效率，有不少企业让每个事业部采用独立核算制，而京瓷公司则做得更为彻底——把事业部进一步细分成各个小集团。

但是每个事业部采取独立核算制进行运营的话，就会产生一个问题，那就是成果分配。比方说，各个事业部都进行独立核算，结果其中的一个事业部创造了巨大的利润，而另一个事业部出现赤字。也就是各部门的收益参差不齐。如何处理这种情况，是企业管理的一大课题。

通常的做法是给予创收较好的部门员工以奖金或高薪作为奖励，也就是根据成果进行分配。尤其在美国，几乎所有的企业都采用这种利益分配方式。

打个比方，如果业绩优秀，那么员工就可能得到相当于 10 个月工资的奖金，而且上不封顶；相反，如果业绩不佳，甚至年中和年终奖金都会一笔勾销。这是一种非常冷酷的管理思维。

而"阿米巴经营"最让人感到不可思议的一点就是其独特的成果分配方式。业绩优秀的"阿米巴"团队并不会得到涨工资和多发奖金的待遇。这也是旁人最不能理解的地方。在京瓷公司，哪怕某个出色的阿米巴团队提升了公司的整体业绩，成为公司的表率和标兵，并为其他伙伴尽了力，其成员也不会得到像薪金和奖金等金钱方面的回报。他们得到的只有赞赏和表扬。

旁人往往对此感到不可思议——"你们（京瓷）的员工还能接受这种制度"。而我从创业之初起，就一直向员工强调"'为伙伴尽力，并不求回报'是最为重要的美德"。因此在京瓷，即便一个事业部为企业创造了利润，其员工也不会提出诸如"给我们更多的奖金，给我们加工资"之类的要求。

为什么我不用金钱和物质奖励做出贡献的员工？这是基于对人性的考量。假设我们也采取这种所谓"最正常"的方式——如果业绩提高，就给奖金、加工资，那么获得奖励的员工势必会士气高涨，并以得到更高的奖金和工资为目标。

但另一方面，业绩没有提高的事业部的员工看到这一幕后，就会意志消沉。这样一来，业绩好的事业部就会越来越充满活力，而业绩较差的事业部则会越来越死气沉沉，那么公司整体的运营就难以顺利进行。

而且，就算管理者鼓励那些业绩不佳的部门员工——"你们也要加油。如果业绩提升，就一定也给你们发奖金、加工资"，但现实是残酷的，有时候业绩往往难以尽如人意。如果努力奋斗了一两年却依然碰壁，一般人就会变得性格乖僻、自暴自弃。这是人性的弱点所在。

不仅如此，业绩优秀的事业部也不会永远一帆风顺，总会遇到业绩下滑的时候。这样一来，之前一直拿着高额奖金的员工突然被告知"因为业绩恶化，所以奖金取消"，试问他们会作何感想呢？从人性的角度思考的话，这样的消息势必会严重打击到这些员工的积极性。再加上收入的锐减会产生诸如房贷偿还困难等现实的经济问题。而这些势必都会使员工的不满情绪加剧。

这样一来，一边是由于长期业绩低迷而持续消沉的部门，一边是原本被寄予带动公司发展厚望、如今却也陷入低迷状态的部门。因此，整个公司的人际关系会被撕裂，公司整体也会因此陷入极为悲观的惨状。换言之，随着公司整体业绩的上上下下，公司里的人心也七上八下，员工没有安全感。

如果管理者对于付出努力的部门给予表扬，那么其他部门的员工也会心生感谢之情——"多亏了你们部门所付出的努力，我们大家才都能发到奖金啊"。这就是我所采用的方式——对于业绩优秀者，只给予名誉上的褒奖。这是基于"让全体员工共同努力，人人获得物质和精神两方面的幸福"的考虑而实行的办法。为此，从创业之初起，我就不断强调"为伙伴尽力"的重要性。

⑨构筑信赖关系

京瓷自创业以来，就把同事之间心心相连的密切关系作为经营的基础，员工彼此间怀着感激和诚意，在互相信赖的基础之上开展工作。公司一贯重视酒话会等各种各样的集体活动，以此为全体员工提供敞开心扉、增进交流的机会。

即使是上下级，只要有信赖关系做基础，相互间就可以坦诚交流，说出真实的想法。这样一来，问题就会一目了然，工作就会顺利进展。

构筑这样的信赖关系，需要在平时不断做出努力，把大家的心紧密地联系起来。

在京瓷公司，构筑员工之间信赖关系的首要活动便是酒话会。而且，凡是公司活动，全体员工都必须参加。这是京瓷公司定的"铁规矩"。

进入 20 世纪 60 年代，京瓷公司也日益发展壮大，于是和当时其他的日本企业一样，京瓷公司也开始组织员工旅游。《京瓷哲学手册》中也有"以大家族主义开展经营"的条目。为了在公司内构筑起类似于家人的关系，公司当时决定组织大家去温泉旅行，在外住一两晚。

当时公司一大半的员工都是年轻的初高中应届毕业生，但有的员工依照年龄的话，甚至可以当某些员工的父母了。

当公司发布组织员工旅游的通知后，有的年长员工就开始自作主张："和那些小鬼头去泡温泉和喝酒有什么意思。我们就别去了，等到旅游那天，咱们哥儿几个自己搓麻将多好。"有的员工还说："与其出去旅游，不如直接发我们钱，我们可以去自己想去的地方。"

当时的我火冒三丈，严厉地批评了那些员工。组织全体员工旅游的目的并非让大家单纯地去玩乐，而是增强员工之间的团结纽带及信赖关系。通过旅游，员工之间就能建立打破上下级隔阂的同伴关系。那些员工正是因为缺乏正确的认识，把公司组织旅游的目的理解为单纯的玩乐，所以才会说出"还是搓麻将好玩"之类的胡话。

组织员工旅游是日本企业的传统文化之一，其本来目的并非是给予员工休闲福利，而是为了增强员工之间（关系）的纽带。而随着时代的变迁，人们似乎忘记了这一初衷，使得员工旅游逐渐流于形式化，成了单纯的玩乐手段。

相互了解是强化纽带的首要条件

那么，怎样才能强化纽带呢？首先要彼此相互了解，这既是人际关系的起点，也是人际关系的终点。上司是否了解部下，部下又是否了解上司，这正是构筑信赖关系的基础。

信赖关系并非依靠承诺或约定建立。"我和他聊过""我和他上次喝过酒""他了解我，我也了解他"……这些单纯而平常的小事，才是构筑信赖关系的基础。当然，也有因互相仰慕和尊敬而建立起的"高尚"人际关系，但在企业中，大家还是要相互深入了解。尽管有"相互了解既可能建立信赖关系，也可能葬送信赖关系"这样的可能性，我还是要强调相互了解的重要性。

而相互了解最好的方式便是面对面围坐在一起喝酒。拘谨死板地交谈是无法建立信赖关系的，我一般在几杯啤酒下肚之后，就对员工说："喂，我说你啊……"于是员工立刻会对我心生亲近感——"社长居然记得我"。这种与员工的交流方式非常重要。

对我而言，酒话会也是一个非常重要的"仪式"。如今，京瓷公司的规模过于庞大，我也已经无法出席所有的聚会，而由公司的高层干部或部长出面代劳了。但在之前，凡是公司举办的大小年会，我都会亲自出席。那时候一到12月份，各个部门和科室的年会接连举办，我几乎每天都在参加酒话会。

而随着公司规模的逐渐扩大，酒话会的规模也从原先的五十几人扩大为上百人。到场后，我就坐到一堆人中间，开始喝酒。哪怕是有五十多人的年会，每个员工都会过来给我敬酒，我和五十多人每人喝一小酒盅酒，合计起来也是不得了的量。有时候就算感冒发高烧，打了针之后还得继续去喝酒。

我和员工面对面围坐在一起喝酒时，如果席间有旁若无人、得意忘形者，我便会严厉斥责——"喂，你这家伙！"有时候我会大发雷霆，搞得周围的人很扫兴。既然是大家聚会，我也不能总是对着一个人发火，于是我就走到另一张桌子，和那里的员工谈论不同的话题。这就是我参加酒话会的方式。

这样一直喝下去，场面就会渐渐变得随意。有人喝醉了，有人把酒洒了，有人衣服弄脏了……可谓洋相百出。这时候已经没有什么社长和员工之分，大家像朋友一样喝个痛快。

在彼此"语无伦次"的交流过程中，有

的员工觉得亲切而骄傲。"社长刚才当面骂我是笨蛋哦!"通过这种彼此吐露心声的交流,让大家加深了情感的纽带。我一直采用这种方式来建立超越"常识"的人际关系。

换言之,让员工把我也看成是"一名京瓷公司的工友"。像这样,我把公司的酒话会看作加深员工"伙伴意识"的"仪式",因此一直对其非常重视。

⑩贯彻完美主义

在 90% 顺利进展的情况下,有人就会自满:"这已经不错了吧!"从而停止努力。这样的人,最终做不出"可以划破手的"完美无缺的产品。"写错了,用橡皮擦掉就行!"如果心存这种马虎的念头,就不可能取得让自己、让旁人真正满意的成果。

销售也好、生产也好,如果放松了最后 1% 的努力,就有可能失去订单,或造出不良品。

> 想要让自己的努力结出更大的成果，就必须在工作中不断追求完美。

从年轻时起，我就把"贯彻完美主义"作为座右铭。这种"贯彻完美主义"（或者说"必须做到无可挑剔"）的态度，既是我个人性格使然，也是我在从事制造业的过程中所得出的经验。

以制陶的工艺过程为例，首先要把几种原料进行混合，在成型后放入高温炉烧制。烧制好的半成品还要经过诸如研磨、表面金属化等工序才能成为最终成品。整个制作周期很长。而如果在制造过程中的某个工序稍有失败，那么一切就都白费了。包括制造过程中所消耗的材料成本、人工成本、电力成本等诸多费用，都会付之东流。

换言之，在制造的所有工序中，哪怕仅发生了极为微小的失误，也会使得之前的努力全部化为泡影。这对于从事制造业的人而言，是每天都在经历的事情。因此必须贯彻完美主义，容不得一丝懈怠。制造业就是如此严酷。

我仍然以制陶为例，为大家做进一步的说明。当要把几十种原料进行混合时，只要加错一种，那么混合的原料就报废了。而各种原料的比例分量也必须精确无误。此外，连混合方式也很有讲究。我以前在做实验时，发生过这样一件事。

在实验室混合原料粉末时，用的是玛瑙制的研钵和研杵。在合成陶瓷时，从理论上来看，只要计算好所需各原料的分量，然后放入研钵中混合即可。但在实际研磨时，由于玛瑙制的研钵和研杵在摩擦损耗时产生的二氧化硅会混入原料中，因此必须事先预测和计算这部分二氧化硅的产生量，以评估其对混合原料的影响。

另外，虽说研磨时间越长，原料就会混合得越充分。但研钵和研杵长时间的摩擦消耗会导致更多二氧化硅的产生。这也是必须考虑的问题。

氧化镁和氧化钙是制陶不可或缺的原

料，因此混合这两种化学原料粉末便成了制陶者的家常便饭。为了便于理解，大家可以把它们想象成精面粉。不同色泽的精面粉，一开始混合的时候看起来还是斑斑驳驳，但只要努力搅拌，其渐渐就会变得色泽均一了。

如果是液体，我们很容易判断不同液体是否已经完全混合。但粉末是固体颗粒，很难判断到底何种程度才算是完全混合。就算拼命把颗粒磨细到直径千分之一毫米大小，在显微镜下看来，还是没有完全混合。因此，如果想通过完全混合而成功制陶，那么"到底该混合到何种程度"便成了必须面对的问题。

不管是用研钵混合，还是用叫作"罐磨机"的机器混合，到底哪个时间点才是完全混合的时候呢？又不能永远一直混合下去，那么应该何时停止呢？这简直就像是哲学问题。

于是，当时的我一边浑身脏兮兮地用研钵混合着原料，一边陷入了思考——"混合这一项工序原来如此不易。如果不能做到每个工序、每个环节都尽善尽美，就无法做出自己理想中的陶瓷产品。为此，我应该怎么做呢？"

而且，如果不贯彻完美主义、因某个工序的疏忽而导致失败，就会造成产品报废。这样的话，不但会给自己公司造成损失，还会因为推迟交货而给客户带来很大的麻烦。

以前，当京瓷规模尚小时，只生产电子工业领域的各种陶瓷部件。这些部件基本上都是客户定制的。京瓷公司营业部的业务员拜访客户、进行洽谈。客户提出要求："我希望你们制造这样的陶瓷部件，在这个日期之前交货。"于是我们的业务员回答："我们会按期交货的。"客户要求在指定日期收到部件，从而用于自家机器的生产。而机器的生产计划是事先制订好的。为了不让客户自身的生产计划受到影响，我们必须在指定期限之前交货。

但现实情况不可能一帆风顺，而且往往越是在时间紧迫的最后关头，就越容易由于一个小失误而失败。如果一种产品从混合粉末到成品完成总共所需的时间为 15 天，那么如果在最终出货前的节骨眼上失败，就需要再花 15 天的时间。于是就不得不告知客户"需要再等 15 天"。

这样的话，我们公司的业务员就会遭受客户劈头盖脸的责骂——"我真是瞎了眼，居然把订单给了你们。你们这家破公司，要害得我们公司倒闭不成！？"业务员只好鞠躬作揖，苦苦哀求客户原谅。然后哭丧着脸回来对我说："社长，客户很生气，说再也不和我们做生意了。"正因为体会过这样的辛酸，我才深刻认识到："即便一丝微小的失误，也会导致严重的后果。"也正因为如此，直至今日，我都坚持把完美主义作为京瓷公司的宗旨。

"犯了错可以用橡皮擦掉重做"的态度不允许有

不仅限于制造业，这个道理在其他领域也是通用的。

在我所著的书中，有一本叫《稻盛和夫

的实学》（中文简体版已由东方出版社出版），这本书讲的是经营和会计。书中有这样一个故事。

在京瓷还是一家小企业时，公司的财务部长一看到我就头痛。因为当时我只要一有不解之处，就一个劲儿地问他。那时不要说什么复式簿记（复式簿记又被称为"复式记账法"，是商业及其他组织记录金融交易的标准系统。——译者注），我连财务的基本概念都没有，对于这样的门外汉，财务部长一开始觉得我胡搅蛮缠，所以很讨厌我。由于我是公司领导，他也无可奈何。但由于当时的我还很年轻，加上我总是问些在他看来莫名其妙且幼稚可笑的问题，因此他起初不太看得起我。

"这个账簿里的钱在哪里呢？"我翻开账簿问他。

"没有钱。"他答道。

"那钱去哪儿了呢？"

"这个不做调查是不知道的。"

"你的这种说法我是难以接受的。"

"可事实就是这样。公司的业务复杂，现金流向了各个地方。比如赊销款、库存和在制品等等。"

他的这番解释仍然没能让我接受。于是我接二连三地提问，誓要"打破砂锅问到底"。这么一来，一开始还对我心存鄙视的财务部长，在不断回答我问题的过程中，我发现账簿中的数字有误。

"（这里）和你刚才的说明不符。你看看，这里的数字不对嘛。"

经我这么一说，他也发现了自己的错误。大概他也觉得实在对不住我，于是向我道歉，然后马上拿来了橡皮，想改掉错误的数字。

对我而言，这是绝对无法理解的行为。

如果换作是制造业，这样的错误就足以使产品全部毁于一旦了。可从事财务工作的人却故意先用铅笔写数字，如果数字有误，就心安理得地用橡皮擦掉后重写。所以账簿上面的错误总是无法杜绝，当时的我火冒三丈、大发雷霆。

有的东西是无法用橡皮一擦而就的。

从事事务性工作的员工似乎存在着这样的错误认识："犯错没关系，用橡皮擦掉重做就行了。"这样的态度是不行的。任何工作，只要稍有失误，就会造成无可挽回的后果。必须以这样的紧迫意识认真投入到每天的工作中去。因此，即便对从事事务性工作的员工，我也以"完美主义"作为要求，决不允许诸如"只要最后数字不错就行了"之类的安逸想法。

"最佳"与"完美"

另外，还有一件事让我印象深刻，当时京瓷公司已经创立了 20 年左右。法国有一家叫"斯伦贝谢"的知名油田技术服务公司，该公司从事地下石油层的测定工作。当采掘石油时，要挖多深才能触及地下油层，该公司会使用电波等技术对地层进行专业化测定。在挖掘油层时，要使用被称为"油田钻探装置"的大型钻头，所以如果毫无计划地乱挖一气，当钻头到达油层时，石油就会突然大量喷射而出，从而导致巨大的火灾。因此需要预测"距离油层还有几十米"或者"距离气层还有几十米"。而斯伦贝谢就是拥有这种超特殊专业技术的公司。

当时斯伦贝谢的社长在报纸和杂志上看到了有关我的介绍和文章，因此他在赴日时，专程来京都拜访了我。当时的我对斯伦贝谢公司还不甚了解，但通过和那位社长面对面的交谈，我发现他是一位拥有优秀哲学思想的人物。

那位社长名叫让·里夫，生于法国的贵族名门。他父亲是知名银行的行长，他夫人是印度著名诗人泰戈尔的侄女。而他则受斯伦贝谢公司之托，担任社长一职。他既是才能卓著的国际精英，也是一位出色的哲学家。据说他当时还与法国社会党的政治家私交颇深，曾一度传言他将被选为法国政府内阁人员。可见他是一位十分了不起的人物。

让·里夫先生说，无论如何想与我当面聊一聊有关经营哲学的话题，所以特意到访京都。通过与他一整晚的促膝长谈，让我深铭肺腑——不愧是让斯伦贝谢发展成为世界知名企业的人物。

而他似乎也对我抱有类似的印象，还邀请我带领几名京瓷的干部去他位于美国亚利桑那州斯科茨代尔的私人别墅做客，想在那里和他以及斯伦贝谢的董事会成员进一步畅谈经营哲学。

于是我带着几名京瓷的干部，前往亚利桑那州斯科茨代尔拜访了他。他的私人别墅位于仙人掌丛生的沙漠中，非常漂亮。第一天，在他的邀请之下，我们打了高尔夫球。到了第二天，大家就开始彻夜畅谈经营哲学。

"成为最佳"是斯伦贝谢公司的座右铭。斯伦贝谢公司的技术如此卓越，以至于不管是在俄罗斯、中国，还是其他国家或地区，"没有斯伦贝谢的技术，就无法采掘石油"几乎是业内共识。而该公司的座右铭是"成为最佳"。而我告诉他，京瓷公司的目标是"做到完美"。

而这正成了我们争论的焦点。斯伦贝谢以"最佳"为目标，京瓷则以"完美"为目

标。"最佳"的含义是"优于别人""做到最
好",而我的意见是"基于制造业的精神,即
便是行业内最好的产品,如果存在些许瑕疵
(缺陷)或硬伤,就会导致一切努力化为泡
影。因此必须以'完美'为目标"。这场"最
佳"与"完美"之争一直持续至深夜。最后,
让·里夫先生终于同意了我的观点,他说:
"你说得对。我打算摒弃'最佳'的座右铭,
把我们公司的目标也设定为'做到完美'。"

其实,人无完人,即便不断强调完美主
义,也有犯错的时候。即便如此,也要具备
努力贯彻完美主义的意识。这点非常重要。

⑪ 认真努力,埋头苦干

认真工作,意味着勤奋,意味着
是对工作始终抱有诚实的态度。

我们从心底品尝到的真正的快乐,
就在工作之中。对工作漫不经心,而
想从娱乐和兴趣中寻求快乐,结果可

能会有一时的快感，但决不会获得真正的喜悦。

如果不能从占人生比重最大的工作中获取充实感，那么，我们必将感到空虚和不足。

只有在认真努力、埋头苦干并有所成就时，我们才能体味到其他任何东西都无法替代的、真正的欢喜和快乐。

正因为如此，我一直向员工强调认真努力、埋头苦干的重要性。此外，"付出不亚于任何人的努力"也是我一直强调的理念。在"付出不亚于任何人的努力"的基础上，再加上"认真努力、埋头苦干"，才具有更加深远的意义。

释迦牟尼佛祖所开示的"精进"就是"认真努力"之意

在佛教中，"开悟"一词的意义为"提高心性、完善人性、美化心灵"。换言之，只要完善人性、美化心灵，最终便能到达"开悟"

的最高境界。至于开悟的方法，释迦牟尼佛祖则为众生开示了名为"精进"的法门。如果想开悟，就必须持续精进。

而所谓精进，便是指认真努力。俗话说"一分耕耘，一分收获"，其实认真努力的好处不仅仅是得到相应的回报，还包括第二种效果——认真努力的态度能够完善人性、磨砺人格、美化心灵。

在禅宗寺院，云水僧要从事各种日常劳动——从准备斋饭，到打扫寺院和佛堂。这些劳动项目本身就是禅宗非常重视的修行手段。按照禅宗的思维，专心致志、认真努力、埋头苦干与禅定（通过坐禅而使自身的精神统一，从而进入精神主导的境界）是殊途同归的。

认真努力，指的是全身心投入某项工作的态度，而这种努力的态度能够完善一个人的人格和人性。或许正因为如此，释迦牟尼佛祖才把"精进"作为修行的首要法门。

人生的富足感源于自己的工作

在我们的世界里，尤其是制造业，有些人被称为"名家"或"达人"。他们正是因为倾其一生、埋头工作，所以才到达了那样的境界。如果努力不够，势必无法成为名家/达人。

换言之，名家/达人不仅专业水准高超，其心灵及精神状态也达到了非常崇高的境界。如果一个人只是能够制造出一流的物品，我们只能说他技艺精湛，还不能称其为名家。不仅技艺高超，还能把自身的心灵状态反映到精美的作品中，让人感动和触动。这样的人才算是名家/达人。要想达到这样的境界，只能通过认真努力、埋头苦干。

说到这里，可能有人会提出异议："工作并不是人生的全部，爱好和娱乐也是必要的。"但在我看来，这只是一种托词，一些人无法认真投入自己的本职工作，因此把兴趣爱好作为替代品，试图从中获得喜悦。

只有埋头于本职工作，从中获得喜悦，才算得上是称职的企业家。不管是大企业还是中小企业，企业家都要以守护员工、家人和客户为己任，认真努力工作。这点非常重要。

只有通过劳动才能造就真正的人格

我曾经参加过由美国国际战略研究所（CSIS）主办的以《领导力·创造性·价值观》为题的研讨会。当时 CSIS 的戴维特·阿布夏先生［戴维特·阿布夏先生曾担任北大西洋公约组织（NATO）的大使］对我说，他在看了我写的《新日本·新经营》（PHP 研究所出版）一书的英文版 *For People and For Profit* 之后深受启发，所以打算以"领导者的资质"为主题，进行一次深入的讨论，于是便有了那场研讨会。我想在这里引用一下我当时在研讨会上的讲演内容。

人类社会存在着各种各样的集团。小到

社区、学术团体、志愿者团队，大到成员数亿的国家。在各集团中，都有引导集团发展的核心人物，也就是我们所说的领导者。

纵观人类历史，有的集团依靠领导者而发展壮大，有的集团却因为领导者而陷入悲惨命运。"集团的领导者左右着我们的命运"，我觉得这么说也不为过。

对于领导者的资质，中国明代的著名思想家吕新吾在他的政治学论著《呻吟语》中有所论述。书中说道"深沉厚重是第一等资质"。也就是说，他认为领导者的首要资质是"具备时常深入思考事物本质的厚重性格"。

吕新吾还在《呻吟语》中提出"聪明才辩是第三等资质"。换言之，头脑聪明、才能出众加上能言善辩，只能算是第三等资质。但综观如今时局，不管是东方还是西方，许多只具备第三等资质的人（即只具备聪明才辩之人）被选为领导者。这类人才可以作为"能吏"而发挥作用，但他们究竟是否具备领导者应有的人格水准，就要打个问号了。

我认为，当今世界，不少国家的社会风气之所以颓废涣散，正是因为起用了这种只具备第三等资质的人当领导。为了建设更为和谐美好的社会，必须要起用具备吕新吾所说的"第一等资质"的人（即人格高尚者）来当领导。

然而，人格既非先天禀性，也非恒久之物，人格会随着时间的变化而变化。有的人生来具备高尚人格，有的人则没有。就算生来人格高尚，但能够坚持一生不变的人却少之又少。这是因为人格与人所处的周边环境息息相关。在不同的环境下，随着时间流逝，人格既可能朝着好的方向变化，也可能朝着坏的方向变化。

比方说，有的人原本谦虚努力，但一旦掌握权力，就变得傲慢自大，与原先判若两人。这种"晚节不保"的例子有很多。反之，有的人前半生是玩世不恭、愤世嫉俗的反社会者，但由于某种机缘而改过自新，在饱尝艰苦辛酸后，在晚年蜕变为人格高尚之人。既然人格是如此善变之物，就不能只通过一个人当时的人格水准来判断他是否适合当领导。

那么，我们该如何选拔领导呢？要回答这个问题，首先需要思考人格的形成过程以及完善人格的方法。

我认为，完善人格不能靠知识的习得，而要靠每天的劳动。也就是说，我们通过拼命努力工作，不但能获得生活所需的物质，还能完善自身的人格。

在 CSIS 主办的那次研讨会上，我做了上述内容的演讲，最后以二宫尊德的例子作为总结。

我以前常说："晚节不保之人甚多，而年轻人往往正义感强烈，因此要趁年轻时贯彻正义，树立正确的是非观。"如果在年轻时经历艰难困苦，并通过努力工作形成了高尚人格，即便到了晚年，也不容易动摇和改变。我们应该把经历过这种人生洗礼的人格高尚者选为领导者。这便是我在华盛顿演讲的中心思想。

努力埋头工作对完善人格、拓展人生也起着关键作用。正因为如此，我一直倡导大家在工作时要"认真努力，专心致志"。

⑫ 脚踏实地，坚持不懈

怀有远大的理想和愿望固然很重要，但是，即使树立了远大的目标，在日常工作中，却必须要做许多看起来简单乏味的事。"自己的梦想和现实之间的差距太大了！"有时我们会感到苦恼。

可是，在任何领域，在取得丰硕的成果之前，都必须对工作进行改良改善，必须做基础性试验、收集数据，必须四处奔走争取订单，必须脚踏实地，努力工作，反反复复，精益求精。

不要忘记，伟大的事业不是一下子就能实现的，而是要靠脚踏实地的努力和一步一步的积累。

不管什么伟业，都少不了一步步的努力。如果想完成一项工作，就只能靠自己脚踏实地的努力，绝对不存在类似喷气机那种能把人快速送至目的地的便捷工具。

即便明白这个道理，但许多企业家在面对目标与现实之间的遥远距离时，还是会焦躁不安——"我想把自己的企业做大做强，可我现在每天做的都是平凡的工作。这样下去，我们公司能成为日本第一吗？"

我自己也曾有过这样的烦恼和困惑。明明想让公司发展得更好，但每天都因为各种事务而忙得焦头烂额，处理着一个个问题，重复着平凡的工作。我也曾不禁担心："这样下去，公司怎么能发展壮大呢？"

日本人把徒劳无用的行为比作"在冥河河滩堆石头"。但在我看来，即便是堆石头，只要坚持一块接一块地堆下去，照样能取得成功。如果企业家具备这种精神，势必能够感动周围的人，于是部下和伙伴都会同心协力地和你一起"堆石头"。而他们的部下也会感动，从而加入"堆石头"的队伍。这样一来，随着公司不断地发展壮大，事业上的伙伴也会逐渐增加。正所谓"人多力量大"，哪怕每个人"只堆一块石头"，如果有上百乃至上千人齐心协力，那么企业就会产生一股巨大的"员工合力"。

一个人能做的工作有限，但众人团结一心、持之以恒的话，就能最终成就大事业。这是我根据自己人生经验所得出的结论。

创意精神是支撑平凡努力的基础

话虽如此，但如果每天一味重复单调的工作，势必会渐渐心生厌倦。因此需要思考让自己不厌倦的诀窍及加速成功的方法，这便是"创意精神"。

说到创意精神，大家可能会觉得高深莫测，但它其实就是一种"不断改良和改进"的态度——明天要优于今天，后天要优于明天。哪怕是类似"堆石头"的工作，也能想出各种方式方法——既可以用大板车拉石头，也可以靠"多人接力"的方式搬石头。今天试着用这种方法，明天再思考效率更高的方法。我一直坚持这样的做事方式。

如果秉着创意精神工作，那么即便是看似枯燥单纯的作业，由于每天都在进步，工作的乐趣也会油然而生。创意精神不仅能消除对工作的厌倦感，只要坚持下去，终究还能够取得事业上的巨大飞跃。

京瓷是一家技术多样化的企业。比如手机制造业务，京瓷一直在向第二电电（如今的 KDDI）的子公司——Cellular 电话（如今的 au）提供手机产品。京瓷原本并不生产手机，但如今已然成为日本的一线手机制造商。

公司原本并没有制造手机的相关技术，就连作为立命之本的制陶业，起初的技术水平也不高。

如今，从太阳能电池到宝石二次结晶，京瓷的技术贮备丰富，且涉及领域广泛。回想当初，公司既没有丰富的知识储备，也没有优秀的人才储备。从创业伊始，直至今日，通过每天不断的改良和改进，员工才得以掌握高水准的技术。全体员工在工作中发挥创意，不管个人的创意多么微小，这种"积土

成山"的创意成果，奠定了京瓷在多领域的
技术实力。

坚持创意精神能使中小微型企业成长为大企业

中小微型企业的经营者常常遇到这种情况——当从父辈接手的业务或者自主开创的业务很难有进一步发展时，他们便想开展新业务或新事业，但由于"一无人才，二无技术"，于是便轻易放弃了梦想。

我在京瓷创立之初，也曾有过类似的烦恼。作为一家成立不久的新兴企业，"梦想很丰满，规模很骨感"，我想招募技术人才，可当时名牌大学毕业生不愿进小公司。虽然我满腔热情，希望年轻人来公司发挥技术才能，但优秀的理工科生往往都会选择一流的大公司。这使我非常沮丧："优秀人才是看不上我们这种小公司的。"

"当前的业务缺乏前景，所以想开拓新业务。但既没人才也没技术，而且还缺资金，看来这个办法行不通，还是放弃算了。"想必有不少企业家都会这样思考问题，但这其实是大错特错。

打个比方，有一家从事纺织业的微型缝纫加工厂，客户提出要求，工厂便用客户提供的纸样等材料进行裁剪和缝纫。这家企业的一线工人有 30 名，工业缝纫机有 30 台，以计件方式支付工钱。

假设这家企业的领导具有创新精神，他就会在各道工序上下功夫，比如锁扣眼，之前用的是这样的缝纫机工艺，下次就尝试用不同的方法。但新尝试势必面临新问题，于是努力思索攻克难关的方法，进而向前辈或同行请教："我在锁扣眼的工艺方面遇到了问题，请问有什么好的解决方法吗？"不仅如此，由于脑中一直在努力思考这个问题，简直到了"见人就问"的地步。问遍身边的朋友还不算，一打听到有个大学教授对缝纫技术很精通，就立刻前去拜访。

在不断向人请教的过程中，就能获得关键信息："有个人虽然不从事纺织业，但他的专业领域与你想解决的问题有关联。"于是前去请教，结果有了全新的发现。虽然行业有别，但工艺本质相同，他的解决方法真是出人意料。这样一来，问题便迎刃而解："原来如此！居然有如此奇妙的方法。"于是把这种方法导入到自己的企业，并加以改良。

随着类似事情周而复始地发生，这家原本只是根据客户提供的纸样"来料加工"的缝纫企业，由于以创新精神努力钻研缝纫机技术，渐渐掌握了缝纫领域的各项核心技术。

这样一来，该企业能够加工的面料就得到了扩展，不再仅限于布料类的柔性纤维了。于是公司购入了更为高级的工业缝纫机，用于缝纫加工高硬度衣料（比如皮夹克的皮料等）。有一天，听闻"陆上自卫队需要面料强韧的服装"，便立刻前去洽谈"我们公司能够缝纫加工这种面料"，结果争取到了新客户和新订单。又在加工过程中习得新技术，并为己所用。通过这种循环，掌握了一项又一项业内新技术。

换言之，并非只有学校教的才是学问，通过向人请教，耳听心记，也能获得学问。

我们要学会靠耳听心记来提高技术水平。即便没上过大学，即便是勉强高中毕业的企业家，只要通过这种方式积累知识、获取智慧，照样能够取得成功。京瓷就是这么一路发展过来的。

在日本，松下幸之助先生便是这样获得成功的先驱者。松下先生连小学都未毕业，就去当了学徒。之后一直靠耳听心记来增长知识、提升自我。如果问："为什么仅凭耳听心记就能提升自我？"其原因就在于"创新精神"。经常问："为什么？"然后以创新精神刻苦钻研。正因为松下先生的这种精神，才使松下电器产业拥有今日的庞大规模。

脚踏实地，坚持不懈是最重要的。在努力的过程中发挥创意，持续改良和改进。这可谓是中小微型企业变身为大企业的不二法门。

⑬ 自我燃烧

正如物质可以分为自燃物、可燃物、不燃物一样，人也可分为三种类型：点火就能燃烧的可燃型的人；点火也不会燃烧的不燃型的人；自己就能熊熊燃烧的自燃型的人。

想要成就一番事业，就必须具有自我燃烧的热情。高中棒球队那些从内心热爱棒球的年轻人，以进军甲子园球场（甲子园是日本著名的全国高中棒球联赛之一。因其在兵库县西宫市的阪神甲子园球场举行而得名。——译者注）为目标，齐心协力，满腔热情，投入训练。从他们的身影中，就能感受到未来的希望和蓬勃的活力。他们是能够自我燃烧的自燃型的团队。

想要自我燃烧，除了热爱自己的工作之外，还要抱有明确的目标。

　　企业家作为公司的经营者和领导者，势必会时时把公司的前途和命运放在心上。遇上恶劣的经济形势就更不必说，肯定会废寝忘食地冥思苦想，努力寻求突破。甚至会叱咤激励身边的部下："咱们公司目前的订单有所减少，这样下去不行。你啊，要采取这样的行动。其实这种事，你应该独立思考并付诸行动。不要等到我说了才去做。"

　　还有一种貌似"很酷"的人，他们表情麻木，完全没有"燃烧"的感觉。说话者明明已经在"熊熊燃烧"了，可听话者却态度冰冷，搞得说话者的热情都要被他浇灭。在一家公司中，往往会有一两个这种"冷若冰霜"的人。在我看来，这种人是非常要不得的。尤其是在中小微型企业中，只要有一个不燃型的人，就会拖垮公司的整体氛围。

　　对于这个问题，我时常这么想。

　　"要想让公司发展壮大，需要那种即便我不靠近，也会自己'燃烧起来'的自燃型员工。哪怕无法让每名员工都具备这种素质，至少也必须让员工能在我的感召下一起'燃烧'。公司不需要不燃型的人。"

如上所述，不燃型员工是最让人头痛的。京瓷的主打产品是强阻燃性的陶瓷制品，所以我有时会半开玩笑地抱怨："咱们公司的家伙们还真是燃烧不起来啊。"

我多么希望公司里有很多员工能够像我这样"自我燃烧"，可是这样的人总是较为稀缺。

自燃型的"稀缺资源"非常宝贵。判断企业优劣的一个重要标准便是企业氛围是否积极，是否有"这边燃来那边烧"的劲头。

所以，能否把员工培养成自燃型的人，是左右企业经营发展的关键所在。

培养"自我燃烧"的品质

那怎样才能培养"自我燃烧"的品质呢？这个问题与接下来要讲的"爱上工作"也有关联。首先，自燃型的人与那种"没命令就不行动"的人不同，他们工作态度积极，往往在接到指示或命令之前，就已经在开展相应的工作了。

怎样才能招聘到自燃型的人呢？首先要观察和了解对方的性格。自燃型的性格特点是"争强好胜""积极乐观"。这种人一旦爱上工作，就会完全进入"自我燃烧"的状态。企业家要尽量招募具有这种性格特质的人，并使其爱上工作。

此外，还有一种方法，那就是让其肩负责任感和使命感。

来盛和塾学习的广大塾生就是一个很好的例子，并不是每个人从一开始就具备"自我燃烧"的品质，但有的人在接手了父母的企业之后，感受到了"必须守护企业"的使命感和责任感，于是开始"自我燃烧"。这样的塾生想必有不少。可见，使命感和责任感是能够使人转变为自燃型的重要因素。

总之，要把人培养成自燃型，一种方法是选择积极好强的人，并让他们爱上工作；另一种方法是培养认真老实的人，并让他们肩负起责任。有的人即便胆小怕事、从不积极主动，只要让他担负起责任，成为拥有三四个下属的小领导，并激励他"要肩负起守护自己部门的责任"，就能激起他的使命感，从而使其转变为态度积极的自燃型员工。

⑭ 爱上工作

> 要把工作做得完美，需要巨大的能量。这种能量靠自我激励、自我燃烧产生出来。
>
> 而自我燃烧最好的办法，就是要爱上工作。任何工作，只要全身心投入并取得成功，就会获得巨大的成就感并产生自信，进而萌生向下一个目标挑战的欲望。在这样反复的过程中，你就会更加热爱工作。这种状态下，任何努力也不会觉得辛苦，就能孕育出优异的成果。
>
> 只有把心态提升到这样的境界，才能在工作中取得辉煌的成功。

1999年3月，我前往京瓷公司位于鹿儿岛的川内工厂。在京瓷发展史上，它是公司的第二座工厂。在那里，我向数百名干部级员工做了题为《度过幸福人生的五大要点》的讲话。我说道："京瓷公司即将迎来 40 周年庆典。回顾这段岁月，我觉得自己的人生非常幸福美好。'幸福美好地度过一生'其实是每个人来到世间的使命。为此，我们必须在平时做到五点。"这五大要点的第一点便是"爱上工作"。

这源于我自己的人生感受。大学毕业后，我在进入的第一家公司里学会了爱上自己的工作，这正是我能有今日成就的重要原因。所以说，不管对于人生还是事业，"爱上工作"的确非常重要。

1955 年，我大学毕业，当时正值朝鲜战争结束，日本经济极不景气，毕业生就业非常困难。在一位老师的照顾下，我总算进入了京都一家名为松风工业的公司工作，该公司主要生产绝缘瓷瓶，但由于经营状况不佳，在日本战败后的 10 年间，一直赤字不断，已经处于银行监管之下，工资迟发一两周也是家常便饭。加上业绩低迷，公司与工会之间时常爆发劳资冲突。

当时所住的员工宿舍也是破破烂烂——地上的榻榻米千疮百孔，里面的干草都露了出来。在这样的环境下，我一进公司便满腹牢骚。承蒙老师的关照自己才得以就职，原本应该心怀感激才对，可我却一个劲儿地说公司的坏话。

当时和我同期入职的大学毕业生共有5人，大家每次聚在一起，就开始异口同声地发泄对公司的不满："没想到这家公司如此破烂不堪。"尽管辞职了也无处可去，可却一直把"快点儿辞了算了""谁会第一个走人呢"等话挂在嘴边。抱着这种心态，我们根本无法爱上工作。

后来，这些同期的同事先是走了一个，后来又走了第二个，就这样一个接一个地辞职后，等到那年夏末，除了我以外，就只剩一个来自九州天草的男同事了，他毕业于京都大学。

有一天，我和他决定去报考自卫队，于是去京都的自卫队事务所拿了申请书，之后去位于伊丹的自卫队营地参加了干部候补生考试。结果我们两人都顺利通过，获得了进入干部候补生学校的资格。由于办理入伍手续时需要户口副本，所以我叫家里人给我寄过来，可左等右等，户口副本却一直没有寄来。就这样我错过了截止日期，没能进入自卫队。那位成功加入自卫队的同事在离别时对我说："稻盛君，你加油吧。我走了。"看着他英姿飒爽地离去，我却孤零零一个人留在了那家破烂公司里，自己连个吐苦水的对象都没了，心里五味杂陈。

在那样的处境之下，我渐渐认识到，整天唉声叹气、牢骚满腹是无济于事的。因为这就像仰头向天吐唾沫，唾沫吐不到天上，还最终落到自己身上。既然如此，不如试着改变心态，埋头工作。从那以后，我开始全身心投入到精密陶瓷的研究中。不久，研究成果也开始慢慢显现，这让我感受到了工作的乐趣。

我的大学专业是有机化学，主修的方向是石油化学和合成树脂。对于制陶技术，我只是在就职前临阵磨枪地学过一点。因为当时我对无机化学并不是很感兴趣。

但随着自己的努力研究结出成果，我对于制陶领域的兴趣渐渐浓厚起来。由于产生了兴趣，就愈发努力地投入其中，结果又获得了新的成果。随着这样的循环，仅仅在一年左右的时间内，我便成功合成了新型高频绝缘材料，当时在日本尚属首次。

在我成功的前一年，美国的通用电气公司（General Electric Company）已经成功合成了同种陶瓷材料，但我是凭借自己的技术工艺独自研发，这也是日本首次成功合成该材料。为此，受到周围人大力赞扬的我感到非常高兴，也重新树立了自信。从那以后，我的人生开始出现转机，开始变得顺利。

"爱上公司""爱上工作"。我深切体会到，这样的品质成就了如今的自己。

只要喜欢就会不觉其苦

一旦产生了"喜欢"的感情，就不会感到辛苦；反之，如果心生厌恶，那不管做什么，都会感到痛苦难熬。

当时我全身心投入研究工作，为了节约

时间，干脆把锅碗瓢盆都带进研究室，在那里生活，以便日夜持续实验。但我一点都不觉得辛苦劳累，反而充满乐趣。

俗话说："有情人相会，千里不过一里。"意思是说，如果去和自己深爱的恋人相会，即便是千里的漫漫长路，走起来和一里的短途也没什么差别。

再比如打高尔夫球，如果叫一个人走遍18个洞（高尔夫球场上一共有18个洞。由发球台、球道和果岭组成。洞是高尔夫球手想把球打进的目标。——译者注）的距离，那么走不了多远就会感到疲劳。而高尔夫球爱好者在"边打边走"的情况下，却能轻松追着球走完18个洞的距离。

在我创立京瓷之后，依然从早到晚埋头工作。邻居们问我的夫人："你们家先生每天到底几点下班回家啊？"而我在老家的父母也写信劝我："这么拼命工作会把身体累垮的啊！"在旁人看来，我累得够呛，但我本人怀着对工作的喜爱之情，所以既不觉得痛苦，也没怎么感到疲倦。

还有一句话叫"兴趣是最好的老师"，可见"喜欢"的感情能够使人在相关领域获得进步。

我认为，"爱上工作"是成就大事业的关键。

⑮ 探究事物的本质

只有彻底究明一事一物，我们才能体悟到真理，才能理解事物的本质。所谓彻底究明，就是全身心投入到一件事物上，抓住其中的核心。有了对一事一物探明本质的深刻体验，就可以触类旁通，运用到所有的事物中去。

即使看起来是枯燥无味的事情，也要把它看作是上苍赋予自己的天职，倾注自己的全部心血，这样锲而不舍，不懈努力，真理一定会显现。

一旦明白了事物的真理，那么，不管做什么，不管身处何种环境，都可以自由地、尽情地发挥出自己的力量。

前文中，我讲了"贯彻完美主义"、"认真努力，埋头苦干"和"脚踏实地，坚持不懈"三个条目。只要每天坚持做到这三个条目，自然就能够发现事物的本质。

贯彻完美主义，认真努力，埋头苦干。如果能像这样坚持三五年，甚至十年，就能逐渐探明事物的本质。这与禅宗僧人通过坐禅寻求开悟的方式殊途同归。

禅宗僧人不仅坐禅，还自己做饭、打扫、烧洗澡水和干农活，真正做到自给自足。根据禅宗的教义，这一切的劳动与坐禅相同，都是一种修行。

换言之，"认真努力地从事一项工作"是一种修行。比如做饭，如果能排除一切杂念妄念，努力专注于烹饪食物，终会走上"开悟"之路。如果不从事劳动，而只是一年到头、从早到晚像不倒翁那样坐禅，也并不能"开悟"。

在埋头研发精密陶瓷和努力经营企业的过程中，我就有这种感觉——自己似乎抓住了事物的核心。

以前，我在电视上看到一个采访"宫大工"（宫大工意为"寺社木匠"，是日本一种传统的木匠工种。从业者长年离家，居住在寺庙或神社的所在地工作。其技术及技法通常以"师傅传徒弟"的形式进行传承。——译者注）的谈话节目，让我感触很深。那位木匠看起来已经六七十岁。小学毕业后，他就一直从事寺庙或神社木匠的工作。在节目中，和他谈话的对象是大学的哲学系教授。他所表现出的水准和涵养，连那位大学教授都有点招架不住。

我们经常用"有一技之长"来评价这类工匠，但如果一个人掌握了木匠技艺的极致，那么他的境界绝对不仅仅停留在"能用刨子刨木，建造精美木结构建筑"的层面，还能够塑造自己美好的人性。换言之，有一技之长之人，探明事物本质之人，对于万事万物，都能够做到融会贯通。这种境界，既是我的感悟，也是我为之努力的目标。

努力埋头工作能够塑造"不变节的人格"

探明事物本质的人，其散发的气质也与众不同。即便没有在学校里受过高等教育，也能塑造出美好的人格。

在前文中提到，我曾受人之托前往美国华盛顿，在美国国际战略研究所主办的研讨会上做了题为《领导者的人格重要性》的讲演。

当时，美国政治中心的智囊团由于克林顿总统的丑闻事件而陷入深思："作为代表一个国家的总统，应该具备怎样的资质？""美国如今的领导力和号召力如何？"……对于这些问题，他们抱有困惑和危机感，因此开始思考"领导者应有的品质是什么"。

我在自己撰写的《新日本·新经营》一书中，围绕"领导者的资质"，提出了领导者应具备的数种资质，但我在讲演时特意不涉及该书的内容，而是在开头就提出"人格优秀者方能担任领导要职"的"人格论"，然后阐述了塑造优秀人格的方式方法。

但要注意，人格并非恒久不变之物。相反，"变化"正是人格的一大特征。比如，原本认真严谨、人格高尚之人，成为领导后，在周围人的阿谀奉承中渐渐变得傲慢，最终人格堕落。

又比如，有的人年轻时是黑道混混，整日作奸犯科、祸害他人，但晚年时却幡然醒悟，成为人格高尚之人。由此可见，"不断变化"是人格的常态。环境和状况都能改变人格。

那是否能够拥有"永不变节"的人格呢？在演讲中，我引用了内村鉴三〔内村鉴三（1861-1930），日本明治时期著名的基督教思想家和文学家。——译者注〕所著的《代表性的日本人》一书中有关二宫尊德的故事。

二宫尊德是日本江户时代的一名农夫，他也许上过几天"寺子屋"（寺子屋即私塾，是日本江户时代让平民百姓子弟接受教育的民间设施。也称为"手习所"或"手习塾"。——译者注），但绝对算不上有学问。他靠着一锄一锹，从早到晚、披星戴月地在田间耕作。就是凭借着这样的努力勤奋，他使自己的村庄脱贫致富，成就了伟业。

各地贵族官绅听闻了他的光辉事迹，纷纷请他指导各地农村的脱贫工作。尊德不辱使命，让原本贫寒的村落一个个变得富足。

这样的事迹最终传到了江户幕府那里，于是尊德被邀至将军府中。对于当时的情景，内村鉴三在书中有如下描述。

"尊德仅为一介农夫，出生贫寒卑微，未受礼数教养。当时他穿上武士阶层的和服上衣与裤裙，与将军府中的武将们交谈。其行为举止和言谈内容，却透着高贵与风雅。"

换言之，塑造人格的唯一手段是埋头努力工作，而非接受教育或研读书籍。

在演讲的最后，我是这样总结的："通过努力专注于某件事而形成人格的人，是一切组织应该选择的领导人物。这样的领导者必定能避免组织陷入不幸。"

事物的本质是万般皆通的

很荣幸各位能齐聚一堂听我"说教"，但我"说教"的内容并非是专业学习所得。四十多年来，我只是一直在从事研究、制造和销售陶瓷制品以及经营公司而已。但我认为，只要探明一件事物的本质，就能做到万般皆通。

按理来说，我并没有资格去华盛顿参加研讨会，也没有资格在由学者和官僚精英组成的美国智囊团面前演讲。我只是个普通的日本人，在京都不知疲倦地和陶瓷打了四十多年的交道。但我在工作中领悟的道理，即便在美国的政治中心也依然通用。所谓"闻一言以贯万物"，想必就是这个意思。

在日本国内也是如此，我并没有学过专业的经济学。但我每次在各种经济团体举办的会议上发言，大家都会对我的话表示尊重。这并不是因为我是什么权威，而是因为我通过埋头工作探明了事物的本质，所以说的话能触及些许真理。

尽管都是企业经营者，但他们有的人是继承父母的企业，有的人是自主创业。而且从事的业务领域也各不相同，有的从事物流业，有的从事缝制机械业，有的从事零售业……但对他们而言，重要的是不能安于现状，要具备奋斗精神。"不愿碌碌无为地度过一生，想尝试各种不同的挑战。"要实现这样的目标，经营者就必须爱上工作，不断发挥创意，秉着"明天要优于今天，后天要优于明天"的信念，持之以恒。

⑯ 成为旋涡的中心

自己一个人单枪匹马做不好工作，必须与上级、部下，以及周围的人互相配合，齐心协力，工作才能做好。在这种情况下，自己首先要主动积极地寻找并承担工作，这样，周围的人自然而然就会来协助你，你就能"在旋涡的中心工作"。

公司里到处都翻卷着工作的旋涡。

如果总是以别人为中心，自己只是在外围跟着打转，自己总是处在协助的位置，那就体会不到工作真正的乐趣。

在工作中，自己要成为旋涡的中心，积极地把周围的人卷挟进来。

我时常鼓励员工成为旋涡的中心。

在公司，会遇到各种工作课题。比如重视员工教育，提高员工素质等。有的课题分工并非泾渭分明，而是与各部门相互关联——到底该由总务部牵头，还是由人事部牵头？这种"暧昧"的情况时有发生。

尤其是规模较小的企业，财务、总务和业务往往没有明确的界限和分工，一人身兼数职的情况并不少见。

在这种情况下，一旦出现亟待解决的问题，公司里肯定会有"好事者"牵头："大家下班后集合一下，社长上次说要'通过员工教育来提高员工素质'，咱们到时候讨论一下。"

牵头者并不一定只限于年龄较大的资深

员工，也有勇于召集自己前辈们的年轻员工。

大家聚集在牵头者的周围，便形成了"旋涡"。一个课题对应一个"旋涡"。如果一家公司到处都有"旋涡"在转动，那么这家企业一定是一家充满活力和生机的企业。

"如果一直傻愣着，就等于把主动权拱手让给了部下和后辈，而你自己就只能不停地跟着别人转。要让自己成为中心人物，使周围人为你所用。"

对于迟迟不卷起"旋涡"的老员工，我经常会用这样的言语来激励他们。

不应该通过命令来指挥别人。而应该主动提出问题，使周围人自然而然地聚集起来，从而形成"旋涡"。任何一家公司都需要这样的企业文化。

比如，一家公司面临"今年要实现销售额翻倍"的目标。这时候，一名刚进公司不久的年轻员工对科长说："科长，社长说今年要实现销售额翻倍。咱们大家找个时间聚聚，讨论一下具体的实现方式吧。"这么一来，他实际上就成了该项目的领导。不是为了出风头，而是出于主人翁意识，任何企业都少不了这种能够成为旋涡中心的人。

所以，我总是对员工频繁强调："要成为卷起旋涡的人。只有这样的人多了，公司才能发展壮大。"

⑰ 率先垂范

在工作上想得到部下和周围人的帮助，自己必须率先垂范。哪怕是别人都讨厌的工作，自己也要一马当先，采取积极挑战的态度。

无论堆砌多少令人动听的辞藻，如果自己不带头执行，就不能抓住人心。想让别人做的事，首先自己要冲在前面，用行动做出表率，这样，周围的人才会追随你。

率先垂范需要勇气和信念，但是只要不断地用心实践，就能够自我提升。不仅领导者，公司里所有的人也都应该共同营造率先垂范的风气。

领导必须奋战在第一线。我认为，这种精神和态度是对部下最好的教育。所以我在工作时，一直坚持奋战在第一线。

然而，也有人会对此抱有疑问："'在第一线打头阵'真的是称职领导应该做的吗？"在战争中，在第一线与士兵同甘共苦的是属于下级军官的军曹（军曹是日本独有的对中士级别士官的称呼。二战时，日军军衔分为将官，佐官，尉官，准士官，下士官和兵，计六等十六级。——译者注），而总大将一般在后方指挥。

领导应该"坐镇"于何处？自京瓷创业伊始，我就时常思考这个问题。

《领导论》之类的管理学书籍上说"作为领导，最重要的是不能误判大局"。社长作为企业的领导，技术、制造和经营自不必说，包括财务、教育、人事及总务等各个环节，都要做到了然于胸，高瞻远瞩，并对任何一件事情都能下达正确的指示和命令。为了纵览全局，就必须身在高处，所以领导应该"在后方高地指挥全军"。不少企业家机械地理解和实行该教条。但我对此却不敢苟同。

在战争电影中，经常会有这样的情景。在前线战壕中，士兵们在暴雨中匍匐行进，一边躲避敌方的枪林弹雨，一边拼死守住防线。这时，与士兵共同奋战在第一线的部队指控官出现在镜头中，他渴了就喝一口前线战壕的泥水，然后坚持大声激励快要失守的士兵们。看到指控官冒着生命危险，坚持在前线指挥，不少人肯定会赞叹"真是了不起"。

如此一来，这位指控官亲临的战线或许能够成功抵挡敌人的攻击，但他照顾不到的战线很可能已经被敌人攻陷。防线不断被撕开，最终导致全军覆灭。这样一来，肯定又有人指责："这个指控官太愚蠢了，为了逞英雄，在最前线指挥士兵，陶醉于别人的溢美之词，丧失了大局意识，最终导致整支部队被消灭。"

可如果在后方进行指挥，就又有人会说："前线战事惨烈，士兵们弹药用尽后，只好与敌人进行白刃战，刺刀在战场上斩击突刺，敌我双方皆血流成河，可指挥官却坐镇后方山丘高地，悠然地观察战局。面对前方频频来报的战况，完全没有紧迫感，因此势必会误判战局。"

领导者到底应该在后方，还是在前线？我也曾认真思考过这个问题。

我的结论是，这两种做法都是真理。"在后方纵览全局、指挥全军"是真理，而"在前线与士兵同甘共苦，冒着生命危险激励部下"也是真理，但这两方面都不能走极端。这便是我所悟出的道理。

即便如此，在领导风格方面，我个人还是比较倾向于"在前线与士兵同甘共苦"。

领导者应该具备"打头阵"的勇气

凡有大将风范之人，不可被小事所动。正因为能够做到"临危不惧，泰然处之"，才能取得部下的信赖并激励部下。身为领导，如果处理问题时手忙脚乱、东跑西窜，只能是胆怯软弱的表现。所以领导应该具备过人的胆识和魄力。我就一直把"率先垂范"作为宗旨。

对领导而言,"坐镇后方,纵览全局"或许也是必要的,但这种做法容易成为领导者懈怠的借口——"我在后方并不是为了图轻松,而是为了纵览全局"。往往越是害怕吃苦、贪图享乐之人,越会用这样的说词。明明只是为了逃避前线的艰苦而在后方偷闲,却拿出"我是在纵览全局"这种冠冕堂皇的借口。对于这样的人,我有句话要说:

"说什么胡话!如果你还算是领导的话,就试着深入基层,去跑客户、争取订单。一个自己都拿不到订单的男人,是没有资格命令员工拿到订单的!"

不过,如果领导一直"恋战于前线",的确会发生"误判战局"的危险。因此,领导有时需要亲临前线,大声激励"士兵",与他们一起艰苦奋斗;有时又需要回到后方,纵览全局。像这样随机应变地穿梭于前线和后方,是较为理想的做法。话虽如此,但在我个人看来,领导最为可贵的品质还是"具备身先士卒、吃苦在前的勇气"。

"率先垂范"并非仅仅是对社长的要求，主管业务的科长和部长也必须如此要求自己，主管制造的科长亦不例外。不管领导大小，都必须摒弃对部下颐指气使的傲慢态度，并培养自身率先垂范的品质。

⑱ 把自己逼入绝境

即使遭遇困难，也决不逃避。当你陷入困境、苦苦挣扎时，如果抱有"无论如何也必须成功"的紧迫感，就会发现平时忽视的现象，从而找到解决问题的线索。

人们常说"火灾现场的爆发力"这句话。当人被逼入绝境时，只要抱着诚实的态度，正视现实，迎难而上，就能发挥出平时难以想象的力量，绝处逢生。

人往往趋向于避难就易，因此，要时时有意识地把自己逼入后无退路的精神状态，这样就能够催生出连自己都惊讶的成果。

尤其在经济大环境恶劣的时候，更要谨记这个道理。为了解决各种问题，我经常故意把自己逼入绝境。面对残酷的现实，不是选择逃避，而是选择与问题正面交锋，故意把自己逼入困境。

我在从事研究时，曾经有过这样的体验。

连日不眠不休地进行实验，可就是无法获得理想的结果。我一边苦苦思索，一边故意把自己逼到极限状态——继续昼夜不分地坚持实验。

我在绝境中苦苦挣扎，可就在这个过程中，一种醍醐灌顶的感觉突然如闪电一般游走全身。之前持续的紧张感得到缓解，解决问题的灵感开始闪现，按照灵感带来的启示进行实验，结果大获成功。这是我的切身体验。

我从地方大学毕业后，进入京都的"松风工业"工作，在那里开始了精密陶瓷的研究，但我事先并没有熟练掌握相关的专业知识，算不上是优秀的技术人才。我原本感兴趣的是石油化学，尤其是与合成树脂相关的有机化学，这是我大学时主攻的方向，也是毕业论文的预定主题。可由于我在毕业前迟迟找不到工作，最后总算得到了一份属于无机化学领域的制陶工作，所以只能临时把毕业论文的主题改为无机化学，临阵磨枪完成了毕业论文。当然，我修过无机化学课程，也拿到了相应的学分，因此并非对其一无所知。但我对无机化学并不感兴趣。

随着不断的努力研究，我终于成功合成了新型陶瓷材料。按理来说，我这种人毕业于地方大学，且没有相关的专业知识，根本不可能成功合成这种新材料。而我之所以能成功，便是由于采取了把自己逼入绝境的方法——心中抱着"无论如何也要让研究出成果"的强烈意念，全身心投入研究，以至于把自己逼到近似"疯狂"的极限状态。在这过程中，我获得了"灵光闪现"的瞬间，并得到了启示，从而使研发取得了成功。

《京瓷哲学手册》里有这么一句话——只要拼命努力，把自己逼至极限，终会得到"神灵的启示"。当然，灵感源于每个人自身的努力，但我觉得可以认为是神灵看到我们苦苦摸索的样子，而动了恻隐之心，于是给予了我们启示。因此，我经常激励员工："要努力到神灵出手相助的地步。只要做到这点，势必能获得启示。"

在从容余裕中想出的创意只不过是偶有所得的设想

接下来，我想简单介绍一下我的一位恩师。正是在他的指导帮助下，我当年才得以完成毕业论文。

因为当时工作已经敲定，所以我就在一位无机化学老师的指导下继续学习。那位老师人品很好，且是个好酒之人。有时候烧酒喝完了，就拿实验室里的酒精兑水喝，非常风趣。一旦喝醉，他常常会把我们这些学生带到他家做客，有时明明已经大半夜了，他还"蛮不讲理"地给他的夫人出难题："去买点烧酒来！"然后和学生们喝到天明。他就是这么天真烂漫，因此受到学生们的仰慕。

毕业数年后，我到访久别的母校。当时正值京瓷公司的创业初期，我一边孜孜不倦地从事研究工作，一边全力投入公司的经营工作。我在和那位老师把酒畅谈时，可能是我所表现出的状态让他有所察觉，于是他说："稻盛啊，这样下去，你的身体会吃不消的。如果不保持从容余裕的状态，是想不出好创意的。你是一个技术人员，有责任不断想出好创意并投身研发，所以别把自己逼得这么狠。"

当时的我是这样回答老师的。

"老师，您这么说就错了。只有在进行研究时把自己逼至极限状态，美妙的创意和灵感才会产生。您说'如果不保持从容余裕的状态，是想不出好创意的'，但这所谓'创意'只不过是偶有所得的设想而已。如果靠这种信手拈来的设想，连一般的工作都无法顺利完成，更别说尖端的科研工作了。"

这么说可能有些失礼，但在象牙塔中从

事学术研究的专家教授们，很少抱有"即便赔上性命，也要研究到底"的紧迫感。但那些因为取得卓越研究成果而获得诺贝尔奖的人，想必在进行研究时，也是把自己逼至极限状态的。

正因为如此，我当时毫不留情地反驳老师的话："如果真想取得优秀成果，就不能轻松散漫。"现在回想起来，真是有点儿年轻气盛。

把自己逼入绝境就能"化不可能为可能"

关于"把自己逼入绝境"的话题，我想再做进一步阐述。

所谓"逼"，即"让自己全身心投入"之意。心无旁骛地专注于一事一物，是一种精神与意识高度集中的状态。

如前文所述，"火灾现场的爆发力"是一种常见的现象。隔壁人家失火了，在火势蔓延到自家前，为了把家里值钱的物件搬出去，身为"弱女子"的家庭主妇居然用肩膀把大衣柜扛出了门外。等到火灾扑灭，自家幸免于难，于是要把大衣柜再搬回家中，可这时候不要说扛了，推也好，拉也好，衣柜都纹丝不动。家庭主妇感到不可思议："我刚才是怎么把这么重的东西扛出来的？"

刚才提到的"神灵启示"属于精神层面的概念，但"火灾现场的爆发力"这个实例证明，在精神高度集中下，肉体也能够（即物理层面）产生巨大的能量。

再举个例子，催眠师对一位娇小的女士实施催眠，让她双手交叉，并给予心理暗示："你的双手已经坚硬如铁，不管多么重的物体挂在你手上，也无法使你交叉的双手松开。"随后让一个壮汉抓住她的手做"双臂悬垂"，结果她紧紧交叉的双手根本无法松开。可能大家在魔术表演中也看到过类似情景。

如果那位女士处于平常状态，那么在一个壮汉的拉力之下，她肯定连站都站不住了，可在进入催眠状态后，精神力高度集中，从而爆发出了惊人的力量。从原理上来说，这种催眠效果与"火灾现场的爆发力"并无二致。换言之，如果把自己逼入绝境，不但能获得精神层面的灵感闪现，还能发挥物理层面巨大力量，这种力量超乎想象。

不仅如此，如果把自己逼入绝境、埋头于研究工作，还能产生另一个意义。

竭尽全力把自己逼入绝境，到达了"尽人事"的境界，就能心生"自己已经努力过了"的自豪感，从而进入"待天命"的心境。

在恶劣的经济环境下，周围企业纷纷倒闭，自己的企业也陷入订单锐减的窘境。即便如此，自己仍然拼尽全力地埋头工作。这种"尽人事"的态度，能让自己的心态保持平和。

我在经营企业时，一直抱着这种态度："我已经'尽人事'了，接下来就'待天命'吧。如果公司最后还是倒闭了，那也是天意。"反之，如果没有付出百分百的努力，事事半途而废，那么等到公司倒闭时，肯定会后悔："早知道那时候再努力一把就好了。"

人有惰性，因此往往倾向于半途而废或

付出"半吊子"的努力，其结果便是事后伤心伤神、追悔莫及——"汇票无法贴现""资金周转不灵""公司快垮了""唉，当时那么做就好了"……这种精神上的痛苦会损害人的健康，甚至剥夺人的生命。

所以，我们做事时要竭尽全力，到达"尽人事，待天命"的境界。换言之，"把自己逼入绝境"其实是一种手段，它能让自己进入"安心立命"的清澈心境。

⑲ 在相扑台的中央发力

"在相扑台的中央发力"，指的是把相扑台的中央视作边界，一开始就寸步不让。要用这样的心态对待工作。

以交货期为例，不是按照客户要求的交货期安排生产，而把完成日期设定在交货期之前的若干天，将其作为"相扑台的边界"，使出浑身解数，竭尽全力遵守交货期。这样，即使发生意外的情况，因为离"相扑台边界"

还有余地，就能够从容地采取应对措施，避免给客户带来麻烦。

我们必须设置这样的"安全阀"，切切实实推进工作。

这个条目在我所著的《活法贰：成功激情》（中文简体版已由东方出版社出版）中也有详细阐述。该书的英文版由美国的麦格劳·希尔集团出版发行。关于这个条目，有一个让我非常欣喜的小故事。

在当时的摩托罗拉公司的蜂窝电话制造部门，有一位年轻的事业部部长，他曾说："Wrestle in the Center of the Ring（在相扑台的中央发力）是我们事业部的座右铭。"我听闻后非常吃惊，同时也非常欣喜。

我是在创业后不久悟到这个道理的。中小微型企业的企业家往往面临资金周转的困难，比如赊销款回收不及时、汇票到期日临近等。一旦发生这种情况，许多人会半夜跑到朋友家里，"拜托借我 50 万日元周转一下。如果明天钱款不到位，汇票无法贴现，公司就会破产。"抑或跑到银行，低头请求贷款援助。结果还是迟迟借不到钱，期限又一步步逼近，于是企业家长吁短叹，一筹莫展，疲于奔命。这种事情并不少见。如果在最后关头绞尽脑汁解决了资金问题，汇票成功贴现，这种人往往会一脸满足，感觉自己完成了一项重要工作。

汇票能够贴现，对一家公司而言，这是理所当然的事。上述企业家完成的所谓"工作"，既没有给公司带来好处，也没有给公司创造效益，可却自我感觉良好，认为自己算得上是一个"称职的企业家"。对于这类人，我的看法是这样的。

"汇票的贴现日期早就定了，在到期之前，公司必须备好相应的钱款，这个道理总该懂吧。可为什么要等到火烧眉毛了才开始行动呢？"

这种人往往还会找各种借口："本来是有人能提供周转的，可那人当时正巧出了状况"……但在我看来，不管是资金周转，还是交货期限，这种"临时抱佛脚"的态度很有问题。

我经常以相扑比赛为例，阐述这个道理。

"被对手一步步逼到相扑台边界的力士，不得不痛苦地使出全力，侧身将对手向后摔出。既然有在边界反败为胜的力量，为什么不早早地在相扑台中央发力呢？而且，在边界将对手摔出去的话，很容易产生评判争议：'谁的脚先出界？'所以，不要等到被逼至边界才使出全力，应该在相扑台中央时就出绝招。"

"在相扑台的中央发力"其实就是指"在还有充裕地界的时候使出全力"。企业经营亦是如此，当公司业绩日益恶化，发现"光靠老本行无法维持"，于是想方设法另辟蹊径，可资金已经见底，精力也已枯竭，即便想走出困境，也只能是有心无力。如果想开拓新业务，就要在"战斗力尚存"的情况下进行。如果在公司运作顺利时安于现状、按兵不动，那等到经营状况恶化时，即便想解决问题，其内部和外部条件也已经变得非常不利了。

要在最佳状态下出绝招，这便是"在相扑台的中央发力"的含义。

通过提前复习达成考试满分的目标

我小时候是"孩子王"，并不怎么爱学习。刚上小学时，我的成绩优良，让父母非常惊喜。他们说："咱们家的孩子真了不起。"可随着我习惯了学校生活、结交了越来越多的朋友后，就变得不怎么爱学习了。在小时候，学校是用"甲乙丙丁"来描述学生成绩的。在临近小学毕业时，我的科目成绩里一个甲都没有，全是乙。按照现在一般采用的5分制来衡量的话，等于我门门功课都只考3分。即便如此，我还是想升入鹿儿岛一中，那所中学是鹿儿岛县内数一数二的重点中学。当时的老师对我说："成绩表中，一个甲都没有的人，不可能考得上一中。"但我还是倔着性子说："我无论如何都要上一中。"于是去参加了考试。不出所料，我落榜了。而且，小学老师给我写的评语是"品行非常恶劣"，所以一中当然也不可能录取我。

于是我只能升入本地的一所中学。在中学里，我依旧沉湎于玩乐，不仅如此，在初一和初二时，我还经常打架斗殴，甚至在全校学生的围观之下上演过"全武行"。当时的我，打架简直是家常便饭。在那样的状态下，根本没有心思学习。

之后，日本进行了学制改革（学制改革是指日本在1946年开始进行的教育制度改革，从之前的"多线制"改为"6·3·3·4"的"单线制"，并把义务教育时间延长为9年。——译者注），而我也在初中毕业后升入了"新制高中"。在高一的某天，我和朋友一起放学回家，他边走边看着书。"到底在看什么书呢？"我凑过去一瞧，书名叫《萤雪时代》（《萤雪时代》是日本旺文社出版发行的一本面向高考生的月刊杂志。——译者注），里面的内容有点晦涩难懂。

"我以为你在看漫画呢。原来在看这么高深的书啊！这是什么书？"

朋友答道："你真是孤陋寡闻。这是高

考生看的书。我打算将来进大学深造。"

当时的我本打算在高中毕业后去本地银行之类的公司就职，当个普通的上班族就足矣。可他的这番话触动了我，于是我慌忙地求他："不好意思，把这书借给我看看吧。"

"不行，这是本月新刊，不能借你。"

我仍不放弃："把以前的旧刊借我看也行。"

在我的软磨硬泡之下，他总算借给我几本过期的旧刊。

拿回家一看，我恍然大悟。

现在回想起来，那时的我或许正值"开始思考将来前途"的懵懂时期。那之前，在我的价值观里，只要打架厉害或者棒球打得好的人，就是了不起的人。而朋友借给我的书成了改变我的"催化剂"，打那以后，我开始觉得成绩差是一件羞耻的事。

于是，从高二下半学期起，我开始努力学习。之前我一直不怎么学习，属于差等生，为了备战高考，我得把初中物理、化学和数学等科目知识全部补回来。我并非天资过人的聪慧之人，所以只能靠努力来弥补劣势。

幸运的是，我的努力没有白费，总算考上了大学。

对大部分学生来说，12年寒窗苦读才换来大学生活，一定要玩个痛快，可当时的我则不这么想。一方面是因为没钱玩乐，另一方面是因为对知识的渴求。大学四年，我一直在努力学习。白天穿着木屐去学校学习，放学后到县立图书馆学习到很晚。在高二下半学期之前，我一直没有认真学习过，面对大学同学，我感觉到自己与他们的巨大差距。在这样的意识下，我真的像"学霸"一样，每天从早学到晚。

一到期末，考试比较集中，老师往往会事先告知考试时间并给出考试范围。比如"物理在×月×号开考，出题范围是这几个章节"。只要在考试日前完成复习，对于出题范围内的知识点了如指掌，就肯定能考出好成绩。而我则会提早完成复习任务，在考试日的一到两周前就做到"能答对考试范围内的任何题目"。

大家可以回忆一下自己的学生时代，考前复习这件事，往往是"计划赶不上变化"——朋友邀你看电影，想想不合群也不好，于是便去了；家里的兄弟姐妹叫你一起玩耍，于是就答应了……总之会出现各种各样的事情来妨碍复习。因此往往一边心想"再不复习就糟了"，一边却还在拖延进度。搞到最后，总是手忙脚乱、临阵磨枪。

"因为时间不够，所以只复习了三分之二的范围，早知道就努力学习了。但愿不要考我没复习到的内容啊。"抱着这种心态去考试，却往往会碰上自己不会的题目。于是在心中大叫"糟糕！"后悔莫及。这种事情，想必大家在学生时代都经历过。在高中，刚开始发奋学习时，我也有过好几次类似的失败经历。

这种经历让我十分不快，于是我暗下决心，与其事后懊恼后悔，不如事先充分准备。

如果把考试日定为复习完成的最后期限，"紧巴巴"的日程计划往往会由于意外状况而无法完成，所以我的方法是"把期限提前，让计划留有余裕"。这样一来，即便中途出现问题，也能在考试日之前完成所有复习任务。

基于这样的思维方式，我在上大学时，每当临近考试，总是提前制订复习计划，做到"最晚在考试的一周前复习完毕"。

由于少年时得过肺结核病，因此我一旦感冒，就会出现与肺炎相似的症状，持续高烧。好几次，在临近考试时，我感冒发烧，只得卧床休息。有时甚至只能顶着高烧参加考试，但因为我已经提前完成了复习，所以基本都能考满分。

像这样，要事先给自己"留有余裕"，以应对意外状况。换言之，必须"在相扑台的中央发力"。在学生时代，我就把这样的理念谨记于心。每当看到一些企业家临时慌忙的窘态，我总是觉得很荒唐。汇票都快到期了，却还在为了贴现而东奔西走，这种企业家早晚会害得公司倒闭。

给"学霸"上了一堂"人生课"的朋友

有一次我的大学同学会是在京都办的。我毕业于鹿儿岛大学工学部，它由化学、电气、机械和建筑四个专业组成。工学部的学生人数不多，同届的一共也就六七十人。大家都非常要好，即便专业不同，也经常聚在一起。当时大家说："无论如何想来京都玩一趟。"于是同学会的地点便定在了京都。

在同学之中，有这么一个人，他和我一样是化学系的，在毕业之后就职于商社，一直从事与电子工学相关的工作。和他举杯畅饮时，我想起了大学时的一件事。

他比我大一岁，但由于高考落榜而复读过一年，所以和我同届。他在大学时非常贪玩，整天不来学校，尽在外面打"柏青哥"（"柏青哥"又俗称"爬金库"，是一种具有赌博性质的"打弹珠"游戏机，在日本非常流行。——译者注）。当时的我根本没玩过什么柏青哥，他大概觉得我这样的"学霸"太没人生乐趣了，所以邀请了我。

"稻盛君，你玩过柏青哥没？"

"没玩过。"

"那我带你去玩吧。"

他把我带到了位于鹿儿岛闹市区的一家柏青哥店。我记得，他还给了我一两百日元作为"游乐经费"。当时的柏青哥游戏机还是全手动的，要一枚枚地投币，然后手动发射弹珠。

说实话，我其实并不情愿去。我当时是整天泡在图书馆的"学霸"，对于整天翘课玩乐的他，我是有点看不起的——"这家伙就是因为这么吊儿郎当，所以成绩很差，也难怪会落榜复读了"。但盛情难却，我还是跟着去了。

我一边打着柏青哥，一边却想着回去学习。结果自不必说，不一会儿，我就输光了他给的"游乐经费"。而他却手气不错，盒子里的弹珠都快装满了。我看了一会儿，觉得店里嘈杂喧闹且乌烟瘴气，于是对他说："我输光了，先回去了。"然后就自己先回去了。

可过了几天，他又来邀我玩柏青哥。我依旧很不情愿，但还是跟他去了。结果又输了，看着玩得正酣的他，我敲敲他的肩膀，示意自己先走了。当他第三次邀我去玩柏青哥时，又是同样的情况，可当我和前两次那样示意要离开时，他却留住了我："稻盛君，稍微等一下。我马上就玩完了。"

那天，除了我以外，他还邀了另一个人打柏青哥。那个人个子比我高，绰号"铁五郎"，也是个整天游手好闲的家伙。他当时也输光了游戏币，于是和我站在一起，看着那位朋友玩。"自己居然和'铁五郎'之流混在一起。"这让我感到一丝厌恶。

总算等他玩完，把弹珠换成钱后，我们三人一起走出了柏青哥店。他大模大样地转身走进旁边的大饭店。20 世纪 40 年代后期的所谓"大饭店"不比现在，也就是一间大点儿的棚屋而已。那家饭店的特色招牌是"惊爆乌冬"，一碗面里有两份面，这在当时属于非常奢侈的美味了。他慷慨解囊，请我和铁五郎吃"惊爆乌冬"。

对于自己赢得的东西，不全部占为己有，而是与他人分享。他当时的慷慨之举，对我简直是一种"当头棒喝"的教育。他不但自掏腰包，请我这个整日穿梭于校园和图书馆的"不合群之徒"去感受外面的"花花世界"，还见我兴致不高，用自己打柏青哥赢来的钱请我吃饭。我对他的看法发生了彻底转变，在我眼中，他成了颇具魄力和气度的男子汉。

反观当时的我，别人慷慨解囊，想让我玩得开心，可自己却毫不领情，输光了就自己回去。与他相比，我惊觉自己的心胸是多么狭窄，顿时自惭形秽。

到了大四，我和他一起在宫崎县日南市的一家木浆厂实习了一个月。在研究方面，我是他的老师；可在社会上与人打交道和玩乐等方面，他是我的老师。他非常老成，面对工厂里的上班族也是不卑不亢，而我却还有学生的稚气，总是战战兢兢地跟在他后面有样学样——"原来如此，在这种情况下，应该这样和人打招呼啊"。

在那次同学会上，我向他说起上述往事，他听了之后说："啊，你这么一说，好像是有这回事儿呢。"我又说："如今的我，经常在各种场合阐述'作为人，何谓正确？'的理念，而我当时从你身上学到的东西，也成了我思想的血肉，融入了我的理论之中。"

听我这么说，他非常高兴。

可能有点跑题，但我想强调的是，虽然"在相扑台的中央发力"是我在大学"学霸"生涯中所领会并实践的理念，但其并不只限于科学知识的习得，人的一生，需要提前汲取各方面的知识和技能。要记住，这点至关重要。

⑳ 直言相谏

为了以负责的态度做好工作，与工作相关的人们，要毫不客气地互相指出发现的缺点和问题。

做事不能"和稀泥"，不能敷衍马虎。必须时时以"何谓正确"为基准，认真讨论，直言相告。发现了缺点和问题，却因担心被他人讨厌而不敢大胆指出，保持一团和气，这就大错特错了。

哪怕发生唾沫横飞的激烈争论，也要拿出勇气，互相说实话，真心相碰，这点十分重要。只有这样，才能建立起真正意义上的相互信赖的关系，才能把工作做得更加出色。

如果诚心想解决问题，就应该直言相谏："你的做法存在这样的问题，我认为应该这样改进。"可在现实中，大部分人都不会这么做。如果对方是上司，就害怕这种棱角分明的态度可能会得罪对方，从而在日后对自己不利；如果对方是同事，就害怕这种直来直去的态度会破坏人际关系。出于这样的心态，人们往往倾向于说"台面话"。这种"稳妥中庸"的做事方法，也被人称为一种处世技巧。

可企业里这种"台面话"和"处世技巧"无法创造优秀工作成果。我们需要的是直言不讳的争论与批评。

但现实情况却不尽如人意，在许多公司里，"不说真心话，只做好表面工作"的人往往占了大半。"之前怎么做的，现在就怎么做。所谓创新，只会打破目前的平衡状态。"墨守成规、不思进取，且只做表面工作的人，往往会搬出这样的借口。

在大企业，有人依靠搞好关系、花言巧语和做好表面工作，或许能够步步高升。但对于每天都在"商战"中拼命求生存的中小企业而言，这种流于表面的工作态度毫无价值。为了让企业能够发展壮大，员工们必须直言相谏。话虽如此，但实际往往难以做到。

比如，我每次强调："'作为人，何谓正确'是京瓷哲学的基石，大家要贯彻该理念。"员工们总会频频点头。但一旦要求员工们在实际工作中真正做到直言相谏，大家还是会有所顾忌，担心："要是这么说，搞不好会有麻烦。"于是踌躇不前。

又比如，公司里的某名员工行为不轨，虽然还未触及违规违法的底线，但周围人已经察觉到问题，可又觉得如果告诉上司"那名员工的品行有问题"就成了打小报告的。在公司里，人人都害怕自己被视为"为了邀功而爱打小报告的家伙"，因此即便发现了类似问题，也都睁一只眼闭一只眼。这样一来，只有当问题逐渐恶化，最终难以收拾时，高层才能获知。

再举个例子，一名品行端正、能力卓著的上司由于过于废寝忘食地工作，导致身体健康受损，于是时常请病假。按照常理，在他因病休息时，为了不影响到工作项目的进度，作为其"副官"的部下应该向公司高层汇报问题，从而寻求妥善处理。但部下却担心汇报可能会导致上司被解任。上司是为了公司项目才累坏身体的，现在项目已经走上正轨，如果上司被解任，那情何以堪？于是，基于这样的"人情论"，部下就把事实给隐瞒了起来。有时就是因为这种看似"合情合理"的行为，最后导致相关部门出现重大问题。

为了避免出现上述情况，我们需要做到

彼此直言相谏。即便口沫横飞、情绪激动，也要说实话、讲真话，开诚布公地讨论问题。

不过，直言相谏时，有一个原则——不能抓住彼此的缺点不放，也不能互相扯皮或抬杠。即便说的内容是事实，也禁止出现这样的消极态度。直言相谏必须以"为了大家共同的发展进步"为基础，必须是具有建设性的积极讨论。如果能遵守这样的原则，势必能得出具有创造性的结论。

㉑ 戒除私心才能正确判断

在做出某项决定的时候，哪怕夹杂些许私心，都会影响判断的正确性，结果就会导致错误和失策。

人心往往偏向于利己。如果大家都把对对方的关心和体谅抛在脑后，而把"私"字放在首位，那么就得不到周围人的帮助，工作也不可能顺利推进。而且，这样的想法，会使团队的道德衰退，活力减弱。

> 在日常工作中，我们要抑制"只要自己好就行"的利己心，在判断事情时，经常自问自答：自己做人是否正确，是否夹杂着私心。

说得直接点，就是"在进行思考时，把自己'归于无'"；再说得极端点，就是"在进行思考时，要'牺牲自我'"。这便是我所强调的"戒除私心才能正确判断"的含义。

我在创立第二电电时，每天睡觉前，都会反复地严厉质问自己是否做到了"动机至善，私心了无"，而其原点便是该条目。不要把"是否对自己有利"作为判断基准，而应该考虑"是否客观公正"。若想成就事业，这点至关重要。

话虽如此，但人们在思考问题时，势必会不自觉地掺杂"自我意识"。究其原因，是因为保护自我是人类与生俱来的本能。

在思考问题时，没有人会事先在头脑中对自己发号施令："好，现在开始思考吧！"而是在出现问题时，人瞬时凭直觉做出判断。

这种判断基于本能，而人的本能是自私的，因此这样的判断势必与自身利益一致。这是不可避免的。

所以，我们在思考问题时，必须暂时搁置自我的那一部分，以避免这种基于直觉的本能判断。当然，企业家把自己公司的利益放在第一位是天经地义的，但在需要做出判断时，也要暂时搁置自己公司的利益。

只要如此尝试，就会发现，由于之前一心只想着"自己公司不能吃亏"而与对方无法达成一致的问题，在摒弃以自我为中心的意识后，重新进行思考，就如同拨云见日一般，能够使双方都开心满意的双赢方案一下子就浮现了出来。所以说，大家平时在做判断时，务必要努力做到"戒除私心"。

那么，具体要怎么做才能戒除私心做出正确判断呢？我在这里教大家一个技巧。在问题出现的一瞬间，脑子自然会立即思考"怎么办"，在得出结论之前，在心中喝止自己"且慢！"然后试着深呼吸，接着想："对了，稻盛先生说过'试着在思考时把自己归于无'。"于是站在第三者的立场，重新思考问题。这样一来，势必能够获得最佳答案。

企业高层如果充满私心，就会做出错误判断，进而会给公司的将来埋下巨大的祸根。仅凭这一点，就能看出"戒除私心"的重要性。

㉒ 具备均衡的人格

所谓"均衡的人格"，一方面，对待事情都要问一个"为什么？"讲究逻辑和理性，彻底追求和探明事情的真相。另一方面，又要富于人情味，与任何人都能友好相处。

仅凭卓越的分析能力和理性的行动能力，并不能获得周围人由衷的协助。反过来，只是被大家公认的老好人，也不能有力地推进工作。

为了把工作做得有声有色，在具备科学家的合理性的同时，还必须兼备人格魅力，让人们心甘情愿为你赴汤蹈火。

换言之，科学严谨的理性与丰富活跃的感性缺一不可，且两者皆不可有所偏颇，必须保持均衡。

我是化学专业毕业，又曾从事陶瓷产品研发，因此在思考问题时，总是会不自觉地偏向于科学严谨的理性方向。以前，不管遇到什么事，我总是爱较真儿，试图以科学和理性来解释和处理一切。但就如上文所述，在学生时代，我这个"学霸"通过和朋友一起玩乐，对于"理想化人格"的另一方面有了管中窥豹的了解。这让我领会到，科学严谨的理性思维固然必要，但丰富活跃的感性思维亦不可缺。对企业家而言，必须两者兼备。

以前，出去跑客户的业务员回来向我报告当日的情况时，如果说话不合逻辑："哎呀，社长。这事很难办，我也是一头雾水，莫名其妙。"我会立即予以严厉训斥。

我经常谈及形而上学及精神领域的内容，可一旦涉及公司经营、业务活动及研究开发，却不能容忍任何违背科学理性的言论。对于"莫名其妙"这个词，我是很排斥的。企业活动的所有问题，都必须通过严谨而理性的逻辑来证明。如果不能证明，便无从解决。所以，诸如"一头雾水""莫名其妙"之类的措辞，是极为不负责和不可取的。所以，以前开会时，我经常会对员工大声怒喝："说什么蠢话！没有什么不能用科学道理来解决的。"

以科学理性的角度思考的人，不管遇到什么事，都爱较真儿，不探明道理誓不罢休。

在大家眼中，这类人对于精神世界往往非常抵触："什么死后世界，什么神佛天界，这种怪力乱神的东西怎么能相信呢？无法证明和解释的东西，我一概不信。"

而我则不同。一旦涉及工作和研究领域，我便是个彻头彻尾的理性主义者，绝对不能容忍所谓的"不可思议现象"。可一旦从公司的工作中抽身，我却是个佛教和精神世界的信徒。

完全矛盾的两种人性，一旦失去平衡，便会产生问题。有的人埋头钻研佛法，倾向于形而上学及宗教的领域，最后把这样的思维带到了企业经营中。据说有的经营顾问会推崇极端的博爱主义，在我看来，这非常荒唐。虽然在我的企业经营理论中，也强调利他的重要性，但那是以严谨的现实合理性为基础的。

在"商战"中，经营者要当个彻头彻尾的理性主义者，在其他时候，则要奉行浪漫主义，了解形而上学的领域。只有两者兼具，不偏不倚，才能成为一流的企业家。

㉓ 实践重于知识

"知道"和"做到"完全是两回事。

从测算陶瓷烧制收缩率的例子中，我们就能清楚地理解这一点。根据文献上的知识，在相同的条件下烧结，实际结果却每次都不一样。就是说，书本上的知识和理论，和实际发生的现象并不相同。只有通过实践的验证，也就是说，只有通过亲身体验，才能看清事物的本质。

这个道理对于销售部门也好，管理部门也好，完全适用。只有亲身体验，才能把知识和理论用好用活。

不管是向别人学到的知识，还是从书上习得的知识，都没有亲身实践所获得的经验重要。

这便是"实践重于知识"的含义。

下面，我以"研究"为例，进一步说明这个道理。

比如，把多种制陶原料按某种比例混合并搅拌均匀，成型后放入高温炉中烧制。使用的原料也好，混合的比例也好，成型的方式和烧制的温度也好，明明都是完全按照书本或文献上所写的内容操作的，可却无法得到理想的成品。

究其原因，涉及诸多方面。首先，在混合粉末状原料时，根据混合程度的不同，最终的成品也会不同。如果是混合气体，一旦混合到气体分子大小的程度，就算混合均匀了；如果是混合液体，一旦混合到液体分子大小的程度，就算混合均匀了。但固体则不同，其不存在所谓"绝对均匀"的混合状态。书本或文献中往往只会写"把这些成分以某比例混合"，而不会注明"混合至何种程度"。

在成型时，需要通过加压来使粉末固化，而其密度（即粉末的压缩程度）将会影响到成品的性质。对于该流程，书上也往往只会写"使之成型"，而不会注明"成型时应该施加多大的压力"。在混合粉末和加压成型时，如果只会单纯地参照书上的说明，就无法制造出理想的成品。

烧制亦是如此，虽然书上写有烧制温度，但如果把陶坯突然放到已升至指定温度的炉中，它就会崩裂破碎。烧制的初始温度不能高，要从低到高，渐渐升温。但"隔多久升一次温""每次升温几度"等细节，又是书上没有的。只能自己思考，凭经验操作。

不管是谁，只要在学校受过相关高等教育，通晓书本知识，对于制陶技术，自然就能道出个一二："制造这种陶瓷产品，需要混合这些原料成分，在成型后，以这样的温度烧制。"但这只是"知"，而非"会"。

企业家在涉足并非自身专业的新领域时，往往会想到雇用专家。这么做无可厚非，但必须辨别专家所说的话究竟是"理论知识"还是"实践经验"。还是以制陶为例，如果一个人只具备理论知识，从未亲手制作过陶瓷产品，那么他就不可能研发出实用的陶瓷制品。切忌把"知"与"会"混淆。

市场营销亦是如此。在大学学过市场营销的人，一谈到如今的销售流通业，就对我滔滔不绝起来："社长，只要这么做，就能解决这个问题。"作为听者的我，由于没怎么学过市场营销，所以还有点佩服："哦，原来如此。"于是我对他说："那么这件事就由你去做吧。"可他不要说推销，连向客户鞠躬打招呼的礼仪都不懂。这样的人，即便去推销，也推销不出产品。

如今的人往往偏重于理论学习，把知识装了满满一脑袋后，就产生了一种"知道就

等于会做"的错觉。对于这样的人，需要使
其通过实践来检验学到的理论知识。"既然你
说这么做能把产品推销出去，那么就用实践
来证明给我看吧。"通过这种方法，使其通过
亲身实践来获得经验。如果一个人既有扎实
的理论基础，又有丰富的实践经验，那正可
谓是"如虎添翼"。

　　企业家在聘请经营顾问时，也可以运用
这个原理。首先要考察对方是否有"实战"
业绩，如果只会纸上谈兵，则毫无价值。在
场的各位企业家都是亲身实践、一路打拼过
来的，比那些所谓的"理论领域专家"要了
不起得多。如果还花钱去请那些只会摆弄理
论、夸夸其谈的顾问来指导自己，那不成了
最大的傻瓜吗？

　　既然要向人请教，就要找有"实战"业
绩的人。那些巧舌如簧、眼高手低之人是不
可信的。只有经验丰富之人所讲的道理，才
值得听取和学习。

㉔ 要不断从事创造性的工作

把交给自己的工作作为终生的事业，拼命努力做好，这一点很重要。但仅仅这样还不够，更重要的是：在努力工作的同时，还要每天思考，每天反省，"这样做已经足够了吗？"并不断改善改进。决不能漫不经心地重复与昨天相同的工作。

在每天的工作中，要经常思考："有没有更好的方法呢？"同时，带着"为什么"的疑问，今天要比昨天好，明天要比今天好。对于交给自己的工作，要不断思考如何改善改进。这样反复钻研，就会发展成为有创造性的工作。重复这样的过程，就能带来巨大的进步。

从京瓷创立起，直至今日，我一直秉承着这样的工作方式和态度。

有的中小企业家是子承父业，有的是自

主创业。不管哪一种，在目睹成就斐然的大企业时，他们往往会有这样的想法："真希望我们公司也能取得这样的成就。据说信息通信产业是将来的发展热点，我也想涉足该领域。可我们公司既没有相应的技术，也没有相应的人才和资金，所以这只能是奢望。"

换言之，这些企业家的思维模式是这样的——虽然很想涉足新领域和新业务，但由于自己不具备相应的条件，所以中小企业永远无法发展成大企业。

大学毕业后，我进入一家制陶企业工作，在那里掌握了制陶技术。以我的技术为基础，在几位合伙人的协助下，京瓷公司得以创立。在创业当初，我的技术水平并不算高，企业规模自然也非常小。可在40年后（即1999年），京瓷的总销售额已经超过7000亿日元，再加上1984年创立的"第二电电"的12000亿日元的销售额，整个京瓷集团的总销售额居然取得了将近20000亿日元的骄人业绩。

如果有人问我："你的创造力是否与生

俱来?"答案是否定的。如今京瓷集团所涉及的业务中,只有很小一部分与我的专业相关。可以说,京瓷之所以能够拓展如此广泛的业务,源于员工的技术实力和努力奋斗。

可能因为我是技术人员出身,"每天的单调重复"并不符合我的个性。为此,我秉着"今天要比昨天好,明天要比今天好,后天要比明天好"的态度,天天钻研创新、持续努力。我还抱有一颗"探索之心",积极探求事物和问题:"为什么会这样呢?""有没有更好的办法呢?"我不但把创新精神作为对自己的要求,而且还不断向员工提倡这种工作态度。

"就拿打扫卫生来说,今天从这里开始扫,明天就试着从那里开始扫,还可以尝试拖把,看看是不是能把地擦得更干净。总之有很多地方可以改进。不要每天茫然地重复一成不变的打扫作业,而要不断思考更有效率和效果的打扫方法,应该不断创新,不断尝试。在工作中,要具备这样的意识。这点很重要。"

我自己便是创意精神的践行者，回想起来，从我步入社会，直至今日，一直"不走寻常路"，"重复"与"惯例"与我无缘。我总是向前迈进，从未回头张望。如今的我，又走在了一条全新的人生路上。我依然凝视前方，不断行进。

松下幸之助先生也是一个不断挑战新领域的"探路者"。小学还未毕业，他便去了大阪当学徒，最终创立了"松下电器产业"。没有学历的幸之助先生，为何能够成为这样一个世界级的电子产业巨头呢？是因为雇用了优秀的部下，并把工作全权交给他们负责？当然不是。他自己对于相关领域技术亦有较深造诣，所以才能够叱咤激励部下。

幸之助先生经常反复念叨"自己并没有学问"，以这种谦虚的态度，时刻准备着从周围人那里汲取智慧。他凭借耳听心记所得的学问，逐步积累智慧。以此为基础，发挥自身的创造力。

他并没有怎么受过学校教育，可为何能够创立松下集团呢？我认为，他这种好学与创新的态度，正是其成功的源泉。

幸之助先生仅凭耳听心记获得知识，但与拥有博士学位的优秀专家相比，他的话更有分量。因为他以钻研创新的精神，在每天的工作中发挥着创造力。

"明天要比今天好，后天要比明天好。"以这样的态度钻研创新，哪怕进步的幅度再小，也要不断坚持改良和改进。这便是"从事创造性的工作"。

还是以刚才提到的"打扫卫生"为例，如果具备进一步创新的精神，就会开始思考"还有没有比拖把更高效的清扫工具呢？"于是对领导提出建议："社长，公司能否采购一台新的清扫机？用它打扫的话，效率要比用拖把和扫帚高得多，这样的话，我一个人就能把活儿都干完。虽然清扫机价格较贵，但一年下来，由于减少了相应的人工费等开支，反而能够节约总体成本。"

随着不断努力创新，最后甚至可以对领导说："我打算招募员工，开一家写字楼保洁公司，所以申请辞职。"于是走上了自主创业之路。由于通过不断创新而掌握了保洁领域的各种技术，因此从事建筑保洁维护也并非难事。

每天的创新成果或许微不足道，但如果坚持积累三年，就会催生巨大飞跃。就像上文中的例子，保洁员工居然自主创业，成了一家写字楼保洁公司的老板。在旁人看来，这样的变化实在是不可思议。

每次与中小企业家碰面，他们都会对我说："京瓷公司拥有先进的技术，这真让人羡慕。这些技术是在哪里学到的呢？请传授给我们公司吧。"换言之，他们认为，作为公司发展核心的"划时代"技术，是可以从某人或某处习得的。

事实并非如此。假如公司资金非常充裕，或许能花费数十亿日元直接购买技术，但这并非大多数企业的发展模式。要想具备先进的技术，往往只能靠日积月累的创新。正是看似微不足道的努力加上"水滴石穿"的毅力，在几年之后，往往就成了企业技术积累的源泉。

把煤矿山变废为宝的创意精神

我一直反复向京瓷员工强调："全体员工都要每天努力发挥创意。公司发展的原动力并非大家的学历和专业知识，而是大家的创意精神。"在这样的讲话中，我经常会引述下面这个真实的故事。

美国有一家名为"3M"的优秀企业，它是世界知名的综合化学产品公司。其生产的胶带和录音带等更是行业中的名牌产品。

3M的创始人能力卓著，据说早在3M还是中小企业时，他就赚得了大量资金。当他想扩大公司规模时，他的一位朋友建议他投资买矿山，并给其介绍了一座矿山，称其"矿石质量优良"，于是他高价买下。

可事实上这座矿山只是座煤矿山，尽是采掘后剩下的碎石废渣。抱着最后一线希望，他请专家评估山里石头的价值，评定结果却是"毫无价值"。好不容易攒起来的钱，以为投资了好项目，结果却是朋友策划的骗局。碰上这种事，任谁都会痛苦懊恼，但接下来怎么做，就是"平凡者"与"非凡者"的分水岭了。

经探明，山石的主要成分是石英。他望着满山的"石英渣土"，心想："能否让石头派上用场呢？"

于是，他把山里的碎石过筛后，分拣为粗细不同的小石子，然后把它们撒在涂有胶水的纸上。干燥后，胶水凝固，石子就粘在了纸面上。他用这样的纸尝试擦拭锅底，发现锅底越擦越亮。尤其是粘有细石的纸，经擦拭后，金属会发出美丽的光泽。他觉得这个点子很有创意，决定把它变成商品。"砂纸"就这样诞生了。

可他发现，如果用廉价纸制成的砂纸来打磨金属，只要用一会儿，砂纸就会变得破破烂烂。于是他去向专家请教，得到的建议是："应该用坚固耐久的纸张和特殊的胶水。"在专家的指导下，他不断改良和改进。

从原料配比、机械采购、石子的粉碎和筛选到颗粒与纸张的黏合，必须确定这一系列工艺流程，才能实现砂纸的量产。他把小石块粉碎为颗粒，按照粗细大小，做出了不同种类的砂纸。事实证明，他对商机的判断是正确的，砂纸一经上市，便销量火爆。

之后，他以"制造出更好的砂纸产品"为目标，在各方面钻研创新。如果胶水黏性不足，整个颗粒层就容易从纸面剥落，导致砂纸报废；如果胶水黏性过强，又会影响打磨效果。最为理想的状态是，随着打磨，砂纸上磨损的颗粒恰到好处地逐渐脱落，使得表面的颗粒常用常新。为此，就需要符合这一条件的胶水，于是他又去向大学教授等专家请教，并委托他们进行胶水的相关研究。另一方面，他认识到，要想获得更好的纸张，就不能完全依赖供应商，于是又开始自主研发理想的版纸材料。

后来，由于掌握了胶水的核心技术，他又想到："胶水不仅能生产砂纸，还能生产胶带。如果生产出'哪里都可以粘贴'的便捷胶带产品，一定会给人们带来很多便利。"于是研发生产了如今日常生活中必不可少的胶带。之后他又进一步扩展了胶带的用途，不仅生产能粘贴纸质物的普通胶带，还研发出了能缠绕电线电缆的绝缘胶带。绝缘胶带一经推出，又大获成功。后来，3M 公司又研发生产了诸如医用胶带等各式各样的胶带产品。

随着电子工业的发展，盒式录音带应运而生，它是录音机的信息记录媒体。录音带的关键部件是磁带，在生产过程中，需要在树脂材质的胶带表面涂上胶水，然后再在上面涂抹氧化铁粉末。当时，3M 的创立者说："把粉末均匀涂抹在胶带上，这属于我们公司的专业领域。"于是挤进了磁带制造商的行列。他就是这样坚持创新，把自有技术不断应用到各个领域，从而使公司实现了多元化发展。

当他得知自己上了朋友的当，买下了一座废矿山时，恐怕也是极度失落，几乎要当场晕倒吧。可当他抓起山中的石头，想到的是："无论如何也要让它变废为宝。"以此为契机，他不断坚持钻研创新，在工作中发挥创造力，最终成就了今日的世界级大企业——3M。

凡是获得巨大发展的企业，几乎都有与之类似的成长轨迹。罗马城并非一日建成，优秀的专利技术也并非最初就有。

创造性的工作能使中小企业发展为大企业

我之所以如此"苦口婆心"地强调创造性，是因为企业家的创新精神的确是改变企业命运的关键因素。有人认为京瓷的成功属于特例，但事实并非如此，京瓷的成功能够复制。

在京瓷公司成立初期，曾经生产一种名为"U形绝缘体"的显像管绝缘材料，我负责该材料的研发。当时，松下电子工业（如今的 Panasonic 公司）从荷兰飞利浦公司引进了显像管制造技术，而京瓷是松下的"U形绝缘体"供货商。

接下来，我又研发出名为"阴极射线管"的部件。显像管电视的成像原理是这样的——电子枪射出电子，电子轰击到涂在显像管上的荧光膜后，便会发光，从而生成图像。为了射出电子，需要加热电子枪的极级。如今的显像管电视在待机状态下就会保持预热，因此开机后能够立刻呈现画面；但以前的显像管电视则不同，在开机后，需要等一段时间才能有画面。这是因为加热电子枪的阴极需要时间，如果不加热到所需温度，电子枪便无法射出电子。

加热阴极需要高压电流，如果不能保持良好的绝缘状态，就会发生危险，因此需要非常轻薄且绝缘性能超强的"阴极射线管"。因为成功研发出了"阴极射线管"，于是京瓷又成为松下该部件的供货商。

"U 形绝缘体"和"阴极射线管"既是制造显像管的重要部件，也是京瓷公司得以发展的基石。

像这样，通过面向特定客户提供大量的单一产品，使京瓷赚到了"第一桶金"。于是我开始思考如何拓展新客户及进一步运用既有技术。我当时想："显像管市场今后还会有所发展，为了让京瓷进一步发展壮大，得把我们的绝缘部件卖给东芝和日立等公司。"

不仅如此，由于显像管是真空管的一种，因此我又自然想到："我们制造的特殊绝缘材料也能用于其他真空管，比如收音机等产品的真空管。"

如果当时安于现状，满足于依靠单一产品获取利润，满足于成为松下的显像管部件供货商，如今的京瓷，又会是怎样一幅景象呢？

一段时间之后，真空管被晶体管取代，从市场上销声匿迹。虽然显像管尚存，但通过技术革新，掌握了通过表面绝缘涂层工艺来直接实现绝缘的技术，从而代替了绝缘部件。这种新方法操作简单且成本低廉，因此京瓷公司初期的主打产品——"U 形绝缘体"和"阴极射线管"都被时代所淘汰。我如果当时对市场稍有误判，就很可能追悔莫及，进而陷入不得不让企业临时改行的窘迫境地。

幸运的是，为了增加订单量，我早就提前考虑到了各种可能性——"陶瓷技术具有广泛的应用前景，并不仅限于电子工业"。为了不让公司成为一家单纯的真空管部件供货商，我积极思考其他领域的业务。我当时想到，陶瓷耐高温，且具有仅次于钻石的硬度，非常耐磨，因此它可以用在磨损严重的地方。于是四处奔走，寻找需要耐磨部件的公司。

当时纺织业出现了尼龙等化纤面料。尼龙面料材质强韧，在制造过程中，尼龙线在织机上高速旋转，使得绕线纱锭的金属部件快速磨损、频频报废，成为了该行业的一大难题。我想到，如果把相应的金属部件换成陶瓷部件，或许就能解决问题，于是着手开发。结果，越来越多的陶瓷部件被用在了纺织机器上，之后我又"乘势追击"，进一步探索陶瓷产品的全新应用前景。

终于，在开拓美国市场的过程中，我抓住了晶体管中蕴藏的商机，应客户要求，京瓷开始制造陶瓷材质的晶体管端子。该产品的技术要求极高，但京瓷通过拼命努力，最终成功研发并量产。当真空管濒临淘汰时，京瓷已经成为全世界独此一家的晶体管端子制造商。科技发展日新月异，不久后，晶体管又被 IC（集成电路）所取代。当时，京瓷已经在与时俱进地开发陶瓷 IC 了。

我并不具备上述领域的专业知识，也没有能力预见诸如"晶体管时代的到来""真空管的消亡"等技术交替的趋势。我只是秉承着一种创新精神——不满足于现状，不断在各方面钻研创新，勇敢向未知领域发起挑战。正是这样的精神成就了如今的京瓷公司。

换言之，"不断从事创造性的工作"是首要基础，它能让中小企业成长为中型骨干企业，让中型骨干企业转变为大企业。

3 做出正确判断

㉕ 把利他之心作为判断基准

在我们每个人的心里，既有"只要对自己有利就行"的利己心，也有"即便牺牲自己也要帮助他人"的利他心。仅凭利己之心判断事物，因为只考虑自己的利害得失，所以无法得到别人的帮助。同时，只以自我为中心，因此视野狭窄，容易做出错误的判断。

相反，以利他之心做判断，因为是"为他人好"，所以能够获得周围人们的帮助。同时，因为视野开阔，所以就能做出正确的判断。

> 为了把工作做得更好，在做判断时，就不能光考虑自己，应该顾及他人，满怀体谅他人的"利他之心"。

如何处理部下请示的问题，如何下达各种指示……企业家需要做出各种判断。在日常工作中，企业家往往会凭直觉做出判断，但如果没有经过"专门训练"，其判断过程往往基于人性中的"本能"部分。

本能是人心的基本，其首要宗旨是保护自己的肉体。如果完全依靠本能，那么不管是行动还是思考，人都只会向自身利益看齐。这与我时常强调的"为他人着想"的利他之心截然相反，但利己心是神灵所赋予的，它能保护我们的肉体。所以说，本能超越了善恶对错的范畴，是任何人都无法逃避的共性。

换言之，人在对事物做出判断前，往往会"以自我为中心"进行思考："这件事是否对自己有利""这么做是否能让自己公司赚钱"……大多数企业家都是以这种"本能模式"来判断问题的。

然而，这样的判断方式或许能让自身获得利益，但也可能给周围的人造成困扰。

举个极端的例子，有的人发现客户对行情一无所知，便试图把产品以高于市场价的价格推销给对方。客户对行情不了解，如果以不合理的高价买入，势必会遭受损失，这是显而易见的。可卖方却强词夺理："是他自己说要买的，交易属于双方自愿，我有什么错？"

如果在思考问题时仅仅基于本能，就可能会做出这种损人利己的事，而这会成为日后发生严重问题的导火索。相反，如果以利他心进行思考判断，就会把别人的利益放在第一位，所以当遇到上述情况时，就会想到："如果卖高价的话，自己或许能赚一大笔，但会损害对方的利益。"于是悬崖勒马，对客户说："我不会让你买贵了的。我会给你提供合理价格的。"这么做似乎有点吃亏，但日后势必能给双方带来共赢的结果。

以 "是否有利于对方" 为基准进行思考判断

在《京瓷哲学手册》中，我说过这样的话："即便牺牲自己，也要帮助他人。这便是利他之心。"它绝非只适用于企业经营，不管是治理国家，还是教书育人，在各种局面和情况下，它都是一个重要的判断基准。

话虽如此，但真正能做到"以利他之心做出判断"的，只有开悟的圣人。我虽然一直在对大家强调"要以利他之心做出判断"，但也仍未能完全做到，至多只能算个"半吊子"水平。

一旦拥有高层次的判断基准，就能做到"耳聪目慧，事理自明"。和开悟的高人对谈，会获得简单明快的指点："此事可为""此事不可为"。这是因为一旦进入高层次的境界，就能够自然而然地看透事物本质，掌握万物真理。

但现实让人遗憾，社会上充斥着追随本能、利欲熏心的"凡夫俗子"。整日计较于眼前的"胜与败""得与失""利与损"等，在浅薄的欲望斗争中，搞得"血溅满身""你死我活"。一个怀有利他之心的人目睹这番景象，会心生"众人皆醉我独醒"的感觉。因为这样的高人早已看破，那些在工作和事业中充满私欲、自作聪明之人，其前方的道路布满荆棘，必会失败跌倒。

打个比方，怀有利他之心的人看到前方横亘着一条"沟渠"，就能明白不往前走；利欲熏心之人却深信自己的路是正确的，于是根本看不到那条"沟渠"，还自作聪明地认为："这条路比那条坑坑洼洼的路好走。"最终双脚陷入沟渠，不能动弹。如果充满欲望，心智就会受到蒙蔽，从而无法察觉到眼前的危险。而在"心无挂碍"的旁观者眼中，危险是如此的显而易见。

这样的道理是真实不虚的。可就像我刚才所说，"以利他之心做出判断"的真正意义，我们这些不修行的"凡夫俗子"很难理解。若想身体力行，更是难上加难。即便听了我的讲话，大家可能回去后又会"老方一帖"，把"自己能否赚钱"作为思考和判断事物的基准。如何才能真正做到利他呢？我教大家一个方法。

比如，当面对"买不买""卖不卖""是否该答应帮忙"等问题时，我们总是会瞬间做出判断，这种判断是我们本能做出的。在判断前，我们可以先深呼吸一下，把这"本能判断"暂且搁一边，然后念想："等一下。稻盛先生说过，要以利他之心做出判断。我不能只想着自己是否能赚钱，还要考虑对方的利益得失。"像这样，在得出结论前设置一个"缓冲器"，在真正确信自己的想法能够"利己悦人"后，才允许自己做出最终判断。如果不遵循这样的判断流程，而只依靠自己的瞬间直觉，往往会做出"一味利己"的判断，从而可能损害对方的利益。所以说，在"思考"这一过程中预设一个"理性的程序"，是非常重要的。只要养成了这样的思考习惯，即便是我们这些并未开悟的"凡夫俗子"，也能做出正确的判断。

对于利他之心，我还想做进一步的阐述。

所谓利他，即"取悦他人，帮助他人"。释迦牟尼佛祖前世"以身饲虎"的故事中讲到，佛祖为了拯救即将饿死的母虎与虎仔，不惜以自己的肉身饲虎。在佛教教义中，这种"舍己救他"的行为，便是利他之心的极致体现。

如果我说："这便是利他的本质。"想必会有人反唇相讥："嘴上说得好听，但归根结底，你也是个商人。一边追求利益，强调'如果利润率不超过10%，就算不上盈利'；一边又在强调'帮助他人，为他人着想'，真是自相矛盾。一个真正想帮助他人的企业家，不可能获取10%的利润率。"

我在前面说过，利他之心的极致体现是"即便牺牲自己的性命，也要帮助对方"。可在人的一生中，这样的大义之举顶多只能有一次，因此我们这些凡人无法把这种极致的利他行为作为人生规范，但利他还有多种实现方式。

人生弥足珍贵，无法重来。一个人既然降临到这个世界，就应该努力奋斗，充实度过。纵观大自然，万物共同生长、和谐共存。"在让自己活下去的同时，也给予对方生存空间。"这便是地球上所有生物共生共存的理念，而这种理念正是利他的体现。从该意义层面上来看，我的话并不矛盾。

大善之德与小善之罪

要真正做到利他，还有一点非常的关键——思考"什么才是真正有利于对方的做法"。

打个比方，有一家濒临倒闭的公司来购买产品。"说实话，我们公司现在手头没有资金，能否赊购？""卖给我们吧！我们会开汇票的！"而我方通过调查得知，那家公司下个月就会倒闭，汇票很可能无法贴现，可对方一直苦苦哀求："卖给我们吧！"面对这种情况，到底该不该卖呢？

对此，可能不少人会心生困惑："如果按照利他之心判断，当然应该卖吧。可如果这么做的话，赊销款很可能无法收回，从而给自己公司带来麻烦。到底该怎么做呢？这样看来，利他之心与经商活动不是相互矛盾的吗？"

　　遇到类似情况，我会思考"大善与小善"。比如，父母由于太过疼爱孩子而对其溺爱纵容，孩子由于被宠爱，自然感到幸福愉快，但结果却使其成为任性蛮横、恣意妄为之人，最终害其误入歧途、陷入不幸。像这种为了满足对方一时之需的善行便是"小善"，是只顾眼前的浅薄之举。在当时，这样的"善举"似乎让对方受益了，但随着时间推移，便会招致恶果。俗话说："小善乃大恶。"意思是无价值的善举如恶行一般有害。

　　日本曾有本畅销书叫《五体不满足》（乙武洋匡著，讲谈社出版。）（乙武洋匡是日本作家，出生于日本东京，自幼失去双手双脚。他的自传《五体不满足》在日本曾经引起热议，他对于人生积极乐观的态度，感动和激励了许多人。——译者注），我也拜读过。该书的作者天生身体有缺陷。然而，面对残酷的命运，他泰然处之；面对不便的生活，他从容面对。一般来说，遭受这种命运打击的人往往会憎恨父母和社会："我到底有什么罪孽？凭什么偏偏要我遭受这种不幸。"从而度过灰暗的一生。可作者却一直保持开朗的态度，对自己的身体缺陷毫无抱怨与愤恨，充满了生命活力。在旁人看来，他或许非常不幸，但他自己却完全不这么想，而是保持积极乐观的思维方式。因此，他的人生依旧精彩纷呈。

父母疼爱孩子是理所当然的，但不能一味溺爱。《五体不满足》的作者还在书中讲到他的父母是如何养育他的。虽然无手无脚的身体缺陷让他的生活充满了辛苦与不便，但父母为了培养他的自理能力，只是在一旁默默守护着他，什么事都要他自己独立完成，从不出手相助。在周围人眼中，这种做法或许如魔鬼般残酷，但正是这样的教育方式，使作者成长为优秀的人才。换言之，他父母的所做所为才是真正的大善。

有句话叫"大善似无情"，自己的孩子年龄尚小，且无手无脚，为何要如此"冷酷"地对待？这种让旁人觉得"近乎冷血"的做法，其实蕴含着让作者成才成器的大善。

前段时间，我看到专门支援发展中国家的政府开发援助机构（ODA）所登载的广告，上面写道："我们致力于帮助贫穷国家的人民，但我们并不'授人以鱼'，而是'授人以渔'。"如果只是授人以鱼，等鱼吃完后，对方还是一无所有，只会使其养成不断索取的习惯。"授人以渔"则不同，它并非用食物解决饥饿的一时之计，而是教给对方生存手段的长远之策。这样一来，即便再遭受饥饿，只要去江河湖海捕鱼即可。帮助对方掌握生存的方法和技能，使其能够独立活下去。这样的思维方式便是大善。

"授人以鱼""授人以财"这样的行为只是小善，最后只会使对方丧失独立生存能力。如今，不少慈善机构开始思考"如何提供真正意义上的援助"。我希望大家在思考利他时，充分理解我所讲的这个"大善与小善"的道理。

怀有利他之心便能看透"赚钱"项目背后的陷阱

在日本经济泡沫破灭后，以金融机构为代表的众多企业陷入了经营危机。在泡沫繁荣期，这些企业几乎都曾染指地产与证券投资。有的企业家可能会说："幸亏我们公司没有参与这种投资，所以逃过一劫。"但这或许只是因为当时没有多余的资金。如果有钱投资，可能也会被那些财富故事所吸引，早早"上钩"，最后陷入破产境地。

当时有不少人建议我投资地产和证券，对于对方开出的条件，我是这么想的："天底下哪有这么好的事儿。即便有，也是违反常理的。如果不靠努力奋斗也能赚大钱，那人人都会觉得努力的人是傻子。这样一来，社会势必会出问题。如果我参与其中，哪怕能够暴富一时，也绝对不会长久，还会对我以后的人生造成巨大的负面影响。"基于这样的考虑，我拒绝了所有的相关建议。不管对方如何用"高收益率"做诱饵，我都不为所动。

因为我相信，这种不劳而获的投机方法属于邪道，无法让公司良性发展。

如上文所述，一旦以利他之心思考问题，就能做到"唯我独醒"。你就能看到周围的人个个主动地往圈套里跳，也能明白唯利是图之人为何会整日愚蠢地疲于奔命。

打个比方，一个人自说自话地往前冲，撞到一根柱子，头上起了大包。贴了个创可贴后，又像没头苍蝇似的往另一个方向冲。心里还想着："往那儿走的话，会摔倒吧！"可还是会走过去，结果不出所料，自己还是被石头绊倒，摔了个大跤。这一切明明是咎由自取，可他却说："都怪那根柱子""都怪路边的石头"，把错误归咎于他人或他物，而认为自己是正确的。甚至怨天尤人："我明明这么努力，却还是诸事不顺。这什么世道啊？"其实，"吞噬了自我的欲望"才是罪魁祸首。自私自利的思维方式是导致事与愿违的根源。

如果怀有利他之心，便能做到明察秋毫。对于那些可疑的投资项目，能够看透其背后的陷阱。利他之心具备洞察一切的功效。仅凭这点，也能体现出利他之心的重要性。

如前文所述，各位在经商时，要摒弃"自己好才是真的好"的利己之心，应该考虑周围人及买卖双方的利益，从而得出理想的结论，实现"大家都好"的共赢局面。在做生意时，一定要遵循该原则。

㉖ 大胆与细心兼备

大胆与细心这两者看起来相互矛盾，但这两个极端必须同时具备，才能把工作做得完美。

兼备这两个极端，并不是"中庸"。这好比织成绸缎的丝线，如果把经线比作大胆，那么纬线就是细心，大胆和细心交互使用。因为大胆，就能有力地推动事业向前发展，而同时因为细心，就能防止失败。

一开始就要兼备大胆和细心很不

> 容易。但只要在日常工作中，在各种
> 场合下，有意识地磨炼自己，这两个
> 极端就能同时兼备。

尤其是企业家，有时必须当机立断、勇敢抉择；有时又必须小心翼翼、谨慎判断。换言之，"胆大细心"对企业家而言尤其重要。要让"胆大"与"细心"像织布时的"经纬线"一样，相得益彰，互为贯通。只有"胆大"，则为鲁莽；只有"细心"，则为怯弱；若介于两者之间，则为中庸。企业家在公司内身居高位，不管是"让旁人惊讶"的胆识，还是"让旁人着急"的谨慎，都必须具备，缺一不可。

但我所说的"胆大"和"细心"也并非这样——"即便投资金额超过公司资本金，也毅然决定投资""虽然投资金额数额极小，却犹豫不决，经再三考虑，最后还是放弃"，而是涵盖人性与品格的广义概念。"性格温润善良，有时却会毫不留情地当场辞退员工。""看似爱较真的理性主义者，却又是个感情丰富的性情中人。""胆大"与"细心"、"温情"与"冷酷"、"理性"与"感性"……要让这种对立的性格特征和品格特质像织布时的经纬线一样，在同一个体上相互交错，融会贯通。

需要胆大时胆大，需要细心时细心，根据具体情况，灵活转变的性格特征。这是企业家必须具备的素质之一。

不少企业家具有这种"温情和冷酷并存"的两面性。平时心里想着员工，珍视人才；一旦发现员工消极怠工或敷衍塞责，则当场辞退。对于这样的做法，有时连自己都会觉得纳闷："自己平时总是把'珍惜员工'挂在嘴边，可当时却当场开掉了那名员工，是不是有点不正常？"

企业家在工作中，经常会像这样显露出两种截然相反的性格，有时甚至会担心自己是否具有双重人格。事实上，如果做不到这点，反而无法经营企业。

一个被员工们齐声称赞"性格随和"的

企业家，其公司的业绩往往不甚理想。如果一个企业家总是充当"好好先生"的角色，是无法成就大事业的；如果企业家被员工评价为"极度冷酷严格"，那么其公司也不会成功。既不能在员工中丧失威信，也不能让员工们闻之色变。作为企业家，一定要同时具备两方面的性格特征。

这样的要求似乎自相矛盾，但只有具备这种矛盾特质，且又让人感觉不到矛盾的人，才是真正的天才。阅读事业有成的名人名家的传记，就会发现，不管是知名的企业家还是政治家，不少人都具有这种相互矛盾的性格。

虽然自己无法与这些名人名家相提并论，但我自身的确也有这种两面性的性格。"上次那么胆大的自己和此刻如此胆小的自己，究竟哪个才是真的？"这曾让我苦恼。平时性格温润，对部下关怀体贴，有时却会毅然做出"诸葛亮挥泪斩马谡"之举。这时，我的心中往往有两个声音，一个声音是"部下的确犯了错误，但也不至于解雇吧！"另一个声音是："虽然这个错误看似不大，但如果置之不理，就会殃及整个组织。"一个是"得饶人处且饶人"的自己，一个是"严惩不贷，决不手软"的自己，有时我不知道哪个才是真正的自己。我曾经苦苦思索这个问题，却一直无法得出结论，于是变得越来越不相信自己。如果向员工倾吐这样的烦恼，则会丧失企业家的威信。因此，在很长的一段时间内，我只能独自烦恼。

就在如此迷惘中，美国作家斯科特·菲茨杰拉德的一句名言给了我启示。

"一流知性之人同时拥有两种互相对立的思维方式，却能使其各自正常发挥作用。"

该胆大时胆大，该细心时细心。换言之，必须让两种对立的思维方式各司其职、正常运作。得知这句名言后，我心里的一块石头总算是落了地——"终于明白了，拥有相互对立的性格特征，原来并不是一种自我矛盾啊"。

中小企业家必须具备"互为两极"的能力

如上文所述，我认为企业家需要具备如"胆大与细心""温情与冷酷""理性与感性"等相互对立的性格特征，并且能够根据实际情况灵活转变。培养这种能力的难度颇高。下面我以实例说明。

本田技研公司之所以能够成功，两位人物功不可没——本田宗一郎和藤泽武夫。前者是位天才工匠，依靠一个扳手和一把锤子，打造出优质的发动机和摩托车；后者是位优秀总管，善于企业经营和财务管理。

同样，松下电器拥有创始人松下幸之助以及被称为"知名大管家"的高桥荒太郎这对组合。索尼亦拥有技术专家井深大与擅长企业经营的盛田昭夫这对搭档。在这种优势互补下，这些公司获得了长足发展。换言之，一个人很难拥有两种相对立的性格特征，所以企业家需要能够弥补自身不足的睿智参谋或管家。

可对中小企业而言，这样的成功实例无法借鉴。中小企业往往人才不足，企业家势必很难找到合适的人来辅佐自己。

因此，中小企业的领导必须自身具备"互为两极"的能力，并且在工作中正常发挥作用。对此，可能有人会觉得太过严苛——"中小企业家并非个个都是才高八斗的能人，这样的要求太过分了"。这么说的确没错，但现实就是这么严酷，不管多么辛苦，都必须做到这点。我自己也一直在以此为目标而不断努力。

对于企业家而言，该条目的内容非常重要，我希望大家务必认真领会。

㉗ 以"有意注意"磨炼判断力

有目的、有意识地将意识集中，就叫"有意注意"。

无论何时，无论何种环境下，无论多么细小的事情，都应该用心关注，认真对待。开始时做到这一点也许很困难。但是，只要从平时起，有意识地坚持这么做，"有意注意"就会变成习惯。

如果能这样，那么在任何状况下，全神贯注于某一现象，这种基本素养就能够掌握，因而不管发生什么问题，都能立即抓住其核心，很快予以解决。

做事不能漫不经心。哪怕是日常生活中微不足道的小事，我们也要养成认真注意的习惯。

从字面上来解释，"有意注意"即"有意地倾注意识"或"有意识地调动注意力"。其反义词是"无意注意"。比如说，听到某处传来声响，于是条件反射性地扭头去看，这样的行为便是"无意注意"。我们在平时，不应该无意识地对各种现象被动地做出反应，而应该发挥自身的能动性，努力集中自己的意识。这便是"有意注意"的意义所在。

这个世界上，各家企业规模不同、形式多样。既有员工不超过三人的微型企业，也有员工超万人的大型企业。有时，同样一件事，对大企业或许微不足道，但对中小企业而言，可能就是会左右命运的巨大冲击。

然而，有的企业家在面对类似问题时，往往觉得"这不算什么大事"，于是一笑而过，从不深究。这是企业家一个较为普遍的通病——往往忽视"小事"。

在几位合伙人的协助下，京瓷得以创立，当时的我担任董事兼技术部长一职。我意识到："要想成为优秀的企业家和领导，必须具备能够瞬间做出正确判断的能力。否则，等到将来公司规模壮大、员工增加时，就势必很难保障数万名员工的生活和福利。"不仅如此，我还开始思考，如何才能具备这样的判断能力。

"只有生来具备敏感直觉和优秀能力的人才能做出又快又准的判断吗？如果真是这样，像我这种天资一般的人，任凭怎么努力，恐怕也无法具备这种能力。"我为此烦恼不已。即便如此，我仍然不断思考："什么是自己力所能及的？"最后决定不管看似多么简单的事，都要认真思考，努力做出正确判断。
从那之后，不管遇到多么微小的事情，我都
会有意识地认真思考。直至今日，我仍保持
这样的习惯。

我所敬仰的中村天风先生精通印度瑜
伽，被称为日本最了不起的圣人和贤者。他
也曾说："若做不到'有意注意'，人生则无
意义。"并教导世人："不管看似多么微不足
道的事，都要认真思考。只有平时养成了这
样的习惯，在需要判断及定夺时，才能做到
'感觉敏锐如刀''思维迅疾如电'。"

然而，如今的企业家们对于那些看似
"并不很重要"的问题，往往倾向于草草了
事——"这样处理就可以了吧"，有时甚至当
"甩手掌柜"，全权委托部下定夺。

如果平时习惯了这种轻松散漫的处事方
式，一旦发生大事，到了企业生死存亡的关
头，是不可能做出正确判断的。到那时，哪
怕拼命催促自己"赶快认真思考"也无济于
事。由于没有在平时养成习惯，满脑子只是
肤浅的点子，所以难以触及问题的根源。

反之，如果平时对于微不足道的事都一一认真思考，那么感觉就会被磨炼得非常敏锐，于是能随时迅速做出正确判断。一旦出现问题，在脑中能瞬间闪现出解决方法。"哦，只要这么做就行了。"这并不是因为借鉴了丰富的经验，而是头脑高速运转的结果。经过"有意注意"的训练，在最短的时间内，想出了最好的对策。

这与头脑聪明与否无关，只要养成习惯，认真思考平时的每一件小事，就能获得这样的能力。一开始尝试时，可能会觉得脑子转不过来，思考时充满疑惑，但只要坚持10年、20年，就能变得思维敏捷、思路清晰。我之所以阐述"以'有意注意'磨炼判断力"这个条目，就是为了让大家都能养成这样的习惯，拥有这样的能力。

即便没有时间也要集中精神思考

由于平时事务繁忙，假如有人突然有急事找我商量，我也往往难以抽出时间。在极端情况下，就算公司干部求我："请让我和您谈谈，30 分钟就行。"我也不得不让他等 1 个月，甚至 2 个月。我的日程安排实在太紧凑，以至于与人谈话时，要以分钟来计算时间。有时和一个人刚谈了 10 分钟，就必须结束谈话。因为还有另一个人等着我给他 10 分钟的交谈时间。

在如此"密不透风"的日程安排下，如果脑子里还思考着与上一个人的谈话内容，那在与下一个人谈话时，就很难转换思维，从而影响效率。因此，我在与下一个人谈话前，会暂时把刚才的谈话内容在脑中"清空"，从而认真听取下一个人说的话。在得出结论后，再次把脑子"清空"。这种近乎不可完成的任务，是我每天必须做到的基本事项。

以这种状态持续一天后，人往往会觉得疲惫不堪，明明没有进行什么剧烈运动，身体却由于脑力活动而精疲力竭。可见，思考是一项十分消耗体力的活动。

由于如此忙碌，有时会出现这种情况：有事找我商量的公司干部焦急万分，偶尔在走廊撞见我时，便不放过这难得的机会，拦住我说："领导，关于上次那个项目……"我理解他的焦急与难处，于是停下来，听取他的汇报。可我的注意力却在别处，这便违背了"有意注意"的宗旨。

这时候，我的回答和指示往往倾向于随意和敷衍，这在日后会导致出现重大的问题。找我商量过的部下会说："在几月几日，我找名誉会长您请示过该项目，您当场批准了。"而我却完全记不起来，反驳道："怎么可能？！我全然不知。""我找您商量时，您说可以这么办的。"经过仔细追问，原来当时我是在走廊上那么说的。

自己明明从年轻时起就一直强调"有意注意"，可因为不忍心让部下苦苦等候，所以在走廊等非正式场合顺便听取汇报。这样的"仁慈"反而造成了重大的失败，这便是我所吸取的教训。

在犯了数次类似错误后，我定下规矩：决不再在走廊上听取部下汇报。不管事态多么紧急，都要在我的房间或办公室谈，以便进入精神集中的状态。

　　换言之，在听取别人的话时，必须全神贯注。绝对不能一心两用，以"顺便"的形式轻率地做出判断。

　　不管企业规模大小，凡是企业家，都应该具备这种素质。一定要努力养成"有意注意"的习惯，哪怕现在开始也不算晚。只要做到这点，就一定能把自己的判断力磨炼得敏锐且准确。

　　尤其是中小企业家，要记住"公司无小事"，哪怕看似多么微不足道的事，都会对公司上下的所有员工（不管公司有十几名员工还是上百名员工）产生"牵一发而动全身"的影响，进而左右公司的命运，要做到事事细心，就务必要养成集中意识、深入思考、准确判断的习惯。

㉘ 贯彻公平竞争的精神

　　京瓷遵循"公平竞争"的原则，堂堂正正地开展经营。因此，"只要赚钱就可以为所欲为","少许违反一点规则、少许篡改一些数字，可以容忍"这一类想法，京瓷深恶痛绝。

在体育界，人们之所以感动，之所以心情舒畅，就是因为比赛基于公平的精神，不允许犯规，不允许违反游戏规则。一旦发现矛盾或违规，不管是谁，都应该勇敢地站出来指正。

要让我们的职场始终充满活力，充满清爽的气氛，那么，职场的每个成员不但都应该是公平竞争的选手，而且都要具有裁判员那种严格审视的目光。

京瓷哲学是探究"作为人，何谓正确"这一本原问题的哲学。换言之，其中心思想是"作为人，要以正确的方式完成正确的事"。我常常强调，"贯彻公平竞争的精神"并不仅仅是"京瓷哲学"中的一个条目，而是整个"京瓷哲学"的中心思想。我所说的"公平竞争"是指公正。我一直不断强调，企业家应该把"尊重公平公正"和"以正确的方式贯彻正确的事"作为企业规章制度的核心。对于不公平的现象及违规行为，要一律杜绝。对于规范，必须做到公司上下严格执行。

要做到这一点，关键要让这种公平竞争精神深入企业文化的"骨髓"中。当员工听到"大家要行正道，做正事"时，往往都会响应号召，干劲十足。但随着时间的推移，这样的意识会渐渐减弱。如果这时正巧遇上可以"捞油水"的机会，就会有所动摇："我只是稍微搞点好处而已。"

我曾经和一位证券公司的干部聊过相关话题。大家想必也知道，在日本泡沫经济繁荣期，证券公司以"稳赚不赔"等说法诱导客户购买股票，在泡沫破灭的冲击下，股价暴跌，客户自然会损失惨重。为了避免事情暴露，证券公司通过各种违规和舞弊行为来弥补损失，从而造成了严重的社会问题。

这段历史还记忆犹新，可如今的证券公司又开始故技重演。最近国债贬值，而证券公司采取的对策是"把之前债券投资的损失计算在内，然后以调整过的价格发行新债券"。意思是说，证券公司没有根据行情定价，而是通过人为操纵交易价格来从中牟利。

"通过违规行为来填补损失缺口"的这种闹剧做法曾给日本社会造成了很严重的负面影响，明明已有前车之鉴，可却不知悔改。这次不在股票上做文章，而在债券上动手脚，但其本质相同。违规的证券公司由于保证了"客户利益"而增加了交易量，开始发展壮大。其他证券公司见状，便寻思着"不能让他们好处独享，咱们也要有样学样"，于是同行们纷纷效仿。

不用付出努力，靠小聪明就能取悦客户、增加交易量，公司随之步步发展。最开始可能只有一家证券公司如此投机取巧，但同行们个个羡慕眼热，结果大家都参与其中。

违规行为与涉及的金额无关，问题在于"不可违规"这一基本原则遭到了破坏。"违规"是非黑即白的绝对概念，没有程度之分，不存在"少许违规"、"一点点违规"或"轻度违规"之类的级别概念。"丝毫不可触犯"

才是规章制度的精神与本质。

我在讲这样的道理时，听者往往会表示赞同——"原来如此，我明白了"，可不少人在不知不觉中又会我行我素，按自己原先的判断标准行事，结果误入歧途。企业家应该把公平公正作为公司规章制度的核心，明确宣布"这是我们公司的宗旨"。与此同时，还必须制定具体的规范条例，让员工明确什么能做，什么不能做，从而实现令行禁止。

还有一点至关重要，如《京瓷哲学手册》中所述，一旦发现公司内部存在矛盾或违规等问题，人人都应该堂堂正正地检举揭发。即使是刚进公司的新人，也能光明正大地指出内部问题："公司存在这样的现象，我觉得这是不对的。"要营造这种人人都能直言相谏的职场氛围。假如员工害怕因为指出错误而得罪上司或遭到报复，那么面对问题时，大家都会视而不见，于是问题便会逐渐恶化，无从解决。

理想的职场氛围应该是这样的：不管上级还是下级，全体员工都具有刚直不阿的监督意识，时刻审视着公司的内部情况。

要打造"人人都能提出建设性意见"的企业文化

公司是人的集合体，因此会有各式人等。有的人明明知道说别人坏话是不对的，但为了主张自己的正确性或邀功逞能，便在背后诋毁上司，从而达到牵制的目的；有的人甚至会编造毫无根据的谣言，诽谤别人作奸犯科，从而达到恶意陷害的目的。世上并非人人都是好人，也有这种奸恶之人。

正因为如此，不少人对"说别人坏话"的行为十分抵触，认为这么做会损害自己的人品。这种"谁都不想做恶人"的职场氛围，在任何一家公司中往往都是主流。因此，即便出现舞弊行为，也很少有人会站出来检举揭发。

由于"谁都不吭声"，导致公司内部违规蔓延，舞弊横行。一旦一种违规行为被默许，周围的人就会想"这么做也没关系嘛"，于是纷纷仿效。这样一来，公司的道德水准便会急剧恶化。

违规与舞弊虽然在周围的同事和下属眼中显而易见，但上司往往受到蒙蔽，因此公司高层难以察觉。等到高层领导发觉，其腐败程度已经极为严重。这样的实例很多。

为了不让上述情况发生，公司必须事先制定相应的规章制度，允许公司的下层员工检举揭发违规舞弊行为，使得每名员工都能够堂堂正正地履行监督义务。否则，不管企业领导如何强调"要杜绝违规舞弊"，也只能沦为冠冕堂皇的口号，无法保证公司内部的公平公正。

那么，要如何分辨检举揭发是"确有其事"还是"诽谤陷害"呢？

打个比方，如果一名基层员工检举上司的违规行为，就要根据检举内容来判断究竟是"单纯的人身攻击和恶语中伤"还是"以公司成员的立场，提出建设性的意见"。

换言之，如果检举内容不是单纯的人身攻击，而是具有建设性的提案——"他的做法是这样的，我觉得这对我们公司有害，希望领导能制止这种行为", 那么就应该听取和采纳。

上述内容可以归纳为三点。第一点, 要营造良好的职场氛围, 使每名员工都能检举揭发违规舞弊行为; 第二点, 检举揭发不能只停留在批判层面, 不能沦为对公司和上司的非难与攻击; 第三点, 如果检举者以建设性的观点阐述意见, 且内容属实, 则不论检举者的职务和级别高低, 领导都要对这样的意见表示欢迎, 并积极听取和采纳。希望各位企业家务必在自己公司内营造这样的职场氛围。

㉙ 注重公私分明

工作当中必须严格区分公与私。

要严格禁止工作时间内处理私事, 严格禁止利用工作之便, 接受客户的招待等。此外, 要禁止工作时间内拨打或接听私人电话, 在工作交往中收到的馈赠物品不可归个人所有, 而应该与大家分享。之所以要这样做，是因为即使是轻微的公私混同，也可能导致道德水准下降，不知不觉中毒害到整个公司。

我们必须明确区分公私界线，严格自律，对日常的小事也不松懈马虎。

我从创业伊始，便一直严格强调这点。

举个较为极端的例子，在京瓷，凡是工作时间，一律禁止拨打或接听私人电话。不管是在公司接听私人电话，还是用公司电话处理私人事务，都是不允许的。

如前文所述，在公司工作时，也要具备"有意注意"的认真态度。假设正在埋头工作的时候，突然朋友打来电话，于是接起来，开始讨论下周日去哪儿玩。这样是无法出色完成工作的。我要求员工在工作时间必须全身心投入工作。正是基于这样的思想，所以我对公私分明的要求非常严格。

我之所以严格强调公私分明，还有另一个原因，那便是"以小见大"。对于公私不分的行为，只要稍有默许，就会像滚雪球一样，一发不可收拾。

由于一些员工的工作性质和职位特殊，因此能够获得"额外好处"。换言之，一些人能够利用职务之便来为自己谋私利。举个具体例子，由于负责公司大宗采购的干部掌握着选择供应商的大权，供应商为了获取订单，自然"不敢怠慢"，于是在年中和年末向其个人赠送礼品。作为供应商，当然想给采购方留下好印象，因此这种送礼行为并不少见。

采购员则会想："这是我的职位性质所决定的，而且一盒点心或者一箱水果也没什么大不了的。"于是不断接受供应商的礼品。最初的礼品可能只限于500~1000日元的点心盒子，但随着送礼者越来越"慷慨"，收礼者的胃口也越来越大。不仅如此，一旦体验了职务之便的"妙处"，就成了无法戒掉的习惯，于是人性渐渐变得贪婪卑劣。这样一来，等于是公司培养出了品行卑劣、贪婪无度的员工。

在我看来，卑鄙之人是人中最为下等之

人。作家城山三郎先生曾写过一本名为《粗野但不卑鄙》（文艺春秋出版社出版）的书。意思是说，一个人可以是不知礼仪礼法的"野人"，但绝对不能做一个卑鄙之人。

企业决不能把员工培养成最为低劣的卑鄙之人。为此，就要让员工严格履行公私分明的原则。

因此，对于客户在年中和年末所送的礼品，我采取这样的处理方式：首先让收到礼品的员工将所收礼品悉数上交，然后由公司统一分给全体员工。同时反复告诫员工，切不可以个人名义收受或私吞礼品。

本来，对于客户赠送的礼品，应该全部拒收，但这么做又显得太过死板。于是我想到了这个办法——以公司名义收下，然后分给公司全员。

可能有人会觉得我太过较真、不谙世故，但我就是依靠这样的做法，守护着公司的道德规范。

我从事企业经营已经五十载有余，在实际经验中，我有一大心得体会：纪律规范必须不断强调、有力执行，纪律规范不存在"太过严格"的情况，只存在"不够严格"的问题。我在世界各地拓展业务的过程中，深刻认识到了欲望的可怕。为了满足一己私欲，人们甚至不惜把自己的工作和职务当成牟利的工具。

虽说"家丑不可外扬"，但我还是想"扬一扬"。在京瓷集团的美国分公司中，曾经发生过一起违规事件。

在美国，京瓷的产品销售采取"代理店加盟"的方式，零售业者与京瓷签订加盟授权合同后，才能销售京瓷的产品。对广大零售商而言，销售京瓷产品是一个扩大生意的好机会，因此非常愿意被授权加盟。

当时，有一名营业部长对某个零售商家说："和谁签订加盟授权合同，完全由我这个营业部长说了算。如果你想获得京瓷产品的销售权，就给我一定数额的回扣。"经查证，他的确拿了回扣。当我得知此事后，当即解雇了他。

不管事情本身多么"微不足道"，一旦

发现员工利用职务之便"捞油水"，就必须严惩不贷。如果平时纵容看似微小的违规行为，问题就会日趋严重，最终导致员工犯下大错。企业家不能害得员工深陷罪孽、误入歧途，也不能把员工培养为卑鄙之人。

不仅如此，利用自己在公司中的职务之便而获得个人利益的行为，对同伴而言，还是一种渎职和背叛。京瓷公司以心为本进行经营，重视员工之间的团结，所以我非常注意公私分明。

对于公司用车也要立下规矩

随着公司发展壮大，往往会为董事级别的高层配备专车。我是由公司专车每天接送上下班的。不仅是我，京瓷的社长、副社长及专务都有专车。

董事在公司工作时，专车与司机都在公司待命。如果其间由于公事而需要用车，就能做到随叫随到。

曾经发生过这样一件事。有位政府官员出身的董事到了下班时间想回家，走到外面一看，发现自己的专车不见了。原来，总务人员以为他肯定会工作到很晚，而正巧其他部门急需用车，所以临时调用了他的专车。那名董事问道："我要下班回家，可专车没了。谁在用？"总务人员答道："营业部长在用。"他听后勃然大怒："区区营业部长，居然敢用我的专车？！"他的勃然大怒让总务部长非常惶恐。我得知此事后，对那名董事说道："公司给你配专车，不是因为你的身份，而是因为你的职责。身为董事，应该时时做到'有意注意'，认真思考工作事务。为了让你不被早晚上下班打车或坐电车的琐事分心，为了让你在上下班途中也能把心思放在工作上，公司为你配备了司机和专车。可你却一到点就下班回家，不把全部心思放在工作上，还因为营业部长偶尔用了你的专车而大发雷霆。如此缺乏责任感和小肚鸡肠的人，我觉得没必要拥有什么专车。"

为了强调公私分明，我一直耐心地教育公司员工。

公司专车存在的目的是什么？

社会上通常的解释是"因为是专务""因为是副社长",把专车看作是身居高位者的福利,但这样的认识是错误的。原本的初衷应该是"为了让公司的重要人物在上下班途中也能认真思考工作事务,所以才为其配备专车"。

一般来说,如果是从普通员工步步晋升至经营层的人,一旦拥有了公司专车接送的待遇,就等于是一种身份的象征,一种极高的荣耀。不但本人高兴,连他的夫人也会欣喜不已。于是,偶尔的"公车私用"——让司机接送自己的夫人,也算是一种利用职务之便所得的好处。

在京瓷公司创立初期,不要说什么专职司机了,连汽车都没有。我当时骑着一辆小型踏板摩托车。过了一段时间,摩托车总算升级为一辆斯巴鲁360(斯巴鲁360是日本斯巴鲁重工于1958-1970年生产销售的轻型车,其大小相当于奇瑞QQ。——译者注)小汽车。当然,我也是自己开着它到处跑业务。

　　我在开车时，由于满脑子想着工作上的事，因此非常危险。我心想："看来不得不找个司机了。"于是雇用了一名司机，他原先在运输公司工作。可那名司机工作过一段时间后很生气，硬说斯巴鲁 360 是没法当专车用的。

　　我很奇怪，就问他："有什么好生气的？"结果他说："（这车）开在国道上时，卡车会靠过来'别'我们，欺负我们车小。"由于大车看不起小车，所以老是"别"过来，而我们一旦往旁边躲，就可能会从路肩上掉下去。即便狠踩油门，想甩掉对方，还是马上会被追上。他甚至说："我已经受够了这种恐怖体验，想辞职不干了。"我只得好言相劝。搞到最后，我只好让司机坐在副驾驶位，还是由我自己驾驶。

　　当时，我觉得把斯巴鲁 360 换成大点儿的轿车实在太过奢侈，所以一直不同意。但后来它实在无法适应公司的发展需要，于是买了丰田 CORONA（CORONA 是丰田于1957-2001 年生产销售的中型轿车，在日本经济高度增长期有着很高的人气。——译者注）。可那辆车也有些缺陷：换挡不顺畅；变速箱齿轮常常卡死，导致发动机熄火。即便如此，那名司机还算满意，总算肯开车了。

我常常这样对自己的妻子说："公司之所以配备专车接送我，是因为我身负要职，必须全神贯注地努力工作。而你是家庭主妇，和公司没有任何关系，所以绝对不能乘坐专车。"她对此也表示赞同："这是理所当然的。"所以她从未犯过"公车私用"的错误。

当公司已经具备相当大的规模时，发生过这样一件事。一天早上，我正要出门上班，正巧妻子也要出去办事。她要去离家最近的车站坐车，而我们家离那个车站不过500米。

我对她说："我刚好也要出发。反正中途顺路，你也上车好了。"但妻子还记得我曾经立下的规矩，立即拒绝了。我劝她："别这么死板，反正只是送你到车站而已。上车吧。"可她坚决不上车："不，我走着去就行。"看她如此斩钉截铁，我也不再说什么了。

对于妻子的态度，我当时心想："反正只是顺道送一小段路，上车不就得了。"可如今回想起来，这种公私分明的态度的确有必要。

中小企业的最高管理者往往就是企业主本人，公司的全部资产就是企业家的个人资产。在这种情况下，企业家往往会在不知不觉中模糊"公司物品"和"私人物品"之间的界限——公司用房就是个人住房，让自己的妻子给员工提供工作餐……如果妻子也在自己的公司工作，那么情况就更为严重。"公车私用"等行为简直就是家常便饭。

如果公司处于规模微小的创业奋斗期，那么企业家让自己的妻子来负责会计工作或充当员工角色的话，也还可以理解。可一旦公司发展壮大、准备上市时，如果妻子还像"草根时代"那样随便使用公司的车，就会影响企业形象。在旁人眼中，这家公司管理散漫，不上档次。从该意义层面上来看，也能体现公私分明的重要性。

4　达成新事业

㉚ 怀有渗透到潜意识的、强烈而持久的愿望

要实现高目标，首先，必须怀抱"非实现不可"的强烈而持久的愿望。

开发新产品，获取客户订单，提高成品率，降低停机率，不管什么课题，首先，"无论如何都要完满实现"这个念头，要在心中强烈地想象、描绘。

愿望纯粹而强烈，日思夜想、苦思冥想、反反复复、念念不忘，那么，这种愿望就会渗透到潜意识。一旦进入这种状态，就会与平时有意识的理

性思考不同，即使睡觉时，潜意识也会工作，发挥出强大的力量，让愿望朝着实现的方向前进。

我想强调的是"怀有强烈而持久的愿望"。换言之，要强烈且持续地念想"我想度过这样的人生""我想打造这样的企业"。只有这么做，才能使自己的愿望渗透至潜意识中。

那么，何为"潜意识"呢？接下来，我会对其进行解释。

我们平时所使用的意识叫"显意识"。大家学开车的时候，驾校教练肯定会这样教：右手握住方向盘，左脚踩离合器，左手换挡（日本交通规定汽车靠左侧通行，因此汽车为右舵设计，即驾驶席在车辆右侧。——译者注）。

教练在完成这一系列动作示范后，对学员说："你来试着做一次。"可一到自己实践，却动作僵硬，手忙脚乱，于是被教练呵斥。身为公司社长，觉得自己好歹也算是个聪明人，可却被驾校的年轻教练嘲笑，于是心生不快。可不管怎么做，动作总是跟不上大脑。想必大家也有过类似的经验体会吧。之所以会这样，是因为在驾驶时使用了显意识。

可渐渐地，一边忍着教练的牢骚，一边在驾校反复练习的过程中，驾驶技术不断提高，最后考取驾照。之后自己上路开了一段时间后，在驾驶时，就不再需要思考"这里该踩刹车""这里该踩油门"之类的动作细节了。遇到紧急情况，脚自然会踩刹车；即便在狭窄的车道，也能与对向车辆完美交会。这些自己原先视为"特技"的动作，如今每天都能轻松完成。

开车时，并不用去计算"路宽几点几米""车辆通过时，道路还剩几厘米"。有时，满脑子想着公司的事，等到回过神来，发觉自己已经把车开出了几百米远。这是因为没有使用显意识，而是以潜意识在开车。

在生产现场也有类似情况。工人被分配到一个新的生产流水线上时，在熟悉工序和操作之前，需要在脑中反复记忆"把这个部件放这里""这样拧螺丝"等操作流程。这时候使用的便是显意识。

因此，在组装工厂工作的一些应届高中毕业生在刚入职的一个月内，会抱怨"肩膀酸痛""头昏眼花"而辞职。可只要坚持三个月左右，就会顿时感觉工作变得轻松了。由于一开始是用显意识在进行作业，脑子需要不断思考"要这么操作，要那么操作"，因此很容易疲劳。但只要渐渐熟练，就会像开车一样，手会下意识地按流程操作，既不再疲惫不堪，也不会肩膀酸痛。

木工活儿亦是如此，不管是用刨子刨木，还是用锯子锯木，对刚入行的学徒来说，需要用显意识去反复学习这些技术，因此非常容易疲劳。可一旦习惯后，就会感觉轻松许多。

据说，人从呱呱落地到入土为安，其一切所思所想和经验经历，都会储存在潜意识中。而且，潜意识的容量是我们平时常用的显意识的几十倍。

大家想必也听说过，人在陷入生命危险、

徘徊于生死线上时，过去的所有记忆会突然在脑中回放。比如，因登山途中脚下打滑而从几百米高处坠落的过程中，人生的记忆会一股脑儿地浮现。在短短的数秒之间，一生的大部分体验和经历如走马灯般一闪而过。类似的故事和体验谈并不少。

一些孩提时代的旧事，即便显意识早已经遗忘，也会瞬间如电影画面般在脑中回放。这正是因为人在面临生命危险时，储存于潜意识中的知识和记忆会在瞬间喷发。

潜意识是获取灵感的途径

要想让潜意识在日常工作和生活中为我们所用，就必须进行强烈而持久的思考。换言之，要通过反复思考，使念想渗透至潜意识。

商业活动亦是如此，只要合理使用潜意识，就能取得出色的成果。比如"想让自己的公司变得更好"，如果抱有这样的愿望，每天思考各种方式方法，一旦该念想进入到潜意识中，就能够在意想不到的瞬间突然闪现绝妙的灵感。

被人誉为"发明大王"的爱迪生曾说："天才是99%的汗水，加上1%的灵感。"他之所以这么说，很可能因为他也是每天坚持努力的人，通过反复实验和思考，使自己的念想渗透到了潜意识中，于是在瞬间获得了灵感。

换言之，每天从早到晚做到"有意注意"，不断认真思考工作和经营事务，就能在意想不到的情况下驱动潜意识，从而获得绝妙的创意。通过这种方式闪现的灵感往往是一针见血、触及核心的，因此自己所面临的问题便能迎刃而解。

我从年轻时起，就会因为突然想到某个点子甚至在半夜惊醒。在再次入睡之前，我会把脑中浮现的想法写在枕边的记事本上。第二天早上，到了公司后，我便立即把晚上闪现的灵感付诸实践。我经常会有这样的奇妙体验。

还有另一种情况，企业家对公司既有业务抱有危机感，因此想扩展新领域、尝试多角度经营、提高技术水准。然而，自己一无经验，二无学问，更不用提技术了。可如果不这么做，公司就会前途堪忧，于是每天苦苦思索。

某一天，该企业家参加了一个同学会，在与周围人觥筹交错之际，突然有了一场意想不到的邂逅。

"啊？好久不见。你现在在做什么工作？"

"我现在的专业是这个技术领域，在从事这样的工作。"

而这正是自己想拓展的新领域。于是说道：

"能和我详细谈谈你的工作吗？"

在与他的交谈中，得知了他的工作不如意。

"我（向公司领导）提议这个项目，可公司就是不批准。"

心想，这是个机会。于是对他说："我的公司目前规模不大，但只要你愿意来，我一定让你尽情发挥自己的技术实力。"

大家可能认为上述案例只是一种偶然，但在我看来，这其实是潜意识在发挥作用。

企业家并不一定非得是"全能者"，我虽然让京瓷公司一路发展到今天，但所有业务当然不是由我一手包办。我怀着"想完成项目"的强烈愿望，从而驱动自己的潜意识。这样一来，各领域的专家就如同感知到我的念想一般，渐渐聚集到我的身边，纷纷向我提供协助。正因为如此，我才能有今日的成就。如果没有足以驱动潜意识的强烈愿望，即便你所渴求的理想人才从你面前经过，你也会毫无察觉，从而错失良机。

只要坚持认真地反复思考，人人都能做到"怀有渗透到潜意识的、强烈而持久的愿望"。

强烈而持久的愿望必将实现

大学毕业的员工往往爱钻牛角尖，如果没有理论依据，他们就很难接受你所讲的话。因此，在解释"强烈而持久的愿望"的必要性时，我也采取了这种"摆事实，讲道理"

的方式。

如果让世界上的大多数成功者现身说法，他们的话都可以简单地归纳为四个字：心想事成。所有的成功故事，几乎都可以如此总结归纳。

在宗教中，也能找到与之殊途同归的道理。比如佛教教义中有"万物由心生，万法由心造"之说。该道理告诫我们："如果自己陷入不幸，如果公司经营不顺，这一切都是自己的念想和思维所致。"

换言之，"强烈而持久的愿望必将实现"是一个普遍真理。"是否使用潜意识"只是其过程中的一个环节，只要一心念想"无论如何都要实现"，就一定能心想事成。

可很多人似乎并不相信这个真理。不少人在看到别人的成功案例后，心想："好像并不难嘛！我也试试。"可他们只是简单的效仿，于是纷纷失败。成功需要强烈而持久的愿望，仅凭"三天打鱼，两天晒网"的肤浅态度，当然不可能实现梦想。有人会问："那么持续思考一年呢？"一年或许也远远不够。

可能有人通过一年的思考而梦想成真，也有人仍未圆梦。我认为，问题的关键不在于时间的长短，而在于愿望的强烈程度。

这个问题不像"1+1=2"这样具有明确的定义，不管我怎么强调"强烈而持久的愿望必将实现"，也总有人会抱有疑问。但如果是有过成功体验的人，就肯定会同意我的说法。换言之，有的人之所以无法成功，正是因为不相信自己能成功。由于不相信自己，自然就不可能怀有强烈的愿望，于是就无法实现目标。

我经常强调："不管现实状况多么艰苦，都绝对不能对自己的人生和公司的未来抱有悲观态度。"应该拥有坚定的信念——虽然我现在面临艰难困苦，但我的人生一定是充满希望的。我的人生必将辉煌，我们公司今后必将发展壮大。

人的健康亦是如此，如果因为身患疾病而对将来心生悲观，那么原本能够治愈的疾病都会治不好。人早晚终有一死，所以不要伤心伤神地担忧将来，而要抱有积极乐观的人生态度，对自己说："我的病一定能痊愈。"即便最后还是医治无效，也应该以平和的心态坦然面对死亡——人生本就如此。

中村天风先生对于"持久的愿望必将实现"，也曾有过直截了当的阐述。我把他的这段语录作为京瓷公司的口号之一，也曾在盛和塾的例会上向大家介绍过。

"要想让新计划成功实现，关键在于志气高昂、不屈不挠、一心一意。"

大家在制订经营计划时，肯定会抱有"想让自己的公司变优秀"的想法，但这还不够，必须做到"不屈不挠，一心一意"。换句话说，不管面对怎样的困难，都要拼命努力、心无旁骛。这样的态度便是中村先生所说的"志气高昂、不屈不挠、一心一意"。

不管前方将遇到怎样的艰难困苦，都不气馁，不放弃，以"水滴石穿"的精神，誓要达成目标。这种纯粹而坚定的信念，便是成功的秘诀。

㉛ 追求人类的无限可能性

在工作中能够实现新目标的人，是那些相信自己可能性的人。仅以现有的能力判断"行或不行"，就不可能挑战新事物，不可能完成困难的工作。人的能力通过持续努力，可以无限扩展。

想做某件事情的时候，首先要相信"人的能力是无限的"，抱着"无论如何必须成功"的强烈愿望，持续不断地付出努力。从零开始的京瓷，成为世界一流的厂商，就有力地证明了这一点。

始终相信自己拥有的无限的可能性，鼓足勇气，发起挑战，这种精神非常可贵。

该道理也可以表述为："相信人的能力是无限的。"所以，也可以把该条目"追求人类的无限可能性"说成"人人都具有无限的能力"。

　　许多人会觉得自己并不怎么优秀。比如，从上小学起就经常忘带东西，甚至因为考试押题失败而得了零分，因此难以相信自己具有无限的能力。不少人抱有这样的思维方式。即便如此，我还是要向大家强调："请相信自己具有无限的能力。"

　　明明知道自己没什么大能耐，却因为我的激励而突然相信"自己具有无限的能力"，这样的人似乎既不实在，也不靠谱。但我还是要说，对于"自己是否具有无限的能力"这个问题，不要过于深思，宁可"不靠谱"一点。

　　"能力"这个概念，并非只限于头脑好坏，还包括身体素质等各方面。可以把能力定义为"为了在社会上生存而应具备的各种能力的总和"。比如，在现实社会上，身体健康也能视为一种能力。如果一个人从未生过大病，也很少感冒，总是保持健康状态，那么与经常生病的人相比，完全可以说"他的能力更高"。

　　如果大家对我所说的"能力无限"仍旧

将信将疑，那么"能力会提升"的表述方式或许更容易理解。只要每天早晚坚持运动，就能把身体锻炼好；只要努力学习，就能使成绩提高。可见，不管是健康能力还是学习能力，抑或其他各种能力，都是能够发展进步的。如果能力没有提升，说明你没有去磨炼它。因此我们要从现在做起，努力磨炼自己的能力。

"我具有无限的能力。它之所以一直没有得到提升，是因为自己之前不具备努力提高能力的意识，所以要从现在开始努力。"

这样的思维方式至关重要。

要想创造新成绩、取得新成就，就要相信人的能力是无限的，并且通过实践来追求人类的无限可能性。只有在平时脚踏实地积累，不断磨炼自身能力，才能使能力获得提高和进步。在前面章节，我已经阐述过《京瓷哲学手册》中的相关条目——脚踏实地、坚持不懈。换言之，通过每天积累看似平凡的努力，就能使自身能力获得无限的进步。

在努力的同时，还要"不断从事创造性

的工作"，这也是我在前文中讲过的条目之一。我时常强调"明天要比今天好，后天要比明天好，要时时保持创新精神"。不管是成就大事业，还是磨炼自身能力，这点都是不可或缺的关键因素。

总之，首先要坚信"自身蕴藏着无限的能力"，然后每天积累看似平凡的努力，并保持创新精神。这样的话，便能成功磨炼自身的能力。

下面，我会以具体实例来阐述这个理念。

在经济最为低迷的时期，企业家激励自己的营业部长："现在咱们公司的订单很少，你要加倍努力，从客户那里争取更多的订单。"而营业部长势必会找各种借口："争取订单是多么困难""当前的市场环境多么不景气""不光是我们公司，同行都在苦苦支撑。这是大环境所导致的"……总而言之，营业部长的各种说辞都是在给"做不到"找理由。企业家听到这样的话，往往会心软，觉得"经济形势如此严峻，争取订单果然很困难。我的要求或许是有点强人所难"。

不仅限于公司业务，企业家在谈及公司发展方针时，也会有类似的想法。

"公司如果一直依靠现有业务，还能持续发展吗？时代在不断变化，虽然我从父亲那里继承了这家公司，如果一直固守着父亲的'老行当'，恐怕会逐渐衰败。如今的报刊杂志上经常提及各种全新的行业和投资项目，倘若条件许可，我也想参与。可自己没有相应的能力，公司也没有相应的技术和资金。说到底，这只能是做白日梦。"

像这样，把所缺乏的条件在自己面前"堆积成山"，当然会让人立刻想要放弃。这种做法是不可取的。要相信人类具有无限的可能性，"先试试看吧！万一成功了呢。"必须抱着这样的积极态度，追求自身的可能性。

这说起来容易，但做起来确实很难。即便如此，也千万不要轻易下结论放弃——"这个太难了，我们不可能做到的"，而要硬着头皮想办法——"只要一步步努力，应该能行得通"。这样一来，便能激发付诸实践的动力——"动手试试吧"。一开始取得的成果可能微不足道，但这种类似"蜗牛上树"的努力精神，正是发展进步的原动力。

通过"追求人类的无限可能性"这一条目，我就是想向大家阐述这个道理。

京瓷哲学是我取得今日成功的源泉

在大学时，我原本主修的是有机化学。当时我对石油化学感兴趣，因此一门心思学习相关知识。而陶瓷属于无机化学中的结晶矿物学范畴，对于制陶业，我尤其嗤之以鼻。在我看来，它根本没有作为化学学科的资格。就是这么一个对有机化学情有独钟之人，因为毕业找不到工作，于是阴差阳错地进入了制陶行业。所以说，我既不是科班出身的陶瓷专家，也不是原本就具备技术的优秀人才，但我有积极的态度，即便陶瓷并非我的专业领域，我仍然一步步地坚持努力，从不松懈。

"要是充分发挥自己的有机化学知识，或许还能在公司中崭露头角，可却要我去研究不怎么熟悉的陶瓷，不管我怎么努力，都不会出成果的。"如果抱有这种消极的态度，恐怕就不会有我的今天。由于机缘巧合，不得不在自己不擅长的领域工作，但我抱着提高和磨炼自身能力的决心，拼命刻苦钻研。不纠结于曾经习得的知识和取得的成绩，而是以"想方设法攻克难关"的积极态度，聚精会神地持续努力。终于研究开始变得顺利，我也开始在公司中崭露头角。

在埋头于陶瓷研发工作的过程中，我渐渐积累了经验、掌握了知识。数年后，我已经树立了充分的自信，觉得自己"不亚于世界上任何相关领域的专家"，于是更加努力地投入研究。后来，我还"进军"与陶瓷毫不相关的电信行业，可谓是"有勇无谋"的挑战。

自明治时代以来，电信行业一直被 NTT 这家巨头所垄断。NTT 下设研究所，拥有大量的专家级研究员，且在研发中投入大量经费。区区一家制陶公司，居然想和行业巨头一决胜负，人们自然会觉得这是天方夜谭。其他企业一开始还跃跃欲试，后来却纷纷中途退出。

我当时的挑战行为正可谓是"唐吉诃德战风车"。在旁人看来，我的所作所为或许是愚蠢的"自杀式行为"，但我自己很清楚，自己并非"自暴自弃，破罐破摔"，而是在"天道酬勤"的信念之下开展事业。

当时支撑我坚持下去的理论基础便是京瓷哲学。它让我相信自己拥有无限的能力。

当时，有的评论家和新闻记者曾经发表过这样的言论：

"京瓷公司之所以能够取得如此成就，成为业绩如此优秀的企业，无非是因为恰巧赶上了时代的潮流。"

精密陶瓷的全盛时代来临，而我恰巧从事该行业。也就是说，京瓷公司之所以成功，无非是赶上了好时候。这便是一些评论家的看法。

但在我看来，是我开创了精密陶瓷的全盛时代。以美国为代表的世界各大陶瓷及材料学的相关学会机构都给我颁奖。我既没有发表过专业论文，也没有频繁出席过国际学

会，却获得了学会所颁发的最高奖项。在 20
世纪中后期，在一个名为稻盛和夫的男人的
影响下，精密陶瓷这一领域开始受到世人瞩
目。于是，年轻的科研人才也纷纷参与其中，
使得精密陶瓷的用途和前景得到进一步拓展，
继而成为一种热门的新兴材料。我认为，这
正是我能获得高度评价的原因。

比如，当初谁都未曾想到把陶瓷部件用
于汽车引擎，是我第一个提出该创意并付诸
实践，最后大获成功的。为此，我获得了各
大机构颁发的最高奖项。

所以说，是我掀起了精密陶瓷产业的热
潮。可有的人却说热潮在先，而我只是恰巧
"搭上顺风车"的幸运儿。对于这样的舆论误
导，我对京瓷员工如此说道：

"外面的人根本不知道真相，是我们掀起
了精密陶瓷产业的热潮。而且，对于这一领
域，我们起初并不具备优秀的技术实力。当
时唯一能够依靠的是我们的哲学思想。京瓷
哲学正是我们所有成就的源泉。"

换言之，心灵是一切的根源，是"万事

万物生长"的种子。在创业初期，我虽然各方面都还不成熟，但仍然建立了京瓷哲学体系，并把它作为立命之本。我相信，自己之所以能在精密陶瓷技术领域取得成就、使京瓷迈向成功，正是因为遵循了京瓷哲学的原理原则。

在创立第二电电时，我也把京瓷哲学作为唯一的武器，勇敢地直面行业巨头的挑战。当时，我曾对公司的干部们如此说道：

"我不具备通信领域的知识和技术。如果像我这样的人也能进军通信事业，并且在商战中成功指挥、获得胜利的话，那正好证明了京瓷哲学的正确性，所以我想尝试这项事业。"

仅仅依靠京瓷哲学，真的能成就如此大的事业吗？第二电电正可谓是我为了证明"心灵的重要性"而做出的挑战，当时的我，可谓是赌上了自己的下半生。

第二电电是我 50 多岁时的二次创业。当时的我，已步入知天命之年，绝对算不上是年轻的创业者。但我坚信，这正是一次追求人类无限可能性的机遇，能够证明："只要相信自身能力，便能无往不胜。"

如前文所述，通过在工作中发挥创意、一步步地积累看似平凡的努力，就能够磨炼和提高自身能力。要做到这点，就必须具备积极的热情和意志，而不能一味地悲观思维："或许不会顺利""或许会失败"。要抱有乐观开朗的心态，积极实践。比如，继承了家族企业的人，就不应该"吃老本"、原地踏步于既有业务，而应该抱有好奇心和新思维，对于挑战充满乐趣。

在第二电电创立时，面对电信业巨头的挑战，我并不抱着"壮士一去不复返"的悲壮感，而是以乐观开朗的心态面对竞争——"有京瓷哲学在手，只要按照其原理原则不断努力，就势必能迈向成功与辉煌"。反之，如果充满悲观，则势必会失败。因此，必须抱有乐观开朗的态度，这也是"追求人类的无限可能性"的一个方面。

㉜ 勇于挑战

人往往乐于维持现状而不喜变革。但如果只安于现状，不向新的事物或困难的事情发起挑战，就意味着已经开始退步。

所谓挑战，就是制定高目标，在否定现状的同时不断创造新事物。"挑战"一词听起来似乎勇猛而豪爽，令人振奋，但在它的背后，必须有与困难正面对峙的勇气，必须有不辞任何劳苦的忍耐力，必须付出非凡的努力。

正因为不断挑战外人认为不可能做成的难事，才使京瓷成长为一个朝气蓬勃、充满魅力的公司。

"挑战"也好，英文的"challenge"也好，是我们经常会挂在嘴边的词。尤其是"challenge"，听来非常酷。倘若深究"挑战"一词的含义，则有"挑起战斗"之意，其本意是"以格斗家般的拼搏精神进行战斗"。要想完成挑战，必须具备排除万难的勇气和吃苦耐劳的勤奋。

反之，缺乏勇气、忍耐力或懒惰散漫之人，则不应该随便把"挑战"一词挂在嘴边。挑战需要坚实的品质作为基础和前提。

如果以轻佻的态度发起挑战，则可能会导致严重的失败。所以说，只有不畏艰难险阻、勇于克服一切困难并不断努力的人，才有资格实行"挑战"这一行为。

企业家必须具备勇气及超越常人的忍耐力，要付出比别人更多的努力。

我刚才提到，挑战类似于一种"斗争"。其实，还可以用另一个词来解释挑战，那就是"野蛮主义（barbarism）"。由于野性，甚至是些许野蛮的本性使然，因而乐于挑战。从这个意义层面上看，受到文明洗礼和礼仪教育之人，似乎不太倾向于发起挑战。

纵观人类的文明兴亡史，可以发现，往往是野蛮人征服了文明人。比如罗马帝国的灭亡，有的史学家认为其导火索是当时生性好战的日耳曼人的入侵。还有中国历史上的元朝统治者——蒙古族人，他们南征北战，一度把疆土扩张至欧洲。文明人与野蛮人对立时，一般来说，总认为是知识丰富的文明人会获胜，可事实却往往相反。野蛮人由于抱有更为强烈的拼搏精神和斗争信念，因此更受胜利女神的眷顾。

换言之，如果要成就大事业，就需要心怀类似于野蛮人的强烈欲望和拼搏精神，激励自己"无论如何都要成功"。否则，"挑战"只能沦为空谈。

㉝ 成为开拓者

做别人不做的事，自己主动开辟谁都没有走过的道，这就是京瓷的历史。开拓无人问津的新领域并非易事，如同在没有航海图和指南针的情况下在茫茫大海中航行一样，能够依靠的只有自己。

开拓创新伴随着巨大的艰辛，但反过来说，挑战成功时的喜悦，也是其他任何东西都无法替代的。通过开拓无人涉足的领域，就可以展开辉煌的事业。

不管公司发展到多大的规模，我们都要不断描绘未来的梦想，胸怀强烈的愿望，保持开拓者的进取精神。

从创业伊始，我就一直"在没有航海图和指南针的情况下在茫茫大海中航行"。不仅是企业经营，社会生活也好，人生历程也好，我时时迈步在全新的道路上。

大学毕业后，由于找不到满意的工作，最后进入了一家制陶公司，从事的是产品研发工作。可我既对制陶行业不甚了解，也没有专家在旁指点。结果只能怀揣着不安，一步步地自己摸索。我常常这样比喻这种状态。

"我走在一条根本算不上路的田间泥泞小道。只要脚下稍微一滑，双脚就会陷入泥里，还会时不时被突然冒出来的青蛙和蛇吓一跳，但我仍然坚持一步步地前行。侧目望去，一条铺设好的道路就在那里，路上人来车往。如果我也走那条路，肯定要轻松得多。"

　　所谓"铺设好的道路"是指专家提供的既有方法，或者说大家都在走的路。

　　"但我不打算走那条铺设好的路，人们穿着鞋子，轻松地走在平坦整洁的道路上。我却宁可脱掉鞋子，光脚前行。夏日炎炎，倘若光脚走在水泥地上，反而更难受，我认为田间小道更适合我。研究人员必须开发出全新产品，如果走在人来车往的道路上，势必无法获得新发现。既然如此，还是青蛙和蛇时常出没的田间小道更有乐趣。因此，虽然我满脚是泥，但仍毅然前行。"

　　大学毕业后，过了两三年，我开始抱有上述想法。一边在脑中浮现上述情景，一边想："可能我一辈子都要做个开拓者，走在人迹未至的险路上，这是我的使命。"这样的"田间小道"当然没有道路标识，完全像是在没有航海图和指南针的情况下航行大海。

把京瓷哲学作为自己人生道路上唯一的指南针

在泥泞的田间小道行走，搞得满身是泥。在不断前进的过程中，前方出现了小河。但不知道河水有多深，搞不好会溺水而亡。于是心生迷惘。应该绕开河吗？左转还是右转？抑或直接蹚过河水？

这种情况逼得我不得不做出判断。

如果是"前有来者"的路，势必有道路标识，但人迹未至的道路是没有这种标识的。只能靠自己审视情况，在独立思考后做出判断。

技术人员亦是如此，在遇到研发瓶颈时，往往会感到迷惘。这时，如果求助于专家，便会得到相应的指导和点拨。可如果按照专家的建议行事，就等于是在步人后尘。倘若对此不满足，就只有不求指教，独立思考。这种情况下，我会把京瓷哲学作为心中的指南针。

或许有人觉得京瓷哲学与研发工作风马

牛不相及，但它的确是放之四海皆准的思维方式。

我常常说："探求'作为人，何谓正确'是京瓷哲学的原点。"即便从事技术研发工作，也必须思考"何谓人之善举""何谓真正利他"。

比如，在选择研究课题时，如果以"简单轻松"为基准，那么等于是自私自利。反之，如果抱有"研究是为了造福社会大众"的思想，那不管课题多么困难，都会毅然挑战。不管是企业经营，还是研发工作，我都以"是善还是恶""是利己还是利他"为基准，进行思考判断。从我一路走来的经验来看，这种方式从未出错。

镇定心绪，排除杂念，以纯粹的心境独立思考自己应该前进的方向。这样的"活法"或许太过严苛，但只要养成习惯，就能获得敏锐的洞察力和准确的直觉力，从而做出正确判断。

正是依靠敏锐迅捷的直觉，我才能在没有航海图和指南针的情况下，驰骋于人生航路。

㉞ 认为不行的时候，正是工作的开始

成就事业的关键，比才能和能力更为重要的是当事人的热情、激情和执着。要如同甲鱼一般，一旦咬住就决不松口。当你认为不行了的时候，正是工作的真正开始。

如果拥有强烈的热情和激情，那么，不管是睡着还是醒着，从早到晚，整天都会冥思苦想。这样一来，愿望就会渗透到潜意识，在不知不觉中朝着实现这个愿望的方向前进，使我们走向成功。

要想成就辉煌的事业，必须有燃烧般的激情和热情，坚韧不拔，奋斗到底，不成功决不罢休。

年轻时，我曾在某企业做过演讲，主题

是"推进研发工作的方式方法"。当时，台下坐着那家企业的研究人员，大约有 200 人。该企业具有高水准的技术实力，不少人拥有博士学位。

演讲结束时，有听众提问："京瓷公司的研发成功率是多少？"我答道："凡是京瓷公司所从事的研究项目，其进展都会很顺利。"

于是，立刻有人提出质疑："这怎么可能？我们公司在业内的技术实力名列前茅，可研发成功率也只有 40% ~ 50%，您居然说京瓷公司的所有研发项目都能取得成功，这简直是痴人说梦。"

对此，我回应道："在京瓷公司，所有研发都是'不达目的不罢休'的。"

听我这么一说，在场的人哄堂大笑。

在京瓷，员工们的思维方式是"认为不行的时候，正是工作的开始"，因此几乎没有"由于气馁而放弃"的先例。一旦开始研究，就要做到成功为止。当然，项目的实际成功率不可能达到 100%，也有两三个在中途终止了。业务领域也是如此，在竭尽全力后，发现有的实在行不通，于是适时退出。但根本信条从未改变，不管是研发还是业务方面，我都要求全体员工不断努力、坚持到底。

留有余裕的经营方式是坚持到底的基础

经营企业时，"坚持到底"是成功的不二法门。越是忍不住要放弃时，越要坚持下去，直至取得成功。然而，现实中的大部分企业家都会半途而废。这往往是因为他们缺乏能够持续支撑的资金储备，要想坚持到成功那一刻，必须具有充裕的资金。换言之，要想把"认为不行的时候，正是工作的开始"落实为公司的理念，就必须采取留有余裕的经营方式。

京瓷哲学中有"在相扑台的中央发力"一说。如果身在相扑台中央，就说明离边线还有一段距离上的富余。因此才有条件和对手持续角力。

人们通常所说的"不行"往往是指真正无力回天的状态。脚即将跨出相扑台边线，即便大喊"我还要努力"，也是徒劳。反之，京瓷公司一直把"留有余裕"作为经营方针，所以，当京瓷处于"不行"的状况时，其实仍然还有希望。

比如，一位企业家从事着两项事业，一项是从父母那里继承的本业，一项是自己开拓的新事业。可这项新事业出现了赤字，且连续几年都不见起色，于是企业家就试图放弃，但因为公司还能依靠本业盈利，所以可以把新事业坚持做下去。

不过，不管是从零创业，还是涉足新领域，"留有余裕"的道理也并非总是适用。就以我创业初期的经历来说，如今回想起来，当时各方面都完全没有富余。

当时，我与 7 位合伙人创立京瓷的最初目的是"向世人展示稻盛和夫的技术实力"。在之前的公司里，有领导对我的研究持反对态度。学会等组织则存在学阀，由于我毕业于地方大学，又在濒临破产的公司工作，因此我的论文不受重视。无论我取得了多么出色的研究成果，都得不到应有的评价。于是，我的合伙人就把创业目的定为"向世人展示稻盛和夫的技术实力"。

当时，合伙人还对我说："假如公司发展不顺，即便出去干体力活赚钱，咱们也要保障稻盛能够继续开展研究。这样坚持几年，咱们就能拿着他的研究成果，向同行和世人展示。"

换言之，在京瓷公司创立时，就提前做好了"不行"的最坏打算。

不少企业家仅仅因为流失了一两名员工，或由于资金周转困难，事业发展不顺，便开始嗟叹"不行"。对于这种态度，我不敢苟同。有的人还说："汽车也被高利贷公司收走了，剩下的只有债务和几名员工，我只有放弃。"但在我看来，没有汽车，好歹还有自行车。哪怕连买自行车的钱都没了，城市里有的是别人扔掉不要的自行车，随便捡一辆，骑着它去跑业务也行。

归根结底，抱怨"事与愿违"者，往往是自己主动设置障碍的人。"没有汽车就没法跑业务""没有上百万日元的资金就无法运

作"……像这样给自己设置障碍、限制自己
能力发挥的做法,当然会导致事业失败。在
我看来,只要肯努力,哪怕身无分文,照样
能成功。

我刚才谈到,必须要"留有余裕",但
如果现实环境非常严酷,即使没有"余裕",
也要坚持努力,不惜拼尽所有。

"不管背上了多少债务,好歹还有一条性
命。自己至少还有手有脚,身体健全。"要抱
有这样的无畏精神,坚持到底。总之,"留有
余裕"是我所提倡的理想状态,但即便一无
所有,也要继续努力。作为企业家,这种志
气和胆魄不可或缺。

㉟ 坚持信念

在工作过程中,会遭遇各种各样
的障碍。如何克服这些障碍,态度不
同,结果也会大相径庭。

开展一项新事业,往往会出现反
对意见和各种阻力,一遇到这种情况,

有人就会轻易放弃。而在工作中取得卓越成就的人，都是把崇高的理想作为信念，去破一切壁障的人。这样的人，把障碍看作考验，与困难正面对峙，迎难而上，高举信念的大旗，奋勇前进。

坚守信念需要莫大的勇气，缺乏这种勇气，就无法成就创造性的、革新性的事业。

我们这些从事经营活动的企业家有时会受到鄙视，被看成是"一群追逐利益的卑鄙之徒"。如果企业家像个守财奴一样，仅仅是为了赚钱而开展事业，那我也觉得应该鄙视。

如果经营活动的目的只是为了满足个人利益——"想赚大钱，想过更加奢侈的生活"，当碰到问题时，势必会这样考虑："如果攻克该难关，或许能获得更大的利益，但我自身蒙受的损失肯定也不小。既然如此，还不如少赚一点，回避掉这个问题，这样更明智。"于是选择放弃或撤退。这样的人只会思考"是否对自己有利"，把个人得失作为经营活动的判断基准。以这样的判断基准行事，很可能会损害他人利益，甚至作奸犯科。倘若企业家因此被知识分子所鄙视，那我觉得也无可辩驳。

但有的企业家并不是这种人，他们在从事经营活动时，基于某种信念。比如，京瓷公司的理念是"贯彻人应有的正确品行，从而使事业繁荣、员工幸福，同时为社会做贡献"。我认为很有必要给大家强调一下公司宗旨和经营理念的必要性。因为如果大家能把理念上升到信念的高度，那么就不会出现好逸恶劳、贪图享受的现象。

人类可谓造物主的绝妙作品，不管面对多么大的困难，人只要抱有信念，就能激励自我，从而做到决不罢休、坚持到底。关键在于是否具有坚定的信念。

有一个词的含义与信念类似，它就是"信仰"。在日本江户时代，幕府为了找出隐藏的天主教徒，强迫老百姓踩踏绘有耶稣、玛利亚或十字架的画像，这在历史上被称为

"踏绘"(踏绘是日本德川幕府时期出现的仪式,其背景是德川幕府对于天主教和基督教的抵制和排斥。它有两个作用,一是查明入境的外国人是否为传教士;二是逼迫日本教民通过这样的亵渎行为叛教。——译者注)。有的信徒明知会遭受迫害,却毅然拒绝"踏绘",为自己的信仰和信念献出了生命。可见,信念能够给人莫大的勇气。一个人为了坚守信念,有时甚至不惜牺牲自己的性命。这便是信仰。

在日本历史上,萨摩及长州等地的志士们曾经发动了名为"明治维新"的革命运动。这次运动之所以能够成功,正是由于他们拥有信念。在维新成功后,他们必须压制旧大名和旧武士等封建势力,自主建立全新的国家体制。因此新政府的人势必会遭到被夺权的旧统治阶级的仇视。

"所谓明治维新,不过是被统治阶级为了一己私欲而发动的斗争罢了。其结果无非是下级武士打倒了旧统治阶级而夺得天下。"如果维新志士的思想境界如此之低,早就分崩离析了，根本不可能取得斗争胜利。但事实上，他们高举"拥护天皇，皇族万世一系、千秋万代"的大旗，把"大义名分"作为信念。

为了大义名分不惜赌上性命

二战期间，当时的我还是初中生，学校对我们灌输的思想是："美国是个腐朽混乱的国家，把所谓的自由主义作为价值观，男男女女个个游手好闲、作风堕落。再看看咱们日本，男人坚强勇敢，女人贤良淑德。美国是个自私自利的资本主义国家，而咱们日本国民团结在天皇周围，人人遵守礼仪、品行端正。"

然而，美国在战争中表现出了强大的实力。二战结束后，我看过美军在硫黄岛和冲绳等战线拍摄的与日军交战的影像记录，炮弹如雨点冰雹般四处落下，美军士兵却个个向前突击，毫不退却。在战时，日本政府对国民宣传"美国人胆小懦弱，只要稍加威慑，立刻就会落荒而逃"，因此我曾经以为日军光靠竹枪就能打败美军。可事实并非如此，美军作战非常英勇。

学校老师说了，与日本相比，美国是个腐朽混乱的国家。既然如此，那它为何会如此强大呢？这个问题曾经一度困扰着我。

我曾经向一位美国人请教过这个问题："美国有来自各国的移民，人种混杂，有的人连英语都说不好。讲得夸张点，二战时的美军可谓是一支临时拼凑的队伍，连内部的语言沟通都不能百分之百实现，他们是如何做到团结一致的呢？"

结果他答道："美国是全世界最自由的国家。不管你会不会说英语，不管你是什么肤色，都能在美国居住。因此美国在参加二战时，具有大义名分——'美国国民们，我们即将失去美好的自由，大家能坐视不管、袖手旁观吗？'"

二战时，日本处于法西斯式的军国主义专制统治下，而美国却已经是一个民主自由的国家。当时，美国政府号召国民"美国是美国人民建立、为了美国人民而存在的国

家。倘若遭到日本和德国的践踏，就会丧失
自由和民主。为了守护我们的国家，希望大
家拿起武器，保家卫国"。结果国民一致响应
号召，以"保卫美国"为信念，勇敢地投入
战斗。

这真可谓是了不起的大义名分。正是由
于拥有了这样的信念，美军士兵才能在枪林
弹雨中斗志昂扬地勇敢作战、不畏牺牲。

如今是和平年代，以战争为例或许不太
应景，但在当前严酷的经济大环境下，作为
带领员工奋斗的中小企业家，的确必须具备
这种"拼死战斗"的精神。为了崇高的信念，
应该做到不惜牺牲、敢于赌上自己唯一的
性命。

有的人可能是子承父业，因此觉得自己
没有什么信念，但如果在经营活动中一味考
虑自身利益，就可能随时"见好就收"或"急
流勇退"，从而导致员工流落街头。我真心
希望企业家们能够心系员工、树立明确目标，
并具备大义名分和坚定信念，为了贯彻目标，
甚至不惜赌上性命。

领导者必须具备真正的勇气

即便是只有 10 到 20 名员工的中小企业，从"必须保障员工生活"的意义层面来看，企业家所背负的责任也是重大的。尤其在经济发展持续停摆、就业率持续低迷的时代，如果能够保障员工的生活，便是为社会做出了巨大贡献。

不仅如此，企业家还应该保护员工不受威胁。即便流氓团伙找上门来，为了保护员工，自己哪怕是个从未打过架的知识分子，也必须鼓起勇气、挺身而出。即便小时候是个受人欺负的爱哭鬼，一旦继承父母的公司、成为企业员工的"监护人"，就必须立即具备胆识与气魄。遇事害怕是人之常情，但只要想到"如果逃避，就会害得员工流落街头"，就能获得勇气，甚至敢于和流氓团伙对峙。在强大的气势之下，对方也不敢轻举妄动。这便是"真正的勇气"。

换言之，只有拥有大义名分和坚定信念的人，才能具备真正的勇气。只会打小算盘和计较个人得失的人，与这样的勇气无缘。

如前文所述，我当年在没有技术积累的情况下，毅然进军电信业。其实，在第二电电创立伊始，各种问题和困难堆积如山。我之所以能够毫不气馁、攻克难关，正是因为贯彻了自己的信念。"在 NTT 的垄断之下，日本国民不得不支付昂贵的通信费用。在全世界的发达国家中，通信资费如此高昂的，也就只有日本了。我之所以从事通信业，是为了让日本国民享受较为低廉的通信费用。"这样的大义名分，便是当时支撑我的信念。即使受到了 NTT 和财界的阻挠与干涉，我仍以决不服输的精神，咬紧牙关，坚持到底。

如果我进军电信业只是为名为利，那么在巨大的压力之下，我势必会避免正面冲突，明哲保身，不断妥协。但因为我拥有"降低通信资费，减轻国民负担"的信念，所以能够鼓起勇气，直面问题和困难。

至此，我已经提到了企业家需要具备

的三大品质——勇气、忍耐和努力。其中，
"勇气"尤其重要。我曾说："健全的心灵
来自于健康的身体。"换言之，勇气与身体
的强健程度成正比。除非从小就是"打架
王"，不然在与别人对峙时，任谁都会心中发
怵。与人争吵尚且如此，一旦动手扭打，倘
若对自己的腕力没有充分自信，当然会感到
害怕。

　　但如果一个人以"自己并非身强体健"
为由而胆怯退缩，那么他就无法胜任企业家
或领导者的角色。即便身小力弱，即便从未
打过架、老是被欺负，也要秉承信念，下定
决心。哪怕面对流氓团伙，也要拿出气势——
"为了保护自己的家人和员工，即使拼上性命
也在所不惜"。或许心里非常害怕，但信念激
发了胆魄，使自己能够鼓起勇气对峙。所以
说，即使是为了保护自己的员工，也要构建
优秀的经营理念，并使其提升至信念的高度。
这点最为重要。

塞缪尔·厄尔曼的散文《青春》

在此，我想向大家介绍塞缪尔·厄尔曼（塞缪尔·厄尔曼，美国作家，1840 年生于德国，儿时随家人移居美利坚，参加过南北战争，经营过五金杂货。年逾 70 开始写作。其代表作有散文《青春》等。——译者注）的散文《青春》，这篇散文所蕴含的哲理与上文的中心思想不谋而合。

青春不是年华，而是心境。

优秀的创意，深沉的意志，燃烧的热情；勇猛盖过怯弱，进取压倒苟安，如此充满冒险精神的锐气才是青春。

年岁有加，并非垂老，理想丢弃，方堕暮年。

岁月流逝，衰微只及肌肤；热忱抛却，颓废必致灵魂。

苦闷、狐疑、不安、恐怖、失望，定使精气损耗，意气如灰。

无论年届花甲，抑或二八芳龄，皆应心

怀不变之物。

其名曰"对于奇迹之爱慕"，即探求万事万物的敬仰之情、接受一切挑战的刚毅之魂、孩童一般的求知之心，其如闪烁于苍穹之星辰，皆有生命之欢喜，人生之趣味。

人与信念共年轻，与疑惑共苍老；

人与自信共年轻，与恐怖共苍老；

希望为年轻之源，失望为苍老之根。

只要你从大地、神灵、他人处接收美好、喜悦、勇气和力量的信号，你就青春永驻，风华常存。

一旦灵性的大门关闭，锐气便被白雪覆盖，玩世不恭和悲观厌世的冰层禁锢灵魂，人便真的垂垂老矣，唯有祈求神灵施舍。

正如塞缪尔·厄尔曼所言，一个人青春与否，取决于心境，与年龄无关。我希望大家能够牢记这句箴言，把满腔热情倾注于工作之中。

㊱ 乐观构思、悲观计划、乐观实行

想要成就新的事业，首先，要抱有"非这样不可"的梦想与希望，超乐观地设定目标。这比什么都重要。

要相信上天赋予我们的无限的可能性，自己对自己说"我行，一定成功！"自我激励，振奋自己。

但到了制订计划的阶段，在保持"无论如何必须成功"的强烈意志的同时，要悲观地审视构想，要设想到一切可能发生的问题，慎重周密地思考对策。

而在实行的阶段，又要抱定"必然成功"的自信，乐观开朗，坚决将计划付诸实施。

京瓷哲学强调："今天要比昨天好，明天要比今天好，要不断思考创新。"对我而言，"时时发挥创造性"已是一种习惯。正是由于养成了这样的良好习惯，才使我能够不断研发出新技术，并使京瓷成长为今日这般的大企业。我从创业伊始，便常常思考新创意，描绘新愿景——"接下来想尝试这样的工作""想开发这样的新产品""想进军这个市场"。

一旦想到难度较高的项目或从未尝试过的崭新创意，我就会召集公司干部，询问他们的意见："我想到这个主意，你们认为如何？"召集的干部都是公司里的精英分子。当时的京瓷规模尚小，公司并非人才济济，但干部层的员工往往毕业于名牌学校，还算是比较聪明的。然而，不管我如何满怀热情地讲述我的想法，他们却总是态度冷淡地听我滔滔不绝。

通过表情，我能察觉到他们的想法："社长又说这种不知天高地厚的话。明明既没资金又没技术，却老是满嘴跑火车。"即便如此，我仍拼命努力地说服他们，不到他们点头同意，我誓不罢休。

然而，有时会出现这种情况。在讲完自己的想法和创意后，我看到他们默默聆听，以为他们都理解并接受了，可席间却突然有人发话："社长，我为了等您讲完，所以一直没插嘴。但您或许不知道，您讲的这个项目没有可行性。由于法律禁止，所以做不了。"

我只是把自己想做的事情告诉了员工，却事先并没有仔细去查法律条文。听部下这么一说，我立马无言以对，结果项目搁浅。类似的情况时有发生。

起初，我以为把头脑聪明的部下作为自己的"智囊团"是明智之举，可渐渐地，我觉得这样有问题，此后，凡是讨论新项目和新事业时，我便故意不叫头脑聪明的部下参加。反之，召集那些平时不太优秀的"冒失鬼"，他们很容易被我的话所感染，于是纷纷附和道："太有意思了。社长，这个有搞头，有搞头。"有时候，他们根本不太明白我的意思，却总是不懂装懂，拼命当我的"吹鼓手"。但对我这个发起人而言，能获得如此积极的反馈，自然让人心情舒畅。

说到这里，大家可能会觉得我是个"不靠谱"的企业家，但若想让自己的创意开花结果，的确需要这种近似乐天派的思维方式。因此，在构想阶段，要极为乐观地思考。这便是我想表达的意思。

在我还是"初生牛犊不怕虎"的年轻小伙时，曾经在某家大企业做过演讲，听众是该企业的研究员，大约有 200 名。我当时说话毫不避讳、直来直去，有的听众皱起眉头，想必是因为我的发言而心生不快。我在演讲中说道：

"要实现革新，就不能光靠头脑聪明的人。聪明人总是会首先考虑成功的难度，从而畏缩不前、持续观望。不管做什么，如果不迈出第一步，就不可能成功。不管最后是成功还是失败，首先要放手去做，否则一切都是空谈。所以说，要想开展新事业，光靠聪明人是不行的。"然后，我又说道，"在构想阶段，最好召集爱凑热闹的帮腔者，他们往往从三流大学毕业，热爱运动却不太喜欢学习。"

我之所以这么说，是想表达这样的意思：即便才智一般，只要能够乐观开朗地附和我的想法，就能成为一种激励我的力量。

在成就新事业的道路上，势必会遭遇各种各样的困难，如果不相信自己"一定能行"，那一切都无从谈起。因此，首先不要考虑各种现实障碍，而应该以超乐观的态度构想愿景。

制订计划时要严谨慎密、悲观消极

以前的京瓷公司既无尖端技术，也无先进设备，可却一直对客户吹牛皮："我们什么都能做。"

"我们公司拥有优秀的技术实力，凡是制造新型真空管所需的绝缘材料，我们都能做出来。"

"业内的知名供应商都做不出来的东西，你们公司真的能做？"

"是的。这正好是我们公司所擅长的领域。"

其实全是谎话，当时的京瓷一无设备二无技术，根本做不出来。我靠撒谎拿到了订单，然后就像上文中提到的那样，我首先会召集公司里的"帮腔者"。

如果是陶瓷领域的专家，就能够大致明白客户的要求有多高、成功有多难，于是就会打退堂鼓："这不可能做到。"可这样一来，一切都无法从零开始，首先必须抱有乐观的想法："应该能行。"

但如果把艰巨的任务全权交给上述那种"头脑一般，一味乐观开朗"的人，则是最危险的。因此，只要在初始阶段营造出干劲十足的积极氛围，他们的使命就算是完成了。而要让事业真正取得成功，在接下来的"制订详细计划"阶段，就必须换上处事冷静、善于批判的"选手"上场。

我说："公司已经决定做这个了。"

于是他们说道：

"这实在太胡来了，咱们公司可没有相应的技术和设备。"

于是，他们列出了一个又一个不利因素，而我则顺水推舟，要求他们全面预估可能出现的所有负面情况和欠缺条件。我一边聆听他们的发言，一边把相关信息牢牢记在脑中。

"我明白了。原来有这么多的问题要解决，之前我还真没想到。"在这样的过程中，我充分理解了所要面临的困难。于是在此基础上，重新制订计划。

计划一旦敲定就乐观实行

在详细了解了问题和困难的来源、性质和种类后，就需要再次换上积极乐观的"选手"来实施计划。如果让"制订详细计划"阶段的那批"选手"去实行计划，一旦在过程中发生问题，他们就会消极悲观，于是计划就会搁浅。反之，如果让乐观积极的"选手"去实行计划，那么即便产生问题，他们也会乐观对待。"在计划中，这个问题早就预估到了，没什么大不了的。"

也就是说，要乐观构思、悲观计划、乐观实行。脑中一旦有了点子，就不要先去深入思考具体细节，而应该立刻下决心付诸行动，然后把会导致失败的问题点全部列出。"计划真的可行吗""资金周转能跟上吗""如果依靠现有的业务员队伍，人手是否足够"……在把这些不利因素都纳入考量后，就不要再畏首畏尾，而应该横下一条心："事已至此，了无退路。"乐观开朗地面对一切困难，把计划执行到底。即便是生性乐观之人，在遇到困难时，也会多多少少感到胆怯。但不管要承受怎样的艰难困苦，既然已经决定走下去，就应该事先具备吃苦的觉悟。要以这样的态度，让自己"无路可退"，从而使计划向前推进。要想成就新事业，这样的品质不可或缺。在投资新兴行业和风险项目时，这更可谓是成功的必要条件。

人们常说："大企业缺乏真正的创造力。"大企业拥有雄厚的资金和大量优秀的技术人才，在开展新事业方面，明明应该更为有利。可现实情况是，新点子和新行业往往与其无缘。这是因为大企业里尽是头脑聪明的人，他们聚在一起研讨项目时，首先会倾向于思考"这有多么难""多么缺乏可行性"，所以往往会匆匆得出否定结论。这样一来，根本没有机会去思考克服困难的方法。换言之，在最初的构想阶段，大企业的人就以悲观消极的思维方式，一味罗列否定性意见，从而很难使新点子和新创意开花结果。

始于乐观构思的蜂窝电话事业

在第二电电创立后不久，经日本邮政厅批准，取消了移动电话的前身——车载电话行业的垄断保护政策，允许各企业参与竞争。

当时的车载电话非常笨重，巨大的信号接收器只能放在后备箱，车内只安装通话器。而且话费十分昂贵，除了大企业的干部以外，一般人很难享受得起这样的服务。

京瓷公司作为世界级的集成电路供应商，我目睹了集成电路的发展过程，因此早在那时，我就确信："照这个势头发展下去，总有一天，人类能把笨重的信号接收器做得很小，小到可以装在通话器内部。这样一来，其势必能逐渐普及。几年后，移动电话的时代必将来临。"因此，当我得知车载电话事业"解禁"的消息后，便立刻行动，第二电电成了第一个宣布加入竞争的企业。之后，丰田公司也宣布："作为一家汽车制造商，我们要进军车载电话行业。"当时，一共就这两家公司提出了申请。

当时，我在第二电电的董事会上发言："移动电话的时代必将到来，我们现在就应该进军该领域。"可董事们却一致反对我的意见。

"您这样的想法实在没有可行性，就算是日本 NTT 和美国的电信公司，它们的车载电话的业务也是连年亏损。"董事们的态度和我前面讲到的如出一辙，他们抛出一个又一个悲观消极的意见。

我当时知道车载电话的业务的确发展艰难，可他们以为我对行业形势一无所知，摆出一副无奈的表情，似乎在感叹我的无知，并对我说道：

"第二电电才刚起步，为了完成长途电话线路，大阪到东京的抛物面天线还只架设了一半，不知道到底能不能正式投入商用。公司业务还未走上正轨，您却又要进军车载电话行业，这也太有勇无谋了吧。"

然而，就是在如此激烈的反对声中，有一个人却说："不，会长说得对，（进军车载电话行业）是一件有意思的事。"他看起来态度乐观，虽然似乎并未完全理解我的意思，但却当场支持我，赞同我的提议。

当时在会上，我真可谓是被大家批判得"万人嫌"，面对他这个"援军"，我欣喜不已。于是，我对他说："说得好！大家都反对也无妨，咱们两个人一起做这件事。"

因此，说起第二电电的移动电话事业，其最初发起者就只有我和他两个人。如果按照"少数服从多数"的表决方式，那我的提案恐怕就被否决了。可一旦付诸实践，光靠一开始举手支持我的"乐天派"还不够，所以我还让最初反对我的董事也提供协助，大家一起推进该项事业。

所以说，要想成就新事业，需要经历各个流程。在诸多流程中，必须调用与其相适应的人才，这样才能取得成功。

5 战胜困难

㊲ 具备真正的勇气

正确地开展工作需要勇气。平时，我们往往怕得罪人而不敢把该说的话说清楚，不敢把正确的事情以正确的方式贯彻到底。

要准确无误地把工作向前推进，需要在各个关键时刻都做出正确的决断。在下决断时需要勇气。但是，这里所说的勇气，不是"蛮勇"，不是粗野的、所谓豪杰之士的那种勇气。

真正的勇气，是在贯彻信念的同时，有节度、知畏惧的人，也就是原本谨慎细心的那种人，在经过各种历练之后，所获得的那种勇气。

"具备真正的勇气"与下一个条目的"点燃团队的斗志"是企业家应该具备的重要品质。

像社长等身居公司高位者，常常要听取部下的请示汇报，然后做出指示。如果没有勇气，就往往会选择安逸的解决方法。

比如，在寻找资金周转对策时，有的企业家会如此考虑："向银行贷款难度太高，还是找地下钱庄吧。虽然利息高，但是很方便。"明明知道向银行贷款才是正道，却由于缺乏勇气而逃避困难，结果选择了安逸的邪道。但事后必会后悔："早知道那时候就不贪图安逸了，应该毅然走困难的正道。由于自己当时缺乏勇气，结果导致了失败。"为了避免这种情况发生，企业家应该具备超越常人的勇气。

真正的勇气源于经验的积累

有的人之所以成为企业家，只是因为正好继承了父母的公司。与被选拔出来的那些具有资质的企业领导不同，"子承家业"的企业家并非都具备真正的勇气。

但既然要经营企业，"勇气"便是不可或缺的品质。从创立京瓷公司起，直至今日，在经营活动中，我深刻地认识到勇气的重要性。

在小学时，我是个孩子王，在学生时代又练过空手道，所以对于自己的腕力颇有自信。换言之，强健的体魄使我能够兼具强大的心理素质。

然而，对身体力量抱有自信的人，往往性格刚烈、争强好胜。因此常常会为了不必要的争执而大打出手，或者强行推进工作而导致失败。企业家所需要的并非这样的蛮勇，而是真正的勇气。

所以说，企业家必须具备"谨小慎微"的品质。不管是借款周转还是开展事业，要做到凡事皆小心翼翼。最初性格"胆小怕事"之人，在积累了丰富的经验后，就能够具备胆识和气魄。这样的人才是具备真正勇气的人。

正是基于这样的考虑，我往往不会起用那些生性大胆好斗的人，而是选择那些谨小慎微、"胆小怕事"的人，让后者积累经验、培养勇气。企业家首先要以身作则，通过积累经验来获得这种真正的勇气。

对峙的输赢取决于勇气和魄力

以前的一场经历，让我切身体会到了勇气的重要性。

那时，京瓷公司刚成立不久，当工作取得进展时，我常常会带员工们一起去闹市区的酒馆喝酒庆贺。

一年夏天，过了下班时间，我仍然和公司的十几名干部一起留下来加班，处理重要的工作。等工作完成后，像往常一样，有人提议："咱们去哪儿喝一杯吧！"于是我说："咱们打车去比叡山（比叡山是位于日本京都市东北隅的山岳。——译者注）吧。"

当时京瓷公司的规模尚小，我的做法或许有点铺张，但在完成极为困难的工作之后，那种成就感所带来的喜悦，的确让人兴致高涨。我们当时用公司的费用买了好多啤酒和下酒菜，然后叫了四五辆出租车，向比叡山进发。到了山顶后，尽管当时已经夜深人静，一行人鸟瞰着京都的城市夜景，大声喊道："万岁！万岁！"大费周章地打车到比叡山顶，就是为了这样的尽兴活动。

大家互相鼓励，精神抖擞，趁着这股劲儿，又有人提议去琵琶湖（琵琶湖位于日本滋贺县，是日本最大的湖泊。——译者注）游泳，于是一行人又坐上出租车，向琵琶湖进发。有一名公司干部自己有车，他开着车，跟在我们的出租车后面。

途中，有 20 多个骑着摩托的飞车党出现了，他们一边嘲笑着出租车里的我们，一边企图飞速超车。可在一个转弯口，其中一辆摩托车与那名干部开的车差点发生擦碰，于是那帮飞车党恼羞成怒，死死追着我们。

等我们到了琵琶湖畔，一路追过来的那帮飞车党把我们团团围住，并叫嚣道："刚才开车的那个家伙是谁？快滚出来！"而我们这群人中，大部分都是从未打过架的文弱书生。

后来，那名干部被飞车党揪了出来，眼看就要被群殴。在那个节骨眼上，我一边手握啤酒瓶，一边叫其他干部也拿起啤酒瓶，并激励他们："大家一起战斗！"然后，我第一个冲过去大喊："有种就来啊！"

我们之中的大部分人没有打架的经验，因此摆出的架势肯定是战战兢兢的，但拜黑暗的夜幕所赐，我们的虚张声势似乎没有被对方识破。双方在僵持了将近一小时后，对方最后敌不过我们的气势，灰溜溜地撤退了。

我经常以这个经历来告诫企业家："只有最差劲的领导才会袖手旁观，眼睁睁地看着自己的伙伴被人伤害。与人对峙不靠腕力，拼的是魄力。只要做到不软弱、不逃避，鼓起勇气直面挑战，就绝对不会输。"

使命感和责任感是激发胆魄和勇气的源泉

　　勇气并非人人与生俱来，在受到威胁或恐吓时，往往会心惊胆战、瑟瑟发抖。这是人之常情。即便如此，一旦到了关键时刻，就必须充满气魄、勇敢应战。这是公司社长所必须肩负的责任。看似柔弱的女子，一旦遇到了"必须努力奋起"的情况，也会以女中豪杰般的气势压倒对手。所以说，强健的体魄和大胆的天性并非勇气的必要条件，"身为社长"的这份责任感才是勇气的源泉。

　　就像我在讲解"坚持信念"的条目时所说的那样，"为了公司员工，为了支持自己的家人，即便拼上性命，也要把公司守护到底"。如此强烈的气魄和信念，是企业家最大的力量源泉。

　　前面提及的"踏绘"也证明了这个道理，江户时代的天主教徒们为了自己的信仰，不惜牺牲性命。人一旦拥有了可以为之舍弃生命的信仰、信念、决意、责任感和使命感，就等于拥有了百折不挠、永不屈服的勇气。

有的企业家认为，自己并没有如此强大的能力，只是顺势继承了父母的公司而已。我希望这样的企业家也能够具备使命感："自己无论如何都要守护父母辛苦创立的公司，并守护全体员工。"如果缺乏这样的使命感，就可能会在经营活动中好逸恶劳，从而酿成大错，最后害得员工流落街头。为了不让这样的悲剧发生，企业家一定要常常自问自答："怎样当一名称职的企业领导？"这种静心明心的"仪式"非常重要。

㊳ 点燃团队的斗志

职场是真刀真枪决胜负的赛场，必须时刻以必胜的信念去面对竞争。

但是越想取胜，各种各样的困难和压力越会接踵袭来。这时我们往往胆怯，进而放弃初衷，以妥协告终。克服这些困难和压力的动力，来自于

> 当事人不屈不挠的斗争心。类似格斗士的那种斗争心，可以冲破一切壁障，引领我们走向胜利。
>
> 无论多么艰难困苦，"决不服输，一定要胜利"——必须燃起这种激烈的斗志。

企业家作为一个集体的领导，必须如勇者一般。如果说什么社会角色最需要具备像拳击手、摔跤手和相扑手那样的斗志，我觉得非企业家莫属。

实际上，在性格好强、敢于拼搏的企业家中，无论男女，喜欢拳击和摔跤等格斗项目的人确实很多。也有一些企业家，一看到格斗比赛就会蒙上眼睛说："好可怕。"在我看来，这种"心地温柔"的人，并不适合当企业家。

希望大家不要误解，我所说的斗志并非"要把对手彻底打垮"的好斗之心。大家可以留意观察路旁的花草树木，它们为了在自然竞争中求生存，一直在拼命努力。为了获得更多的阳光而努力伸展枝叶，努力进行光合作用，努力积蓄养分，努力度过寒冬，等待下一个春天的到来。哪怕是不起眼的杂草，也在拼命生长。

花草树木绝对没有"要打垮周边植物"的意志，它们只是一心一意地想沐浴更多的阳光，因而拼命地伸展枝叶。周围的植物皆是如此，大家都在为了生存而奋斗。

纵观自然界，所有生物都在拼命努力地求生存。如果有生物认为"自己不用再努力了"，那它便不得不面对消亡的命运。这便是自然界的法则，即"适者生存"。

我们常说："自然界是弱肉强食的世界。"强者通过吞噬弱者来维持生命，可谓竞争惨烈。但残酷的"有我无他"只是表象，其并非自然界的本质。"适者生存"的真正含义应该是"只有拼命奋斗并付出不亚于任何人的努力，才有资格存活。如果不努力，则难逃灭亡"。因此，斗志不是以打倒对手为目的的好斗之心，而是为了自己的生存而拼命努力的精神。这才是我们所应具备的品质。

㊀ 自己的道路自己开拓

没有人能够保证我们的未来。即使目前公司的业绩优秀，那也是过去努力的结果，谁也无法预见将来会怎样。

要使我们的公司在未来保持优秀，持续发展，只能靠我们每个人在各自的岗位上尽心竭力，履行自己应尽的职责。

不能依赖别人出手相助，不可期待他人为自己排忧解难。首先要认清自己应尽的职责，靠自己的努力把事情办好。必须保持这样的心态。

不管遇到什么困难，都不要期待别人的帮助，自己的道路必须靠自己开拓。凡是中小企业家，我相信都明白这个道理。换言之，"独立自主"的精神必不可少。

而在我看来，最需要具备独立自主精神的人，不是各位企业家，而是位居企业家之下的公司干部。也就是说，"被雇用"者必须自动自觉。

　　企业家作为公司的拥有者，往往具备独立自主的精神。然而，公司的副社长、专务、常务、董事、部长和科长等干部则不同。在面临困难时，他们往往会这么想："自己归根到底只是个打工的，不用我操心，社长肯定会想办法解决这个问题的。"

　　我认为，凡是经营不善的公司，往往有许多缺乏独立自主精神的员工，他们为公司创造的利益还不及自己得到的工资，等于是公司养着他们。反之，如果公司的大部分员工不但能够做到"自己的工资自己赚"，还能贡献利润，那么公司势必会顺利发展。

　　京瓷公司采用一种叫作"阿米巴经营"的运作方式，该方式把企业组织划分为一个个被称为"阿米巴"的小集体单位，各"阿米巴"的领导者肩负着经营管理的责任。阿米巴经营不把工资和奖金与绩效直接挂钩，不采用"业绩优秀加奖金，业绩不佳扣工资"的做法。因为在我看来，这种做法死板僵硬，不利于团结人心。

如果得到了高额奖金，员工自然会拼命努力、干劲十足。但优秀业绩很难一直保持，一旦业绩下降，员工的工资或奖金减少，势必会心怀不满、愤愤不平。不仅如此，业绩一直不见起色的员工还会变得性情乖僻，嫉妒业绩优秀的同事。

我不愿意让公司的员工人心背离、关系紧张，因此不管是业绩优秀者还是业绩平平者，我都不会让他们的奖金等待遇出现很大的差距。

但如果搞彻底的平均主义，"努不努力一个样，多干少干一个样"，那么势必会导致员工丧失主人翁精神，认为自己："不过就是一个领工资的打工仔。"企业家必须让员工具备主人翁精神，让他们做到"自己的道路自己闯""自己的工资自己赚"。不仅如此，还要让员工向公司贡献利润。

为此，京瓷公司采用独立核算制，通过"单位时间核算制度"来表示每个"阿米巴"每小时产生的附加价值。假设一小时的人力成本是3000日元，那么如果一小时内创造出了 5000 日元的附加价值，就等于是向公司贡献了 2000 日元的利润。如果一个"阿米巴"单位所创造的价值远远超过其工资，从而为公司做出了巨大贡献，就会受到大家的称赞，并获得公司的表彰。

关键在于，要让员工具备和企业主及管理者相同的主人翁意识。如果全体员工能做到与公司领导上下一心，那就是一股无可比拟的强大力量。为此，我常常反复与员工沟通交流。在提升员工思想境界方面，我一直倾注心血。

㊵ 有言实行

世间常把"不言实行"（只做不说）当作美德。而京瓷却强调"有言实行"（先说再做）。

首先，自己主动举手，"这件事我来干"。这就意味着你已经向大家宣布：这件事将以自己为中心展开。一旦公开宣言，来自周围和你自身的双重压力促使你振奋，把你自己逼入非成功不可的境地。兑现承诺的责任，可以确保目标的实现。

抓住晨会、会议等所有机会，主动地在众人面前表明自己的想法，说出口的话，在激励自己的同时，还会成为实行的动力。

在我所处的那个年代，长辈和老师一直教育孩子要具备"不言实行"的品质。换言之，比起豪言壮语，默不作声、埋头实干才是美德。正所谓"默默实干才是真男儿"。可在开始创业后，我渐渐觉得事实并非如此。在我看来，"有言实行"才是真正的美德。

比如，我公开对员工宣布："公司本年度的销售额要达到这个数，利润要达到这个数。"日本人认为"言语中有神灵"，出口的话具有力量，会对自己产生作用。话语在心中反复回荡，能够激励自己"必须说到做到"。换言之，"有言实行"其实是一种手段，它能把自己说的话转化为促使自己付诸行动的能量。

不仅如此，公开宣布"我想这么做"也是对自己的一种承诺。"我要实现这样的销售额目标""我要创造这样的利润"……承诺约束自己"绝对不能食言"，责任感促使自己达成目标。所以，应该故意大声说出自己的目标，逼迫自己处于"一言既出，驷马难追"的境地。我认为，像这样给自己设置"枷锁"，正是迈向成功的秘诀。

不仅企业家自己应该实践这种方法，对于公司干部，也必须提出这样的要求，让他们公开宣布："这个月的订单要达到这个数，利润要达到这个数。"使公司上下都向着"有言实行"的方向努力。在公司晨会、例会等各种场合，要抓住机会，在众人面前主动发表自己的想法，使这样的宣言成为激励自己实现目标的动力。这看起来像一种仪式（ceremony），但它的确具有非常重要的意义。

企业家命令干部"这个月要完成该目标"与干部主动宣布"我想完成该目标"是完全

不同的，前者是被动接受，后者是主动实行，其结果自然也完全不同。如果干部和普通员工都能积极主动地宣布自己的目标，那么该企业的职场氛围必然积极开朗，其业绩也势必非常优秀。

㊶ 深思熟虑到"看见结果"

我们在工作中，必须达到"看见事情结果"的心理状态。

最初只是梦想或者愿望，在大脑中进行认真反复的模拟推演，这样做如何，那样做又如何。不知不觉中，梦想和现实的界线逐渐消失，尚未着手的事情，却感觉到仿佛已经做过，由此逐渐产生出一定能做好的自信。这就是所谓"看见结果"的状态。

只有深思熟虑到这种"看见结果"的状态，才能完成前人从未做过的事业，创造性的事业，或者需要突破重重壁障的极度困难的事业。

年轻时，通过从事研发工作，我积累了大量经验。我从中领悟到"在从事经营活动时，'看到结果'是非常重要的"。

在着手研发时，首先要在脑中构思好流程。比如，要使用哪些原料，添加哪些药品，使用哪些装置等，要把各个流程都考虑到位。我把它称为"模拟演练"。关键在于，要预估研发中可能出现的所有问题。

在京瓷成长为大企业后，我便无暇直接参与研发工作了。于是，我会委托公司的研究员："客户希望我们做出这种规格的产品，你们马上开始研发。我觉得用这个方法应该能行，你们就以此为解决问题的线索，至于其余的事情，你们自己思考。"但我并非至此就当"甩手掌柜"，而是在脑中时常思考这个研究课题。因此，虽然我没有亲自参与实验，但脑中的"模拟实验"一直在持续。

通过这样日复一日的"模拟演练"，最后感觉自己好像真的实验成功了，连产品的外观和形状都能在脑中清晰浮现。这便是"看到结果"的境界。

自己并没有亲自参与研发，但通过在脑中反复的模拟演练，却能够清楚细致地把握成品的外观和形状，这一过程便是"反复思考，直至'看到结果'"。如果脑中显现的只是"黑白画映"，这就还不够，只有呈现出逼真的"彩色影像"，才算是真正思考到位。如果能把所有问题和环节都思考彻底，达到这样的程度，不管是研发产品还是开创事业，都势必能够取得成功。

哲学是企业经营的宝中宝

从京瓷公司创立起，直至今日，我一直在挑战新事物和新领域，做别人从未做过的事。"不走寻常路"是我的一贯作风。

谨小慎微、计划周全、预估各种可能性，这样的处事态度已经成为我的习惯。打个比方，我在走路时，会不断思考"前方不远处可能有悬崖，可能有河堤，可能是死胡同……"如此一边模拟演练，一边不断前行，这便是我的活法。尤其在开展新业务时，我会全神贯注地把所有情况都考虑周全，在此基础上付诸行动。

在创立第二电电时亦是如此。我虽然算是陶瓷领域的专家，但在电信领域完全是个门外汉，但我仍然决定进军电信业。因为一旦成功，就能证明我的经营哲学是正确的。

我的经营哲学的思想精华，都在京瓷哲学的每个条目之中。在许多人看来，要想创业成功，就必须拥有专业知识和杰出才干，但我却不这么认为。我相信，"经营哲学"才是经营之根本，只要拥有出色的哲学，企业经营便能无往不利。

我自己便是一个活生生的例子。在创立京瓷公司后，我一直把京瓷哲学作为经营企业的基准。社会上有舆论称"稻盛的事业之所以能够蒸蒸日上，是因为赶上了工业陶瓷发展的好势头"，但事实并非如此。京瓷得以成功的真正原因是构建了优秀的经营哲学体系，并将其付诸实践。

因此，在第二电电创立之际，我曾发表过这样的宣言：

"在第二电电公司，我会招聘电信领域的

专家来协助我。但在企业经营方面，我会采用自己的哲学思想。如果取得成功，就能证明哲学在企业经营方面的重要性。反之，如果失败，就证明企业经营不能光靠哲学。"

如今，第二电电已经成长为业绩骄人的大企业。这使我再一次深刻认识到，哲学果然是企业经营的宝中宝。

"看到"第二电电上市

在第二电电的创业初期，我也通过彻底思考，达到了"看到结果"的境界。在创业之前，我不断自问自答，以确认自己是否"动机至善，私心了无"。而一旦决定放手去干后，便开始每天认真思考公司的具体运营。我一边听取专业人士的意见，一边在脑中反复模拟演练，最后，梦想与现实之间的界限消失，成功的自信开始变得高涨。

等到公司要正式成立时，我邀请时任日本通产省（如今的日本经济产业省）资源能源厅长官的森山信吾先生担任第二电电的社长。森山先生也是鹿儿岛人，比我年长几岁。

"森山先生，你身居资源能源厅长官的高位。论仕途，你可谓功成名就。而我想请你到我这个民营企业来，帮助我开拓全新业务。或许在旁人看来，进军电信业是不合时宜的，但我心意已决。如果这项事业取得成功，对你而言，等于是取得了与官僚生涯截然不同的新成就。按我的计划，第二电电早晚要上市。能够在新兴企业中负责如此重大的投资项目并使其上市，这在官僚出身的人当中，恐怕是史无前例的。我想把如此宏大的事业交给你。"

听了我的这番话，森山先生欣然接受，他干劲十足地说："稻盛先生，谢谢你的邀请。我会一边向你讨教，一边努力奋斗的。"

当时，日本通产省的干部，尤其是像资源能源厅长官这样的高官，能够享受的待遇是非常优厚的。他们不但是日本各大企业高层的巴结对象，而且几乎每天都要参加各种应酬、接受各种招待。不过，第二电电完全不搞这一套。我事先和他敲定了规矩："第二电电没有招待费。"

他问道："如果事业成功了，能给点儿招待费吗？"

我答道："如果招待费的来源是你为公司赚到的钱，我就没意见。"

他笑道："我非常期待那一天的到来。"

可当公司开始运作时，却"出师不利"。日本 Telecom（如今的 Softbank Telecom 公司）和日本高速通信（KDDI 的前身）也杀入市场。前者沿着新干线铁路铺设通信光缆，后者沿着高速公路铺设通信光缆。这些基建项目属于国有财产，虽然我们第二电电也提交了铺设光缆的申请，却一直遭到冷淡的拒绝。于是，我们只能在山里搭建铁塔，以无线基站的方式构建通信网络。那正可谓是艰苦卓绝的"恶战"。当时的森山先生为此苦恼不已："凭借这种手段，咱们真的能和竞争对手分庭抗礼吗？"他有时会向我叫苦："会长，咱们快撑不住了。"每当这时候，我总会拉他去喝酒，给他打气。

我鼓励他："接下来会进入这样的局面，如此这般。最后公司会在这种情况下上市。"

可他对我的话将信将疑："虽然你一直在说能'看到结果'，但现实哪有这么简单。公司目前的处境多么艰难。"

"目标一定会实现。"我斩钉截铁地说。

可他似乎仍然无法完全信服："是不是有点过于乐观了？"

而我依然坚持己见："一定会实现的。"

对于所有状况，我都已事先考虑周全，因此脑中可以清晰呈现第二电电的未来蓝图。

后来的事实证明，第二电电的发展道路与我当时和森山先生所说的完全一致。公司的规模也好，销售额也好，业务发展状况也好，上市时期也好，都被我一一言中。其灵验度让我本人都感到有点害怕。

非常遗憾的是，在上市前夕，森山先生因病去世。而他曾为之奋斗的第二电电一路发展壮大，业绩斐然。这也算是一个告慰吧。

如今回想起来，在日本，第二电电算是第一个"民企挑战国企"的成功案例。面对始于明治时期的老牌国企，第二电电之所以能够成功，其关键因素便是彻底的思考推敲和反复的模拟演练。因为感觉自己似乎已经做过一遍，所以胸有成竹。

㊷ 不成功决不罢休

能否成功，很大程度上取决于当事人的热情和信念。做什么事都不成功的人，就是因为缺乏热情和执着的信念。他们总是寻找适当的借口，自我安慰，然后很快放弃。

想做成一件事，就要学习狩猎民族捕猎的方法。一旦发现猎物的足迹，就提枪连日追踪，不管狂风暴雨，还是遭遇强敌，也一定要找到猎物的巢穴，不获猎物决不罢休。

要想成功，就必须朝着既定的目标，孜孜以求，坚忍不拔，不成功决不罢休。

如前文所述，京瓷公司正是秉着这样的精神推进研发工作的。

我曾经给日本一家生产电机的大企业做过演讲，听众是该企业的技术研发人员。我当时讲述了京瓷公司的研发方式，而在现场答疑环节，有人提问："京瓷公司的研发成功率是多少？"我答道："凡是京瓷着手研发的项目，100% 会成功。"结果他们个个一脸惊讶，认为这是天方夜谭。

面对听众的不可思议，我记得自己当时是这么解释的："对待任何一个研发项目，京瓷的态度都是'不成功决不罢休'，所以基本没有以失败而告终的项目。'做到成功为止'是我们京瓷人的研发精神。"

不仅限于研发，在各种情况下，这种"不成功决不罢休"的思维方式都是至关重要的。但经营与研发有所区别，在研发时，成功与失败的概念是泾渭分明、一目了然的；而在经营时，倘若企业破产倒闭，则可以明确定性为失败，但成功却分各个阶段，到底怎样才算成功，这是个模糊的概念。即便如此，如果企业家每天怀着强烈的愿景，称职地完成自己的工作，一旦公司达到了目标规模，就可以认为是成功了。换言之，关键在于"坚持努力，决不放弃，直到自己的目标实现"。

我刚才提到"学习狩猎民族捕猎的方法"。当初，我在思考如何把"不成功决不罢休"的条目融入京瓷哲学时，恰巧在电视上看到这一幕——非洲大陆的原住民，手拿一把扎枪捕猎。这也是我举这个例子的原因。

为了让家人不挨饿，猎手拿着一把扎枪外出捕猎。敏锐地发现猎物的足迹后，便开始推测它经过这里的时间，然后开始追踪。由于动物在移动过程中势必会休憩，因此猎手趁此机会追上猎物，并用扎枪将其刺死。当我看到这段影像时，觉得它恰好是一个"不成功决不罢休"的绝佳实例。猎手一个劲儿地追踪，一直追到猎物休憩的地方。如果有这份锲而不舍的精神，就一定能够达成目标。

"留有余裕的经营方式"是成功的前提

创业至今，不管是研究开发，还是拓展

新事业，我都坚持贯彻"不成功决不罢休"的精神。京瓷之所以能够"多面开花"，在各领域取得成功，原因其实很简单——"不达成功，决不罢休；锲而不舍，坚持到底"。正是这样的精神成就了京瓷。

但若想达成目标、取得成功，还有一个重要的前提，它就是我在前文中反复提及的"在相扑台正中央发力"。换言之，要采取留有余裕的经营方式。

我曾经在一次演讲上提到，松下幸之助先生的"水坝式经营"理论让我深受启发。连日的暴雨使雨水不断流入河川，于是洪水泛滥，带来巨大灾害。为了避免这种情况，于是修建水坝，将雨水暂时储存起来，待需要时，再开闸放水。这样一来，不但能够抑制洪水的发生，还能避免河川干涸，从而实现水资源的有效利用。

企业经营亦是如此，企业家不能任凭经济形势的变动而随波逐流，而应该像水坝蓄水一样贮备资金，按需使用。在听闻"水坝式经营"理论后，我感触颇深，觉得自己也应该采取这种留有余裕的经营方式。

倘若无法做到"留有余裕的经营方式","不成功决不罢休"也只能沦为空谈。我还是以上文提到的狩猎民族为例来做一下简单地说明。

为了解决家人的温饱，猎人前去捕捉猎物，假如他不做任何准备就出门，结果会怎样？一个人倘若不吃不喝，其体力最多支撑一天到一天半，即便发现了猎物的足迹，也会由于体力不支而追不到，最后不得不回到自己的村子里。

反之，如果猎人准备充分，腰间挂着装满水的竹筒和用之前捕获的猎物做成的肉干，靠着这些口粮，就能连续追踪猎物三四天。由于猎物不可能不眠不休，因此一旦发现猎物的新近足迹，就证明已经接近了它休憩的栖身之处。换言之，只要备有三四天的口粮，便能从容不迫地持续追踪猎物，因而势必能够达成目标。

研发工作亦是如此，倘若资金捉襟见肘，就无法坚持数年不放弃。只有在经营中创造了利润，企业才能拿出富余的资金来支撑研发项目。

"不成功决不罢休"可谓是成功的本质。而其前提便是留有余裕，从而为实现成功的奋斗过程提供支撑和保障。

但如果有人问："没有余裕的话，是不是就注定无法成功？"答案则是否定的。假设一名企业家如此说道："汽车也没了，住房也没了，我已经变卖了所有财产。即便如此，筹措的资金仍然不够，所以我只能放弃。"

如果我听到这话，就会这么对他说："没汽车就不能做生意了吗？就不能跑业务了吗？还有自行车啊。蹬着自行车，照样可以从早到晚地去客户那里争取订单，你奋斗的空间还很大。"

经营企业，的确需要余裕，但即便成了身无分文的"光杆司令"，也仍然应该不抛弃、不放弃，努力到底。在变卖了住房和汽车后，是灰心放弃，认为"万事休矣"，还是继续奋斗，认为"还可以骑自行车，甚至坐电车去争取订单"，完全取决于每个人的思维方式。

　　要想取得成功，这种"决不罢休"的态度至关重要。我希望大家务必牢记该条目。

6　思考人生

㊸ 人生·工作的结果 = 思维方式 × 热情 × 能力

人生·工作的结果由思维方式、热情和能力这三个要素的乘积决定。

其中，能力和热情，分别可以从零分打到一百分，因为是相乘关系，所以与自以为能力强、骄傲自满、不肯努力的人相比，那些认为自己能力平平，但比任何人都努力的人，反而能够取得更为出色的成果。

在这之上，再乘上思维方式。所谓"思维方式"就是人生态度。可以从负 100

分到正 100 分。思维方式不同，人生和工作的结果就会发生一百八十度的转变。

能力和努力固然重要，但最重要的是：具备作为人应该有的正确的思维方式。

在京瓷创立后不久，我便悟到了这个人生方程式，于是开始向员工宣传。它可谓是京瓷哲学的根本。

年幼的经历使我领悟到"热情"和"思维方式"的重要性

大学毕业前，我一直没有离开过自己的老家鹿儿岛，毕业后，我去了京都工作，这才算是第一次离开家乡。当时的我完全是一个没见过世面的"乡下小伙"。虽然大学时成绩优秀，但我的母校只是一所地方大学，在全国的排名绝对算不上高。但可能是小时候当过"孩子王"的缘故，我生性好强，不肯服输。来到京都后，我时常思考："面对如此有限的自身条件，我该如何打拼才能在社会上生存呢？"

像我这种能力平平者，若想在工作中取得出色成绩，应该具备什么特质呢？对于这个问题，我想到的第一个答案是"热情"。于是我领悟到了热情的重要性，之后又领悟到了思维方式的重要性。

我之所以会有如此领悟，缘于小时候的一段经历。

小时候，亲戚中有位叔叔经常会来我家串门。日本人常说，鹿儿岛的男人最喜欢说大话，我家的叔叔亦是如此，几杯烧酒一下肚，他就开始吹牛了。比如，他会嘲笑某个生于鹿儿岛的知事（知事是日本都道府县的行政区首长。——译者注）或议员等名人："那家伙上小学的时候哪有我聪明，最后磕磕绊绊才升入初中。要不是当时我家里穷，俺早就成高才生了。"然后得意扬扬地不断絮叨，说自己以前比现在的那个知事要优秀得多。

听到叔叔说自己有那么了不起，作为亲戚的我，确实也感觉不错。但另一方面，在我幼小的心灵中，也产生了疑惑：既然叔叔这么了不起，那为什么不去好好工作，而总是来我家喝酒吹牛，而他口中的"愚钝之人"却当上知事，身居高位？经过反复思考，最后我得出了这样的结论：

"在小学时，或许是叔叔更聪明。可他恃才傲物，懒惰懈怠，结果一事无成。而那个原本才智不如他的人，却通过拼命努力而出人头地。"

不仅如此，有一次，那个叔叔为了给自己的游手好闲找借口，对我提起他的隔壁邻居，那人每天起早贪黑干活，他却称之为"傻瓜"。"我头脑聪明，所以睡到自然醒也没关系，但住在我隔壁的家伙是个傻瓜，所以只能每天起早贪黑地干活。"换言之，叔叔对此抱鄙视态度。在叔叔看来，没有聪明才智的人才会在别人睡觉的时候仍然坚持工作。

对于叔叔的言辞，我感到莫名其妙。起早贪黑干活的人才叫了不起，可在叔叔的价值观里，努力却成了愚笨的标志。虽然当时的我还幼稚懵懂，但对于叔叔的说法，已经从心里产生反感。

　　由于我从小就开始思考这样的问题，所以才能逐渐推导出上述的人生方程式。

人生的方向是一条具有正负值的直线

　　在我的人生方程式中，能力和热情可以用 0 到 100 的数值表示，唯有思维方式存在正负值，可以从 –100 到 +100。

　　大家可以把方程式中的"思维方式"看成是"人生之路的方向"。该方向并不是东西南北这种全方位的立体概念，而是一条直线上的方向。换言之，假设一条直线上某个点的数值为 0，以该点为基点，向两边延伸，一头的终点是 +100，那么另一头的终点便是 –100。有人认为人生道路的方向是多元化的，但其实并非如此。人生的方向是一条直线，要么向着"正值"前进，要么向着"负值"前进，只能两者选其一。

　　思维方式的正负值至关重要。假设一个人头脑聪慧、擅长运动，且能力出众，还具备充分的热情，但他的思维方式只要稍微有一点负面倾向，由于该方程式中的变量是乘积关系，其计算结果便成了一个巨大的负数。

福泽谕吉眼中的理想企业家

在总结出该方程式后，一有机会，我就会向员工强调思维方式的重要性："思维方式决定人的一生。"

后来，我得知了福泽谕吉（福泽谕吉，日本明治时期的著名思想家，教育家，日本著名私立大学庆应义塾大学的创立者，明治六大教育家之一。——译者注）的一段名言，从而使我更加坚信人生方程式的正确性。他的这段话讲的是"企业家应有的品质"。

思想深远如哲人，高尚正直比武士，加之以小吏之才干、百姓之体魄，方能成实业界之俊杰。

这段话的意思是，企业家要像哲学家那样思想深刻，像元禄武士那样忠义两全、高尚正直。至于福泽谕吉提到的"小吏"，是指当时明治新政府起用的下级官吏，他们贪污受贿、专权跋扈，但也具有头脑机灵、办事得力的一面，因此也被人们称为"俗物小吏"。在他看来，如同"小俗吏"一般的才智也是不可或缺的。这些品质再加上农夫百姓那样强健的体魄，才能成为对社会有所贡献的大人物。究竟怎样的人才能成为"实业界之俊杰"？对于这个问题，福泽谕吉可谓一语道破天机。

这段名言正好与人生方程式完全相符。百姓之体魄，也就是强健的身体，相当于"付出不亚于任何人的努力"的"热情"；小吏之才干，即"倘若听之任之，则可能作奸犯科"的才能，相当于经商的"能力"；而"思想深远如哲人，高尚正直比武士"则正好相当于"思维方式"。可见，倘若不具备哲学家般的优秀思想和元禄武士般的崇高品性，则无法成为实业界之俊杰。这段名言让我再次认识到了"思维方式"、"热情"和"能力"这三要素的重要性。

负面的思维方式只能导致负面的人生结果

关于这三要素的关系，我也曾想过是否可以用加法来表示，但结果证明，唯有乘法才是正确的。

媒体曾经报道过淀号劫机事件（该事件发生于1970年3月31日，是日本极左派武装恐怖组织"赤军派"所策划的日航351号班机劫机事件。——译者注）。报道称，劫机事件结束后，劫匪流亡到朝鲜，后来因违反外国汇兑法，在越南和柬埔寨的边境被捕。当时的报道焦点是"对于已经年逾50的劫匪，是否应该引渡回日本审判"。

各位之中，想必也有不少人在年轻时具有强烈的正义感，希望清除腐败、对充满不公和矛盾的日本社会进行改革，构建人人安居乐业的平等社会。我也不例外。但抱有这种思想的一部分人却最终沦为过激派，企图依靠恐怖主义来改变世界。当时的"日本赤军派"便是其中的典型。

既有能力，又有热情，想创造一个人人安居乐业的正义社会，这是非常美好的想法。但在实现梦想的过程中，却依靠了恐怖主义和暴力手段。而这种做法势必会对无辜者造成伤害。而且，无论动机是多么深明大义，如果不择手段，认为"即使杀掉反对者，也要实现目标"，便是一种负面的思维方式。

上文提到的劫匪一直过着"见不得阳光"的流亡生活，在年过半百时，又被泰国警方逮捕拘留。即便被引渡回日本，等待他的也只能是旷日持久的审判，自由生活已经永远与他无缘了。

充满正义感且能力出众的青年，却由于负面的思维方式而断送了前途。这样的例子再次告诫我们"思维方式"的重要性。

"善念"与"恶念"

上述方程式中的"能力"也可以用"才能"来表述。

我常说"不要为才所累"。有才之人往

往由于太过机灵而恃才傲物，一旦"为才所累"，便会造成严重的负面后果。使用才能的应该是"心"，才能必须在自身心灵的控制之下。俗话说"聪明反被聪明误"，如果一个人丧失心智，只剩下才能或商业头脑，则必然会走向失败。从该意义层面，也能体现出人心（思维方式）的重要性。

那么，该方程式中的"思维方式"到底是什么呢？大家既可以把它看作福泽谕吉所说的"哲学"，也可以把它看作我所阐述的"心灵"。此外，把它当成是"思想"、"理念"或"信念"也未尝不可。甚至还可以把它理解成一种人类的"善念"。"思维方式"是这一切概念的综合体。

我刚才提到，在人生方程式中，"思维方式"从一个数值为 0 的基点出发，沿着一条直线，向两个方向延伸，从而形成正负两极，最大的绝对值皆为 100。那么，何为"正极"呢？对于这点，不用想得太过复杂。所谓"正极"，便是人的善念；反之，"负极"则是人的恶念。换言之，人生方程式还可以表示为：

善念 × 热情 × 能力。这样写，就更简单明了了。

那么，何为善念呢？要是哲学家能给善念下个明确定义就好了，但很遗憾，对于善念，目前的哲学界还未有标准定义。因此，即便不够严谨和充分，也请允许我阐述一下自己通过思考而得出的定义。

首先要拥有乐观向上的态度和富有建设性的思想，其次要具备能和他人一起工作的协调性；性格要开朗，待人接物时，要抱有肯定的态度，且充满善意、体谅他人、温文尔雅；态度要认真，要正直谦虚、努力奋斗。不自私自利，不贪得无厌，学会知足，懂得感恩。

在我看来，所谓善念便是囊括上述所有品质的境界。

可能有人会纳闷："稻盛先生为什么要列举这些'大道理'呢？这些话，从小就听老师讲过。"原因很简单。大家并没有真正明白这些道理，所以我才不断强调"思维方式是关键，必须以良好的思维方式行事"。我跟大家讲哲学、讲活法，就是为了让大家拥有良好的思维方式。我所阐述的哲学便是一种思维方式的基准、一种思维方式的榜样。而上文中所罗列的那些品质和美德，便是对这种思维方式的直接解读。

与之相对，所谓恶念，便是消极否定、拒绝合作的态度；心理阴暗、充满恶意、心术不正；有企图陷害他人的想法；做事马虎、满嘴谎言、态度傲慢、懒惰懈怠；自私自利、贪得无厌；心怀不满、愤愤不平；怨恨他人，嫉妒他人。这样的精神状态和处世态度便是恶念，即恶劣的思维方式。

我已经多次强调过，在该方程式中，"思维方式"的数值范围是从 –100 到 +100。那么，如何"测量"自己目前的思维方式呢？下面，我教给大家一个方法。

查看我刚才所罗列的"善念品质"，把与自身相符的部分圈出来。如果所有项目都与你相符，那么你的思维方式便是 +100。

同理，查看我刚才所罗列的"恶念品质"，以同样的方式画圈，圆圈越多，则所计的负分越高。这样正负综合，就能判断自己的思维方式处于怎样的位置。道理其实很简单，通过这种方法，想必大家都能得知自己目前的心灵状态。

"思维方式"正是决定人生、改变命运的关键因素

如今，学校老师一般都会这样教育学生：拥有怎样的思维方式、拥有怎样的思想是一个人的自由，表达自由、思想自由属于天赋人权。而且越是知识分子阶层的人，便越是强调这种自由。

芸芸众生，其人生各不相同，这便是社会。一个人的思维方式和思想观念确实属于个人自由的范畴，这正是现代人的基本思维。

选择什么思维方式的确是一个人的自由，但在自由选择思维方式的同时，也背负了巨大的责任，因为选择将直接决定自己的命运。可又有多少人真正明白这个道理呢？自由的思维方式、自由的心灵、自由的思想和哲学，这一切当然是每个人的权利，但通

过我的人生方程式就能知道，根据选择的不同，人生会发生 180 度的大转变。

然而，许多人却不明白这个如此重要的道理。学校也好，公司也好，老师和上司也从不进行相关教育。讲到这里，可能不少人在心中感慨："思维方式具有左右人生的重要作用，如果有人早点告诉我这个道理就好了。如果能早一点明白，善念其实是如此简单明快的哲理，那我之前的人生就能过得更加精彩。"

刚才所讲的善念和恶念，原本属于宗教、道德和伦理教育的范畴。但日本进入近代社会后，人们对宗教的重视程度渐渐减弱。在二战结束后，政府标榜与宗教彻底脱离才是"真正的知识分子"。

然而，即便在宗教教义中，对于"思维方式决定人生"的道理，也没有非常明确的阐述。以佛教为例，释迦牟尼佛祖开示道"生者须持戒修行，积善弘法者永生后进入极乐净土，作恶渎法者死去后堕入无间地狱"。但死后的净土与地狱是现世不可见之物，因此这样的箴言很难让世俗之人相信。换言之，其对于"思维方式为何重要"并没有进行明确说明。而从人生方程式中就能看出，思维方式恰恰是最为关键的因素。因此我认为，首先必须让大家明白"思维方式决定人生"的道理。

可现实情况是，许多人对思维方式缺乏正确认识，认为它不过是知性和意识范畴的一种"游戏"，和自己实际的人生并无关系，并且不相信"万物由心生，万法由心造"的道理，于是就会否定人生方程式的正确性。

我在演讲时经常引用中村天风先生的话。无论在精神领域还是哲学领域，天风先生都可谓是影响我一生的人物。

他曾讲过这样一段话：

"我的未来光辉璀璨，我的人生将美好、光明且幸福。要抱有这样的信念，以富有建设性的积极态度，乐观开朗地思考人生。切不可阴郁重重、消极厌世。"

他所开创的天风哲学非常深奥，但为了让我们这些凡人也能够明白其中的道理，于是以简单明了的言语劝诫"要乐观开朗地思考人生"。

此外，我还经常引用中国古书《阴骘录》（《阴骘录》即《了凡四训》，是一本种德立命、修身治世类的教育书籍。作者为明代袁了凡。在书中，作者以自己的亲身经历，讲述了改变命运的过程。——译者注）中的名言警句。

"人生并非早已注定的定数，人生或许存在命运，但命运并非不可更改的宿命。倘若发愿，便可改变。"

《阴骘录》的作者是袁了凡，自从他一心向善后，其命运便开始朝着好的方向转变。通过不断帮助他人，使其自身度过了美好的一生。这个故事，我不知讲过多少次。从《阴骘录》中，也可以看出思维方式的重要性。因此，对于思维方式能够决定人生和命运的说法，我深信不疑。我希望大家也能够相信人生方程式，并付诸实践。

必须把哲学思想融入自己的血肉之中

我之所以不断强调哲学思想，是为了让大家能够拥有正确的思维方式。但倘若仅仅把其看成一种"认知型"的知识，则还远远不够，必须伴随着实际行动，要把习得的知识融入自己的血肉之中。换言之，必须彻底理解和吸收这样的思维方式，达到"在任何场合都能灵活运用"的境界。

反之，如果只是在脑中"知道"这种正确的思维方式，则与无知无甚区别。如果不能把它融入自己的血肉、在人生的关键时刻及每天的业务活动中灵活运用的话，就完全无法体现其价值。正因为如此，一有机会，我就会反复强调这点。

有的人在听了我的演讲后，觉得"虽然（稻盛先生）每次说的内容都差不多，但每次聆听，都有全新感受"。可绝大多数人的想法是这样的："啊？这内容上次听过，我已经明白了。"实际上，这些人只是停留在"认知"的理解层面，没有用心把我讲的东西融入自己的血肉之中。

如果不能把我讲的内容融入自己的血肉，升华为自己的思想、理念和哲学的话，就还不能称之为"自己的思维方式"。"即便在无意识的情况下，也仍然能遵循思维方式行动"，只有到达这样的境界，才算是拥有了自己的思维方式。

因此，我希望大家能够反复琢磨和消化我的哲学思想，并努力使其融入自己的血肉之中。

演讲听众赠予的即兴诗

1999 年 10 月 14 日，我前往美国纽约的州立阿尔弗雷德大学。该大学有一个名为"约翰·弗朗斯西·麦克曼演讲会"的传统活动，旨在纪念曾任教于此的约翰·弗朗斯西·麦克曼教授。该大学邀请我演讲，希望我演讲《陶瓷业的革新——技术员的活法》，时长一个半小时左右。

被选为讲师是莫大的光荣，再加上该大学曾经颁给我名誉博士的学位，因此我欣然接受了邀请。而在演讲时，我发现听众中不仅有人数众多的学生，还有不少当地的名流和其他大学的教授。

在美国期间，阿尔弗雷德大学陶瓷工程学和材料科学部长罗纳德·戈登教授及其夫人向我提供了热情的接待，夫妇二人不仅在我抵达当天来机场接我，还亲自送我前往下榻的酒店。

在演讲时，我使用幻灯片和模型样本，讲述了我在京瓷公司将近 40 年的陶瓷研发轨迹。之后，我还讲了"技术员应该以怎样的心态投入工作"以及"人生·工作的结果 = 思维方式 × 热情 × 能力"的人生方程式。

当晚，校方为了答谢我的演讲，举办了晚宴。上文中提到的戈登夫人在餐会上对我说："您今天的演讲让我深受启发。我把自己的这份感受写成了一首诗，想赠予您。"她的座位离我很远，却特意走到我的座位旁，把写的诗亲手送给了我。

我当场拜读，发现确实是首好诗，于是对她说："谢谢您的诗，我非常喜欢。我还有个提议，这首诗是您的作品，所以我希望您能在大家面前朗诵它。"于是她大声朗诵，晚宴的嘉宾们认真聆听，大家都非常开心。如果把这首诗翻译成日文，则大意如下：

方程式（FORMULA）

此刻　我心灵的琴弦被抚动
因你那充满睿智的言语
成功路上的璀璨明灯
是你的方程式

倾尽热情的努力
加之以能力的支撑
还有乐观的思维方式
越多越好

这乘积的结晶
还需坚固的结构维护
让爱倾注其中
越多越好

无数的经验历程
造就了人生的炉窑
孕育了无数新发现
在你的方程式之下

不可不知 不可不晓
这人人通用的方程式
它是人生路的指南针
无可怀疑 真实不虚

你那积极的人生观
可谓泽被苍生
受益者何止百万

我能了解　我能明白
若问为何
因我亲眼所见　亲耳所闻
并且相信　并且信任

美国的大学教授夫人为我的"人生方

程式"写下了如此优美的即兴诗，真是荣幸之至。

㊹ 认认真真地过好每一天

人生如戏，每个人都是自己戏中的主角。重要的是如何创作自己人生的剧本。

或许存在任由命运摆布的人生，但是通过塑造自己的心灵、改变自己的精神，人就能按照自己的理想创作剧本，按照自己的理想扮演戏中的主角。所谓人生，全在自己如何描绘。浑浑噩噩生活的人和认真对待生活的人，其剧本的内容截然不同。

珍视自己，一天一天、一瞬间一瞬间，极度认真地过好，你的人生即刻就会呈现灿烂的景象。

人生只此一次，倘若茫然无谓地度过，便是最大的浪费。在我看来，人类之所以会存在，正是由于天地自然和无垠宇宙的需要。我们每个人能够来到这世界，享受生命的奇迹，其绝非偶然。首先要相信"这个宇宙需要我们，我们的存在非常重要"。

从宇宙的规模来看，人之渺小，甚于尘芥。但我们必须相信自己的存在具有必然性，是被这个宇宙所认同的。由此可以推断，我们的人生具有相应的价值。人生是如此伟大、如此具有价值，倘若碌碌无为地虚度，岂不是最为严重的暴殄天物？我认为，在这充满意义的人生中，人的价值取决于每个人的认真程度。

在严酷自然界求生存的植物是我们的榜样

我曾在电视上看到这样的影像。在北极圈的冻土带，所有植物一起发芽。北极的夏天极为短暂，那些看似柔弱的花草，在稍瞬即逝的夏季拼命开花留种，为的是让生命之火能够迎接即将到来的严冬。此情此景，让我感受到了一种"生如夏花"的精神。

在日本亦是如此，每当春天来临，残雪

消融，万物复苏，即便在岩石遍布的高山地带，照样能够看到草木发芽、鲜花盛开的景象。这些植物为了延续生命而留下种子，并且准备好度过下一个冬季。就连被人们称为"杂草"的植物，也在每天认真顽强地生长。

我们肯定也见过这样的景象。在非洲等地的大沙漠中，一年下雨的次数最多也就一两次。可一旦天降甘霖，沙漠中的植物便会立即发芽开花，然后在一两周的短暂时间内留下种子，而种子则再次在炎热的沙漠中顽强等待，直到下一场雨的来临。可见，在自然界中，所有生物都在认认真真地过好生命中的每分每秒。

因此，我们人类也不可虚度光阴，必须极度认真地面对生活。在我看来，这是我们人类与宇宙神灵的契约，所以我才一直强调"要付出不亚于任何人的努力"。

㊺ 心想事成

> 事情的结果由心中如何描绘而定。如果心里总是思考"无论如何都要成功"，那就一定能够成功；"可能不行，也许会失败"，这种想法占据内心时就会失败。
>
> 内心没有呼唤过的东西，不会自动来到自己身边，现在自己周围发生的所有的现象都不过是自己内心的反映。
>
> 所以我们心里不应该有愤怒、憎恨、嫉妒、猜疑等，不要在心里描绘那些带有否定性的、阴暗的东西，而应该时常抱有梦想，在心里描绘积极的、美丽的事物。只要这样做，实际的人生就会变得美好。

在前文中，我阐述了有关人生和事业的方程式，其中讲到"思维方式的数值范围是从 –100 到 +100"。而我在"心想事成"的条目中所讲的内容，其实与方程式中的"思维方式"如出一辙。换言之，心态决定了人生。

"人生是心境的反映，万物由心生，万法由心造"。这不仅是佛教思想，其他宗教也有类似的教义。可知识分子往往不太相信这种观点。

我已经反复强调过，"思维方式"、"热情"和"能力"这三要素的乘积便是人生和工作的结果。三要素中，最为重要的就是"思维方式"。一个人的心境、心态、思维方式和哲学思想，都会在其人生中反映出来。我把这个道理称为"心想事成"。

或许一些知识分子会反驳我的观点，但我希望大家不要以逻辑和辩证的角度去看待它，而要把它理解为宇宙的真理及法则。如果对它横加否定，则我努力讲解的"人生方程式"和"心想事成"的道理也就无从谈起了。

佛教教义中有"因果报应"之说。为了讲明白这个道理，我曾举过各种各样的例子。其中，我引用得最多的说法是"思念造业"。佛教中的"业（Karma）"即因果报应中的"因"。心念是因之根源，有因必有果。换言之，一个人的想法与思维非常重要，切不可心生恶念。这便是释迦牟尼佛祖向世人开示的真理。中村天风先生也曾告诫人们"千万不要抱有阴暗的念想"。我对此无比赞同。

此外，中国有句老话叫"积善之家必有余庆"。意思是"常做善事、积阴德的家庭，势必会受到幸运之神的眷顾"。我们常说"德"，简单来说，所谓"德"就是"心怀利他之心"。以慈悲之心体谅他人、帮助他人者，便是有德之人。所以说，"拥有崇高的哲学思想"并非成为道德高尚者的必要条件，只要能够坚持一生为世人、为社会做奉献，就是一个有德之人。

算上死后世界，因果报应则完全成立

然而，虽说"万物由心生，万法由心造"，但心念并非立即显现。正因为如此，即便我

再怎么拼命强调"心想事成"是宇宙的法则，许多人仍然难以接受和理解。恶念并非立刻能结出恶果，善念也并非立刻能结出善果，因此世人往往对"因果报应"之说难以信服。

但只要以30年左右的时间跨度来看，就能发现，因果报应大致上是灵验的。上了年纪的人可以以20年、30年的跨度，来回顾自己从年轻时到现在的人生轨迹，也可以以同样的方式审视别人的人生，看看他们过去如何，现在又如何。

有的人幼时命途多舛，中途命运好转，晚年又落魄潦倒；有的人从小家境富裕、生活幸福，可在毕业踏上社会后，却整日辛劳、吃尽苦头。每个人的人生可谓千差万别，但只要以一定的时间跨度来看，就能发现，短则10年，长则30年，心态与结果往往相符。因此，我之所以强调"心想事成"，并非想宣传"想法立刻能成真"的唯心论，而是倡导大家"要以长远的眼光看问题"。总之，如果纵观人的一生，就能明白"心想事成"是真实不虚的道理。

但也有这样的情况：即便观其一生，某些人似乎也没有得到相应的因果报应。如果每个人的一生都能分毫不差地印证因果报应法则，大家势必都会信服和理解我所讲的道理，可现实并非如此，因此不少人对我的话表示怀疑。对此，我曾苦恼不已，常常思考"怎样才能让大家真正明白这个道理"。

就像前文中所提到的，就在我苦苦思索时，一本书为我解了惑。它就是《西尔弗·帕奇的灵言集》。

书中写有这样的内容。

"心之所思所想，会在现实中呈现。对于这种说法，想必各位都表示怀疑，但这的确是真理。在肉身存活的现世中，即便因果报应不成立，但如果算上我目前所在的死后世界，真可谓是报应不爽，丝毫不差。"

这简单的两三句话，让我有醍醐灌顶之感。

的确，在这个世界中，并非所有现象都遵循"有因必有果"的法则。有的恶人身居高位、专横跋扈；有的好人生活艰辛、坎坷重重。但从长远的眼光来看，好人所受的辛苦磨难其实是上天的考验。只要通过考验，便能取得巨大飞跃，从而度过精彩美好的人生。

同理，虽然一些恶人看起来飞黄腾达、一帆风顺，但势必会招致灭亡。虽然有的恶人似乎"逃过了报应"，但按照西尔弗·帕奇的说法，如果把"死后世界"计算在内，因果报应便丝毫不差。我认为，这便是世间的法则。

㊻ 描绘梦想

现实很严峻，或许度过今天一天都很难。但是，就在这严峻的现实中，面对未来，能否描绘出梦想，将会决定我们的人生。对于自己的人生和事业，"希望自己成为这样的人""希望自己做成那样的事"。就是说，具备一

> 个很大的梦想、树立一个很高的目标，
> 这点很重要。
>
> 京瓷从创业开始就提出："首先是
> 西京区第一，接着是京都第一，再接
> 下来是日本第一、世界第一。"不断描
> 绘这个梦想，并持续付出相应的努力，
> 这才有了今天的京瓷。
>
> 描绘远大而美好的梦想，用一生
> 来追求这样的梦想。这就体现了人生
> 的价值，人生也会因此幸福快乐。

描绘梦想非常重要。在创业初期，我经常向员工们讲述自己的梦想。不管在事业方面还是家庭方面，我都把自己称作"追梦的男人"，使自身永远保持"追梦青年"般的年轻心态。

我是如何成为"浪漫的追梦者"的呢？究其原因，可以追溯到我高中一年级的时候。当时正值日本战败投降后的第 4 年，由于战时的空袭，鹿儿岛市内仍旧满目疮痍、遍地废墟。我当时就读的高中校舍，其实就是市内海岸附近的棚屋茅舍。站在校舍，能直接看到对面樱岛（樱岛火山位于日本九州的鹿儿岛县，是一座活火山。——译者注）上升起的火山烟云。

我们的语文老师是个浪漫主义者。在那个教材缺乏的年代，他会选取知名作家的小说等文学作品，每天给我们讲各种有趣的内容。有一次，他对我们说："我每天都在谈恋爱。"当时的我听到这话，一头雾水，他解释道："我每天骑着自行车上下班，途中看到樱岛，我每天都在和她谈恋爱。她那雄伟壮阔的岛影，滚滚奔腾的烟云，似烈火般的热情，让我憧憬神往。"

战后的那段岁月，日本遍地废墟，人们的温饱都成问题，可那位老师却描绘着浪漫而美好的梦想，还把梦想传递给了我们这些学生。那位老师在很大程度上影响了我的人生观，此后，我觉得自己也要像他那样，以乐观开朗的态度面对人生，描绘充满希望的梦想。直至今日，我一直秉承着这样的人生态度。

想必大家也有所了解，在我年轻时，人生可谓灰暗。小学高年级时，我身患肺结核病，差点送命；在旧制中学升学考试时，二度落榜；高考时也曾名落孙山；大学毕业后，找不到理想的工作。我的青少年时代真可谓是诸事不顺、挫折不断。多亏了那位老师的熏陶，使我能够在挫折面前不怨天尤人，以积极的态度面对人生。

不管现实多么严酷和灰暗，都务必要保持健康的心态。要以乐观开朗的态度，描绘充满希望的梦想，这点至关重要。在充满挫折的青少年时代，我仍然坚持梦想，点亮充满希望的人生明灯，因此在踏上社会后，我才能够度过精彩纷呈的人生，进而成就今日的自我。

只要不断在心中描绘梦想，梦想就一定会成为现实。希望大家务必理解这个道理。我在这里所强调的"描绘梦想"其实就是人生方程式中的"思维方式"。换言之，如果心中充满"浪漫而美好的梦想"，人生就会变得精彩纷呈。

不过，虽说梦想可以远大，愿景可以抽象，但对从事经营活动的企业家而言，最好能够让自己的梦想更为具象一些。比如，构思更为现实的经营方针、制定更为具体的目标数字等。"想达成这样的销售额""想获得这样的利润""想营造这样的职场氛围"……身为企业家，要让梦想立足于现实，在脑中浮现具体而明确的数字和目标。

我相信，只要企业家能够持续描绘梦想和制定目标，公司势必能朝着自己理想的方向顺利发展。

㊼ 动机至善，私心了无

描绘远大梦想并付诸实施时，必须问一问自己"动机善否？"通过自问自答来判断自己动机的善恶。

所谓善，就是普遍认为好；所谓普遍，就是无论由谁来看，都认为是好事。因此，不是只符合自己的利益、方便和形象就可以，而必须是自己和

> 他人都能接受的。另外，在工作过程中，还要自问"私心有无？"必须审视自己的内心，在工作中防止以自我为中心。
>
> 动机至善，又无私心，那就不必追问结果，结果必定是成功。

1985 年，日本电信业进入到了自由竞争的市场化阶段。此前，从明治时代起，电信业一直属于国家的垄断行业，而在那一年，政府终于允许民营企业进入该领域。

当时日本的通信费用过于高昂，给民众造成了过重的经济负担，我对此义愤填膺。尤其和美国的通信费用相比，当时日本的费用要高出许多。起初我认为，要想与营业额高达数兆日元的电电公社（如今的 NTT 公司）相抗衡，只有一个办法——建立以大企业为核心的行业联盟，大家抱作一团，与电电公社这个业内航母展开竞争。

于是，我期待某个大企业能够挺身而出，为降低日本国民的通信费用而振臂一呼，但或许是风险太大的缘故，竟然没有一家企业愿意牵头。面对此情此景，我再也无法袖手旁观，决定自己来做这件事。

我当时请了几位电电公社的干部和电信领域的专家，向他们咨询进军电信业的相关问题，并展开了讨论。当时，我对他们说了这样一番话：

从明治时代起，日本的电信业就一直是国营的。如今，日本已经构建起了先进的电信基础设施。而且，不但电电公社迈入了民营化，国家也开始允许其他企业进入该领域。这可谓是百年一遇的转型时期。

我们或许能够成为这场大变革的弄潮儿。我们有相应的智慧和能力，又正好赶上好时候，能够获得行业准入资格。这一切，实在太幸运了。

人生只有一次，能够碰上这种珍贵的机遇，值得为之赌上性命。这种机会，实在是来之不易的福分。我们不可错失良机，要参与其中，勇敢面对挑战。

　　这便是我创立第二电电的动机。不过，让我最后真正下定决心的，还有另一个原因。

　　我在与他们展开讨论的过程中，心中渐渐点燃了希望——"这事儿能成"。但毕竟是规模宏大的事业，因此我需要进一步的自我激励，于是反复思索。最终在我脑中浮现的便是"动机至善，私心了无"。

　　在那之后的大约 6 个月里，每天晚上，即便喝了酒，在入睡之前，我也一定会扪心自问："你想创立第二电电、参与电信业，动机真的纯粹吗？真的没有掺杂私心吗？"我每天坚持对自己进行这种"灵魂的拷问"。为了鼓足敢于向 NTT 这样的行业巨头发起挑战的勇气，我需要大义名分的支撑——我是为了日本国民的利益，这是一项伟大的事业。为了百分百地确定自己"丝毫没有夹杂为名为利的私欲"，我以"动机至善，私心了无"为宗旨，不断自问自答。

　　"动机至善，私心了无"其实也属于人生方程式中的一种"思维方式"。而我的自问自答，也是为了审视自己的动机是否基于像"利己之心"这种错误的思维方式。从这个意义层面上看，该条目非常重要，因为它把人生方程式中的"思维方式"补充完整了。

"动机至善"中的"善"是指纯粹、美好、正直、助人、温良、体谅的美丽心灵。更进一步来说，就是纯粹无邪的赤子之心。这种美德和品格的集合体，便可以用"善"这个字来表达。

换言之，我的自问自答，问的其实是"自己的动机是否美好、是否光明、是否助人、是否温良、是否体谅、是否纯粹"。通过这样的解释，想必大家能够比较容易理解。

㊽ 抱纯粹之心，走人生之路

古印度的梵文中留下一位圣人的话语："伟人的行动之所以成功，与其说凭借其行动的手段，不如说凭借他心灵的纯粹。"所谓纯粹之心，换句话说，就是做事的动机纯粹，没有私心。这与"作为人，何谓正确"的说法是一样的道理。

只要抱有纯粹之心，我们就会走上一条正确的人生道路。

纯粹而没有私心，就是具备了做人的很高的见识，具备了深刻的见解。用纯粹之心作为判断的基准，做出决定，度过人生，那么，他的人生一定顺畅，硕果累累。

前面已经提到，古印度圣人曾说："伟人的行动之所以成功，与其说凭借其行动的手段，不如说凭借其心灵的纯粹。"这句话的意思是，纯粹之心是成功不可或缺的要素。

以企业经营为例，成功的关键并非技术实力、经营方式、经营计划等，而在于企业家是否具有纯粹之心。

印度的《吠陀经》(《吠陀经》是婆罗门教和现代印度教最重要的经典。"吠陀"的意思是"知识""启示"。——译者注）蕴含着非常优秀的哲学思想。而瑜伽这一修行方式也起源于印度，瑜伽的根本是冥想。早在

3000 多年前，印度人便通过冥想，使自身接近佛教中所说的"开悟"境界。

"开悟"可分为各个层次，其最高层次为"瞬时理解宇宙真理"。这是一种大智慧，事物的常理自不必说，包括近现代科学在内的知识，全都一一通晓，最终理解宇宙的根源。这种"大彻大悟"之人精通万事万物，其智慧已达"神"之境界。

《吠陀经》便是这样的开悟者所著，书中写有我在本条目开头所引用的名言。其原文是古印度梵文，翻译成日文便是"伟人所的行动之所以成功，与其说凭借其行动的手段，不如说凭借其心灵的纯粹"。因为是译文，读起来可能感觉稍微有点生硬。

换言之，成功者之所以能取得成就，并非由于其使用了某种手段或采取了某种方法，而是由于其心灵的纯粹。早在 3000 多年前，如神般睿智的圣者便通过这部圣典，向世人阐明了这个道理。

从这个角度去思考，就能更为深刻地理解"动机至善，私心了无"。"动机至善，私心了无"中的"善"可以用"纯粹之心"来代替。换言之,"动机是否至善",即"动机是否源于纯粹之心"。我们必须通过这样的自问自答来审视自己的行为,以确保自己的心灵不夹杂一丝污秽。

二宫尊德以"动机至善"作为人物评价的基准

内村鉴三(内村鉴三,日本作家、基督徒、传教士,明治时代及大正时代的无教会主义创始人。——译者注)所著的《代表性的日本人》一书中,记述了二宫尊德的故事。我曾在演讲中给大家做过介绍。通过这本书,我得知了二宫尊德的活法,并深受触动。

尊德并非是学识渊博之人,他生于贫农之家,自幼生活艰苦。可他靠着一锄一锹,从早到晚、披星戴月地在田间耕作,使所在的村庄脱贫致富。后来,他的事迹受到当政者的赏识和敬佩,于是被任命负责多个村落的改革工作,最终受到世人的高度评价。他把田间劳作视为一种修行，从而培养了自己的人生观。书中写道，尊德在评价一个人时，以"其动机是否至善"作为判断基准。

尊德不用任何奇术，不走任何捷径，以认真的态度，不断努力工作。他相信，如果一个人心地纯粹，不夹杂丝毫污秽，加之努力的态度，连天地都会出手相助。

可见，从古时候起，人们便非常重视动机和心灵。我也坚信，只要做到"动机至善，私心了无"，便一定能取得成功。

㊽ 小善乃大恶

人际关系的基本要点是：要抱着爱心与人相处。但那不是盲目的爱，也不是溺爱。

上司和部下的关系也一样。上司缺乏信念，只知迎合部下，不严格要求，看上去很有爱心，结果却是害了部下。这就叫小善。有句话说"小善乃大恶"，意思是表面的爱会导致对方的不幸。

相反，抱有信念、对部下严格指导的上司，可能会令人感到不够亲切，但是从长远来看却能培养部下，促使其成长，这就是大善。

真正的爱，是指无论何事，都要认真想清楚是否确实有利于对方。

如果从小溺爱自己的孩子，任其放肆，那么孩子成年后往往会成为品行恶劣之人。这样的例子很常见。由于喜欢孩子而对其娇宠溺爱的小善，最后成了毒害孩子的大恶。这正是"小善乃大恶"这句警语的含义，即小善之举等同于大恶之行。

与之相对，还有一句俗话叫"大善似无情"。它的意思是，从表面上看，大善之举往往让人感觉薄情寡义。日本人常说："年轻时的苦难，出钱也要买。""狮子把自己的孩子推下谷底，只养育能独自爬上来的小狮子。"在旁人看来，这样的行为可谓残忍冷血，但其实是为了促使孩子茁壮成长的"爱的鞭策"。这种看似冷酷无情的行为，正是大善的体现。

IBM 的公司宗旨给了我有关"小善"和"大善"的启示

其实,"小善和大善"原本并非我的思维方式。在京瓷哲学中,我一直强调的是利他之心、温良之心、体谅之心、纯粹之心和美好之心。在小学高年级时,我患上了当时可能致死的肺结核病,卧病在床时,偶尔结缘的一本宗教书重塑了我的人生观。因此,对于事业,我勇敢挑战;而在待人接物方面,我总是本着一颗温良之心。

然而,在自主创业后,就不可避免地要训斥员工,有时还不得不严厉批评员工。在某些情况下,还必须当场辞退员工。善待员工是我的理念,可公司一成立,我就不得不立即面对各式各样的矛盾。

这甚至让我怀疑"是不是自我意识在作祟"——自己成了企业家,于是以公司发展为目的,对员工提出各种严酷要求,我是否违背了自己原来的人生观?这是否是我邪恶本性的显露？面对这一系列"自我拷问"，我曾苦恼万分。

在从事经营活动时，不少企业家都会心生苦恼，于是摸索和寻求自己的精神支柱。不少塾生之所以参加盛和塾，想必也是为了获得这种支柱。有的塾生可能会把我的话当作支撑其人生信念的一种寄托。我曾经也是这样，为了找到寄托，尝试过各种方法。

工作中，像"金刚护法"那样绷着脸训斥部下；生活中，宣扬利他、温良、体谅等美德；这种类似"自我分裂"的矛盾，让我在很长一段时间内陷入苦恼。在偶然得知IBM的公司宗旨后，我才算是找到了化解矛盾的答案。

据说，IBM的宗旨之一是"珍视员工"。事实也的确如此，IBM拥有大量高工龄员工，这在日本或许较为常见，但美国的职场潜规则是"跳槽越多，身价越高"，所以说，IBM员工的平均工龄算是相当长的了。

在阐述IBM公司宗旨的文件中，有这样一个寓言故事。

　　在某个北国湖畔，住着一位心地善良的老人。每年冬天，一群野鸭都会飞来过冬。不知从何时起，那位善良的老人养成了给聚集在湖面的野鸭喂食的习惯。野鸭们也渐渐变得亲近老人，它们高高兴兴地吃着老人给的食物。就这样，过了一年又一年，每到冬季，老人都会给野鸭喂食，最后，野鸭们干脆把老人提供的食物作为过冬的粮食。

　　转眼间，又一个冬季来临，野鸭们照常飞来。像之前一样，它们聚在湖边，等着老人提供食物，可老人却迟迟不出现。一天又一天地过去，野鸭们每天都在湖边等待，但老人始终没有出现，因为他已经去世了。

　　那一年，寒流来袭，湖面结冰。由于一味地等待老人，野鸭们忘了自己捕食，最后全都饿死了。

　　文中写道："IBM 不会这样培养员工。"

　　野鸭本是适应于严酷环境的动物，即使湖面结冰，也能自食其力地找到食物，从而生存下去。IBM 之所以强调"珍视员工"，正是本着"培养员工成为顽强'野鸭'"的宗旨。这样的"放养"方式，可能会让人一下子无法接受，但我当时已经领悟到"这才是对员工真正的爱"。

之后，我又看了不少书，当邂逅"小善乃大恶"这句佛教箴言时，我茅塞顿开。

一边心怀善待员工的温良之心，一边又如烈火般地斥责部下，这种"自相矛盾"的行为，曾让我烦恼不已："自己的人格是不是不健全？"可如果一味当"好好先生"、被员工牵着鼻子走，则早晚会危害到公司的发展。公司里并非全都是工作认真的好员工，也存在害群之马，如果对其听之任之，也是莫大的罪孽。企业家如果缺乏直面冲突的勇气，只会一味地讨好员工，势必会导致整个公司陷入不幸。在应该批评训斥时，要毫不留情地批评训斥，这才是大善。通过这样的自我教育，我化解了心中的矛盾，坚定了自己做事做人的信念。多亏了"小善乃大恶"这句箴言，消除了长期折磨我的烦恼。

㊿ 人生须时时反省

> 　　要想提升自我，就一定要严于律己，经常谦虚地、深刻地反省自己："自己日常的判断和行动是不是符合正确的做人原则？自己有没有骄傲的情绪？"
>
> 　　要回归真我，"不可做卑鄙的事情""不能有卑怯的行为"。只要反复这样的自我反省，就不会犯大的错误。
>
> 　　在每天忙碌的生活中，我们很容易迷失自我。因此，必须有意识地养成自我反省的习惯。这样做，就能够克服自己的缺点，改正错误，提升自我。

　　在第六节中，我主要讲了人生方程式，而本条目的内容可谓是第六节的重点。我经常向大家强调："一个人的哲学、思想、心念、理念、信念和人格，是决定其人生的关键因素。"

另一方面，我们是血肉之躯，必须维持自己的肉体。如果每天不吃饭、喝水和睡觉，便无法存活。因此，人类生来就具有保护自我、充满私欲的利己之心。或许有人会觉得这样的说法寡廉鲜耻，但这的确是上天赋予人类的本能，目的是维持肉身。

但如果不加干涉，任由利己之心滋长，人就会利欲熏心、贪得无厌。因此，"反省"作为本条目的中心思想，就显得尤为重要。

如果不通过时常反省来保持心灵的纯粹，就无法保持优秀的思维方式和人格品质，更不用说提升人格了。若想让自己一心向善，反省则不可或缺。

可能有人会觉得我大言不惭。我确实还远未达到上述境界。作为一个凡人，我有时也会有投机取巧或满足私欲的想法，自然也会犯错。有人认为："世俗的稻盛和夫更有人味儿。"但在我看来，错误就是错误，缺点就是缺点，所以我一直在坚持反省，努力改进。

能够坚持每日反省的人，势必具备谦

虚的美德。我经常引用中国的一句古话"唯谦受福"。意思是"只有谦虚的人，才能获得幸福"。反之，如果不谦虚，便无法获得幸运之神的眷顾。因此，不管成就了多么大的事业，也决不可傲慢自大。从这个意义层面上，也能体现"人生须时时反省"的必要性。

"神啊，对不起！""神啊，谢谢！"

从年轻时起，我就养成了每天早上边洗脸边反省的习惯。最近，不仅在早晨，我还会在晚上临睡前反省。哪怕喝了酒，我仍然会在入睡前履行这个"仪式"。

发出声音念叨"神啊，对不起！"这便是我的反省方式。如果白天有傲慢自大或得意忘形之举，在回到家中或下榻的酒店后，我便会立刻开口说："神啊，对不起！"

在反省时，我还会说"神啊，谢谢！"这句话的意思是，"神啊，对不起！请饶恕我刚才的态度，并谢谢您让我察觉到自己的错误"。由于我在反省时会大声说出来，如果旁人听到，可能会误以为我的精神有问题，那就太难为情了。因此，我在反省时，总是会待在自己的房间，或者找个地方独处。

对我而言，这两句话起到了自我惩戒和自我反省的作用。

通过每日反省，使得人生方程式完美成立

如前文所述，前北大西洋公约组织（NATO）大使戴维特·阿布夏先生当时任职于美国国际战略研究所。他在看了我写的《新日本·新经营》一书的英文版后，邀请我参加研讨会，会议主题是"领导者的资质"。

1999 年，该研讨会在华盛顿召开，作为研讨会发起人之一，我在午宴时发表了演讲。在讲到"反省"时，我阐述了如下内容。

如果我说："应该选拔人格高尚者当领导"，想必许多人都会异口同声地表示赞同。

但请不要忘记，人格是会变化的。

有的人由于人格高尚而被选为了领导，但他在掌握权力、身居高位后，人格开始逐渐变化。于是不再施行民众所期望的政治方针，甚至开始作恶。这样的例子举不胜举。

反之，有的人在年轻时经常作恶，人格也有问题。但到了晚年，却洗心革面，脱胎换骨，拥有了高尚的人格。

也就是说，"人格高尚"的确是选拔领导的重要基准，但不可忽略"人格会变化"这个前提。总而言之，要判断对方的高尚人格是否能够维持，就要考察其是否"以谦虚的态度，坚持每日反省"。这点非常重要。

当时，在场的美国政商两界的知名代表，纷纷对我的演讲表示赞许和认同。

为了实践人生方程式，为了维持优秀的思维方式，为了进一步提升自我，"反省"都是必不可少的。为了培养自己优秀的思维方式，努力勤奋固然重要；而为了保持自己优秀的思维方式，对于"修心"亦不可懈怠。

应该通过每日反省来修养心灵，磨炼心智，提高心性。这样一来，人生方程式就完美成立了。

第 2 章

经营要诀

(51) 以心为本的经营

京瓷公司是从一个既没有资金，也没有信誉和业绩的街道小工厂起步的。当时，它依靠的只是仅有的一点技术，以及相互信赖的28名员工。

为了公司的发展，每个人都竭尽全力。经营者也不负众望，拼命工作。员工们相互信任，不贪图私利私欲。大家都以在这个公司工作为荣，盼公司发展壮大。

常言说，人心易变，但同时，比人心更坚固的东西并不存在。正因为大家心心相连，才有了京瓷今天的发展。

公司最初的资本金是合伙人提供的300万日元，再加上合伙人向银行借的1000万日元信用贷款，启动资金总计1300万日元。

而到了1998年3月的财报期，京瓷公司的总销售额约为7000亿日元，国内员工约 15000 人，海外员工约 21000 人，总计约 36000 人。再算上第二电电（如今的 KDDI 公司）的 12000 亿日元的销售额，整个集团的总销售额高达 19000 亿日元。

在创业初期，真可谓是无依无靠。我本人对企业经营也是一窍不通，因此每天都极为不安。"企业应该以什么为支柱？""我应该如何开展工作？"在资金缺乏、技术尚不成熟的情况下，"以心为本"便成了我的"救命稻草"。换言之，我当时想到的唯一出路是"让公司的 28 名员工齐心协力、团结奋斗"。

如果大家各有所思、心怀不满，就必然一事无成。要想让公司发展壮大，只有让员工上下一心、相互信赖，从而形成一个具有凝聚力的强大集体。这样的集体一旦形成，不管遇到怎样的艰难困苦，都势必能做到毫无畏惧、披荆斩棘。

基于这样的想法，我决心让员工们能够像亲父子、亲兄弟那样相互信任、直言相谏、心灵相通。于是，我开始在员工教育方面倾注心血。

㊐ 光明正大地追求利润

企业如果没有利润就无法生存。追求利润既不是可耻的事，也不违背做人的原则。

在自由经济的市场环境中，由竞争结果决定的价格就是合理的价格，以这个价格堂堂正正地做生意所赚得的利润，就是正当的利润。在激烈的价格竞争中，努力推进合理化，提高附加价值，才能增加利润。

不是为了满足顾客的要求脚踏实地、努力工作，而是靠投机和不正当手段牟取暴利，梦想一攫千金。在这样的世风中，光明正大地开展事业，追求正当的利润，为社会多做贡献，这就是京瓷的经营之道。

如今充斥着无良企业和企业家，他们通过投机和违规行为牟取暴利，妄图一夜暴富。

而我反复强调，京瓷一直坚持走"合法开展事业，追求正当利润"的光明大道。

"在市场化的自由竞争中，价值指挥棒所决定的价格便是合理的价格"。这个原理，对于中小微型企业最为适用。因为它们几乎不可能在市场中拥有垄断地位，不管在什么领域，势必都要面对严酷的竞争，任由市场行使定价权。

在一个由市场行使定价权的行业，由于竞争激烈，任何一家企业都难以获得巨额利润。与拥有垄断地位或受政策保护的企业不同，中小微型企业所涉及的行业往往都是自由竞争的领域，根本不可能通过投机取巧来获取不当利润。即便进入了"一本万利"的"蓝海"，竞争对手也会立刻纷纷杀入，使其成为一个再也无法维持高售价和高利润的"红海"。换言之，在市场化的自由竞争中，不存在"一劳永逸，躺着赚大钱"的生意，只能通过合理的价格赚取合理的利润。像这样，通过踏实努力所积攒的利润，便是企业的整体经营利润。

㊾ 遵循原理原则

　　京瓷自创建以来，所有的事情都是在遵循原理原则的前提下做出决断的。公司的经营应该合乎情理，遵循道德。否则，经营就不可能顺利进行，更不可能长期发展。

　　我们并不依赖所谓的经营常识。比如说，"因为一般的公司都这样做，所以……"我们不会依据这类常识做出轻率的判断。

　　无论是组织、财务还是利润的分配，如果认识到事情本来应该怎样，以事物的本质为依据做出判断，那么，即使是在国外，即使面对至今未曾遇到过的新的经济状况，判断也不会失误。

　　我所说的"至今未曾遇到过的新的经济状况"，指的是类似当年日本泡沫经济破灭那样的意外状况。面对剧变，企业家必须做出正确判断。而在做判断时，企业家必须遵守普遍性的道德准则，把“作为人，何谓正确？”作为判断基准。

换言之，无论我们身处什么时代，在判断事物时，都必须把“作为人，何谓正确？”作为原则。我称其为“依据原理原则做出判断”。

京瓷哲学正是一种原理原则，因此可以作为判断基准来使用。

(54) 贯彻顾客至上主义

京瓷创业之初，是生产零部件的厂家，但自那时起，京瓷就不是从属于他人的下包加工企业，而是一家独立自主的公司。

所谓独立自主，就是要不断创造出客户期待的有价值的产品。因此，在相关领域里，必须拥有比其他厂家更为先进的技术。必须凭借先进的技术，在交货期、质量、价格、新产品开发等所有环节上，全方位地满足客户的需求。

这就要求我们颠覆固有观念，采取挑战到底的姿态。

取悦客户是从商之本，做不到这一点，就不可能持续获取利润。

我一直用"顾客至上主义"这个词来概括"取悦客户是从商之本"的道理。

极度重视技术研发，从不懈怠；尽力满足客户对于交货期的各种"无理要求"，哪怕大半夜，也要按照客户的指示送货上门；总是尽量接受客户的压价。京瓷公司之所以这么做，正是基于"取悦客户"的真诚意愿。

在我看来，经商的根本便是"无论如何都要取悦客户"。如果做不到这点，企业便无法持续获得利润。

1999年，京瓷迎来了公司创立的第40个年头。在这40年间，财报从未出现过赤字。回顾业绩，我们可以看到持续的盈利和不断的发展。

就像我刚才所说，这是京瓷顾客至上主

义的成果，也是努力取悦客户的回报。

㊺ 以大家族主义开展经营

　　把别人的快乐当作自己的快乐，同甘共苦，我们一贯重视这种家族式的信赖关系。这是京瓷员工携手并进的出发点。

　　这种家族式的关系，使员工们互存感谢之心，相互体谅，建立起彼此信赖的关系，成为做好工作的基础。正因为像家族一样，当同事在工作上遇到困难的时候，就能够无条件地互相帮助，甚至个人的私事也能像家人那样相互交谈。

　　我们所说的"以心为本的经营"，也可以说，就是指重视这种家族式关系的经营。

　　该条目与前文所述的"以心为本的经营"正好是相辅相成的一对。

　　在创业初期，我曾非常迷惘，不知道该

如何经营企业。当时没有什么可依靠的条件，我的技术实力还处于平庸水平。公司资金也只有合伙人拼凑的 300 万日元和他们向银行借的 1000 万日元。

在那样的状况下，我拼命寻找能够依靠的"救命稻草"。通过反复思索，我觉得只有团结全体员工，依靠"人心"去开创事业。

但仅靠"人心"这种抽象概念，还是让当时的我感到不安，于是我又想："最能团结和凝聚人心的因素是什么？"最后，我想到了"家族的纽带"。父母与孩子，兄弟与姐妹，即便利益关系发生冲突，彼此还是会互相帮助。因此，我开始倡导大家族主义的经营方式。

然而，企业与家庭的性质截然不同。企业家对于公司的责任是有限的；而家庭成员之间"血浓于水"，具有"生死与共"的无限责任。即便如此，为了抚平当时自己心中的不安，我仍然向员工大声宣布："咱们要以大家族主义开展经营。"

在创业初期，我对企业经营一窍不通，

心生烦恼和怯意，于是拼命寻找寄托。结果便有了大家族主义的想法。追本溯源，这原本是我为了树立企业家自信的一种手段，但如今回想起来，自己的确是"歪打正着"。我认为，企业规模越小，就越应该导入这种经营思想。

本条目的中心思想是企业人际关系。不要把企业的人际关系视为利益相反的劳资关系——企业家与受雇者、资本家与劳动者之间的对立关系，而应该在公司内构建父母孩子、兄弟姐妹般的和谐关系。以这种大家族主义开展经营，便能使公司上下团结一致、互帮互助。

然而，大家族式经营也会导致一个新问题——娇惯。所谓娇惯，即一种基于家族温情的依赖思想——"大家不是像兄弟姐妹一样吗？大家不是像父母孩子一样吗？犯点儿错有什么关系？"诚然，"亲如一家地互相帮助""无话不谈，畅所欲言"是非常理想的企业人际关系，但只要稍有偏颇，"互相帮助"就可能变质为"互相撒娇"，从而降低工作效率、削弱企业竞争力。接下来，我会阐述“贯彻实力主义”的条目。它的意义就在于避免让大家族主义沦为对员工的盲目娇惯。

(56) 贯彻实力主义

运营一个组织最重要的是，这个组织各部门负责人是否由真正有实力的人来担任。

真正有实力的人，不仅拥有胜任职务的能力，同时具备高尚的人格，值得信任，值得尊敬，愿意为众人的利益发挥自己的能力。要给这样的人提供出任组织负责人的机会，并让他们充分施展才能，一定要形成这样的组织氛围。贯彻实力主义，组织就会得到强化，进而达到为全体员工谋福利的目的。

在京瓷公司，衡量一个人的标准，不是辈分和资历，而是他所具备的真正实力。

千万不要因为采用了大家族主义，就不考虑员工能力的有无。如果一味地把年长或在职时间长的员工选拔为管理者，会导致组织出现问题，进而对公司整体造成严重的负面影响。最终只会让整个大家族陷入不幸。

在企业内推行大家族主义的同时，必须选拔工作能力优秀并受人尊敬和信赖的员工，让他们担任组织的管理者。只有符合这种要求的人，才能带领大家迈向事业的成功，进而追求全体员工物质和精神两方面的幸福。

如果片面理解大家族主义，让最年长者管理组织，就会对企业造成严重的负面影响，最终使全体员工陷入不幸。

在京瓷公司，不允许这种"娇惯"的经营方式存在。我之所以阐释"贯彻实力主义"的条目，就是为了强调这点。

⑤⑦ 重视伙伴关系

京瓷从创立以来，一直致力于建立心心相印、互相信赖的伙伴关系，并以此为基础开展工作。

公司同事间的关系，不是经营者与员工之间的那种纵向的从属关系，基本上是横向的伙伴关系，是同志关系。大家朝着一个目标一起行动，为实现共同的理想团结奋斗。

不是通常那种基于权力或权威的上下级关系，而是志同道合的伙伴们团结一致，齐心协力，这才带来了京瓷今日的发展。

合作伙伴之间互相理解、互相信赖，才使这一切成为可能。

"重视伙伴关系"与之前阐述的"以心为本的经营"和"以大家族主义开展经营"的两大条目一样，都是我在创业初期思考的结晶，目的都是为了培养"身为企业家的自信"。

企业家与受雇者、资本家与劳动者、当权者与服从者，如果把这样的上下级关系引入企业，公司便会以"上级命令，下级执行"的官僚方式运作。一旦上级指示错误，恐怕会殃及整个组织。

在创业初期，我连对下级发号施令的自信都没有。如果我当时导入这种上下级关系，势必会遭到下级的反对和排斥。

我常这样告诫"富二代"或"富三代"的家族企业继承者：

"对员工而言，在世袭制的家族企业工作，等于是守护别人家的财产。假设京瓷是家族企业，员工就等于在给稻盛家打拼卖力。于是，有的员工便会想'稻盛只是在利用我守护和增加他们家的财产而已，在这种世袭制企业工作，即便拼命努力，也不可能坐上老板的位子，结果只能是受剥削，让别人家的财产增值罢了'。这种不满心态会助长消极风气，如此一来，企业必然无法发展壮大。"

正因为如此，我才一直强调"要重视伙伴关系，构建人人平等的公司文化"。并且通过让全体员工拥有股份，使他们明白"每个人都是公司的股东，每个人都是负责公司运作的合伙人，大家必须齐心协力、努力奋斗"。

如果员工能够认识到"自己也是经营企业的一分子"，主观能动性便会油然而生。看到自己的努力成果以股票升值的形式获得回报，可谓是一种激发员工干劲的好方法。

需要注意的是，这种方式只适用于像我这样的"创一代"，身为"富二代"或"富三代"的企业继承者切不可模仿。拥有公司股份的员工一旦辞职，相应的股份就可能会流入坏人之手。股份是一把双刃剑，倘若好人持有，则善莫大焉；倘若坏人持有，则后患无穷。因此，我当年在分配股份时，也受到了周围人的告诫，他们劝我："不要轻易把股份给员工。"

然而，当时的我心意已决，誓要与员

工建立相互信赖的关系，同舟共济地经营公司。"先不管大家是否会背叛我，只有我先信任大家，才能获得相应的回报。"秉着这样的信念，我毅然决定分配股份。结果很幸运，我算是"押对了宝"，但这的确是一步险棋。

我曾明确宣布"京瓷不搞世袭制"，也的确履行了承诺。公司的股份由员工们持有，由于我们之间相互信赖，因此这种股份制的模式运行良好。

然而，包括盛和塾的塾生在内，绝大部分中小企业家都是家族企业的继承者。这种情况下，企业家可以堂堂正正地对员工如此宣布：

"咱们公司是世袭制的家族企业。如果大家努力奋斗，公司发展壮大，增值的部分的确是我的个人资产。可我并非一心只想着个人利益，对于努力工作的员工和做出贡献的功臣，我会给予诸如奖金等各种形式的回报，让大家也能生活幸福。因此，请各位同人相信我、信赖我，与我一起开创事业。"

只有采取这种方针，才能让全体员工干劲十足地追随企业家。

我是"创一代"，所以可以不搞世袭制，让员工持有股份。可如果家族企业采取这种方式，恐怕会遭受灭顶之灾。因此我认为，世袭制的家族企业并无必要让员工持有股份。

但另一方面，家族企业的企业家必须对员工以诚相待，反复强调："自己并非一味追求个人利益，愿意为了全体员工的幸福而不懈努力。"只有通过这样的方式，才能提升员工的凝聚力，让员工团结在自己周围，从而实现公司的发展。

㊽ 全员参与经营

在京瓷，我们把阿米巴组织作为经营的单位。

每个阿米巴都独立自主地开展经营。同时，每个人都可以发表自己的意见，为经营出谋献策，并参与制订经营计划。这里的关键在于不是少数人而是全体员工共同参与经营。

当每个人都通过参与经营得以实现自我，全体员工齐心协力朝着同一个目标努力的时候，团队的目标就能实现。

全员参与的精神，也适用于公司活动和聚会。为了培养开放式的人际关系、伙伴意识、家族意识，我们经常举办各种活动，并同工作一样，要求全员参与。

要求全体员工参与经营

如上所述，京瓷非常重视"全员参与经营"。普通企业往往采取"金字塔式"的经营模式——顶层是社长，社长下面是核心干部，核心干部下面是各组织的部长和科长，命令自上而下传达，各部门奉命行事。但在创业初期，我就毅然决定，让公司仅有的 28 名员工共同参与经营。

我当时缺乏经营企业的经验，既没有信心自己掌舵和拍板，也没有信心指导和率领全体员工，于是便在不安之中想出了这个办法。可以说，我最初决定导入"全员参与经营"的动机并不光彩，它是我这个软弱的领导在不安之中找到的出路——"大家一起经营""大家一起思考"。

如果员工按照上级的命令行事，往往会形成"上令下行"的模式。听命者只能奉命行事，既不会独立思考，也不会主动发现问题，是一种消极被动的工作态度。换言之，这样的工作状态是机械的、无意识的。在执行命令时，并没有调用自己的想法和意识，而是把"完成上级指示"作为理由，放弃独立思维，以无目的、无意识的态度完成任务。于是便形成了一种普遍消极的职场处世术——"上面怎么说就怎么做；不用太努力，完成任务就好；不用太卖力，做到不挨骂的程度即可"。

与之相对，如果员工能够参与企业经营，心态就会截然不同。尤其当企业家对普通员工说："我希望你和我一起思考经营方针。我一个人心里没底，所以想依靠你的智慧。"员工势必会受宠若惊。"社长居然这么看得起我，那我可得努力思考，为公司的发展出一份力。"要以这样的方式激发员工的主观能动性，从而实现"全员参与经营"。

当积极性被激发的瞬间，员工便会心生"自己也要主动思考"的念头，从而一改之前的消极态度——"这是上司的命令，哪怕自己不情愿，也不得不做好表面工作"。即便没有上级的命令，也会积极地谋划及参与经营，努力实现自己的想法。

当员工积极参与企业经营时，其对于经营事业本身的责任感也油然而生。换言之，让员工参与经营，能够培养他们的使命感——"社长竟然找我商量事务，可见我是一个被器重的人。自己必须努力，不能辜负社长的期望"。

关键在于让每名员工都做到"有意注意"

前文中已经提到，"有意注意"是我的常用词。其含义为"有意地倾注注意力"。

比如，某处突然传来声响，于是扭头寻找音源，这种行为就是"无意注意"。即在下意识的状态下，受到声音的刺激而反射性地回头。

请允许我在这里"拾人牙慧"，引用中村天风先生的名言。他曾说："人生在世，要时时驱动自身的意识思考事物，切不可无意识地虚度光阴。"这也是企业经营的关键所在。在经营活动中，不管看似多么微小的事，都要集中精神，认真思考，调动自身的注意力。这便是"倾注注意力"。

"这是小事，交给部下全权处理即可；这是大项目，我得自己思考。"如果企业家以这种态度从事经营，一旦面对必须靠自己做出判断的重大问题时，由于平常没有养成"事事有意注意"的习惯，到了关键时刻，往往既无法有效思考，也无法有效决策。这样的失败案例很常见。正因为如此，天风先生才告诫世人："不管看似多么微不足道的事，都要全神贯注地思考。人生在世，应该养成这样的习惯。"

而所谓"全员参与"的经营方式，便是一种激发员工主观能动性的手段。"对于企业经营，我信心不足，因此希望大家协助我。咱们一起群策群力，共同经营。"这样的话语能让员工产生共鸣："既然社长都这么说了，那我们也应该努力，一起为企业经营出谋划策。"员工一旦具有这样的心态，就等于是对企业经营倾注了意识。即到达了"有意注意"的境界。

京瓷的所有活动全体员工必须参加

京瓷公司一直非常重视保持全体员工齐心协力、同心同德的状态——"公司如此器重我，我必须和社长一起努力，思考公司事务"。为了尽量创造让全体员工共同参与的机会，公司经常举办诸如联欢会、运动会、员工旅游和慰劳会等集体活动，意在增进员工之间的交流与团结。

然而，每次举办这样的活动时，总会有一些老员工发出不和谐的声音："和公司里的小年轻儿一起闹腾有啥意思。"对此，我总是强调："不管什么活动，如果做不到全员参与，则无意义。公司之所以举办各种集体活动，并不是为了单纯玩乐，而是为了让大家在拥有共同体验的过程中，增进情感和团结。"因此，我一直把"全员参与"作为公司活动不可动摇的原则。

普通的企业在举办活动时，往往会有人以各种理由缺席。其实，企业的规模越小，"全员参与"就越是必要。关键在于，通过贯彻"全员参与"的原则，让每名员工感受到"自己是被企业所需要的一分子"。

如果劳动者与企业家的思维方式一致，劳资纠纷便不会发生

京瓷公司成立于 1959 年。1955 年，"保守合同"（保守合同，意为"保守党结盟"。1955 年 11 月 15 日，日本的两大保守党——自由党和日本民主党结盟成为"自由民主党"。这一政治事件被称为"保守合同"。——

译者注）成立，从而形成了日本人常说的
"五五年体制"（五五年体制指的是日本政坛
在 1955 年出现的一种体制，即政党格局长期
维持"作为执政党的自由民主党"与"作为
在野党的日本社会党"的两党政治格局。——
译者注）。当时也正赶上"神武景气（神武
景气是指日本从 1954 年 12 月至 1957 年 6
月出现的战后第一次经济发展高潮。——
译者注）"，可谓是日本经济高速发展的开
端。与此同时，以"总评"（"总评"的全
称为"日本劳动组合总评议会"，是日本最
大的全国工会中央组织。——译者注）为核
心的工会运动也在全国各地蓬勃开展。1960
年，日本又发生了围绕"60 年安保"（"60
年安保"是指 1960 年 1 月 19 日，日美两国
签署的《日美共同合作和安全条约》。——
译者注）的安保骚动，各地掀起了学生运
动的热潮。在如此瞬息万变的社会浪潮中，
包括京瓷在内的民营企业都遭受了巨大的
影响，不少企业内的工会组织采取了过激
行动。

在那样的大环境下，劳资纠纷自然不足为怪。其并非单纯的经济斗争，而是一种社会风向的反映。当时，每家公司里都有过激派，他们不理解企业家的苦衷，片面强调劳动者的权利。

要说服抱有这种思想的员工，可谓难于上青天。经过苦苦思索，我发现，要想解决这种纠纷，企业家和劳动者之间必须做到相互理解和体谅。只有体会到了彼此的苦衷和难处，双方才能坐下来心平气和地谈判。换言之，只有处于相同的思想维度，才能实现彼此间的对话。

而我所强调的"全员参与"，正是一种让劳资双方思想一致的有效手段。双方之所以无法相互理解、水火不容，正是由于各自所处的"世界"差异太大。双方固守各自立场，一味地考虑自己的利益，主张自己的想法，结果自然是持续对立。

劳动者在要求涨工资和加奖金时，可以假设自己是支付薪水的老板，一旦以企业家的立场设身处地地想问题，就能察觉自己的要求是多么不合情理、荒唐无稽。于是便会明白在如此不景气的经济形势下，自己的加薪要求就等于是无理取闹。

自京瓷成立以来，我就一直在思考"什么样的企业才能做大做强"。我的答案是："包括思想和经营在内的各个层面，劳资双方都在水准较高的同一境界。这样的企业才是最强的。"

在京瓷，一切信息都对所有员工公开。为了让全体员工参与经营，公司从不搞秘密主义。

如果员工的知识、经营能力等各方面都与企业家处于同样的高水准，劳资纠纷就不可能发生。反之，员工与企业家之间的思想鸿沟越大，劳资纠纷就越容易爆发。这是我多年来的经验之谈。

如上文所述，"全员参与"这一理念诞生的动机是原始且幼稚的，但其意义却非常深远。

(59) 统一方向，形成合力

人总是有各种不同的想法，如果每个员工都各行其是，公司将会怎样呢?

每个人的力量不能凝聚到同一个方向，力量势必分散，就无法形成公司的合力。

看看棒球或者足球之类团体性比赛就会发现，全体队员向着获胜的目标齐心协力的团队，同那些各自为战、只追逐个人目标的团队之间，实力的差距一目了然。

当全体员工的力量向着同一个方向凝聚在一起的时候，就会产生成倍的力量，创造出惊人的成果。那时一加一就会等于五，甚至等于十。

为了实现统一方向，形成合力，要彻底做好员工的思想工作

从本质上说，本条目与“全员参与经营”

基于相同的道理。

"如果员工不情愿参与企业经营，那该怎么办？"为了避免类似情况发生，就需要员工凝聚到同一个方向。"思维方式"是经营中最为关键的因素，因此，企业家的首要任务是让全体员工的思维方式保持一致。此外，还要确定一致的前进方向和目标。

换言之，让全体员工参与经营时，首先必须让他们对企业的前进方向和目标具有统一的认识。这点非常重要。

每个人都有自己的特点，无论是长相、想法还是个性，都各不相同。所谓企业，是一个商业团体，自然有形形色色的人聚在一起。企业需要维持运作，也需要不断发展。为此，我一直坚持做员工的思想工作，向他们灌输公司的思维方式和发展目标。在我看来，最为困难的事就是让员工接受并实践企业的理念。一有机会，我就会苦口婆心地对员工念叨："咱们公司以这样的方式方法，朝着这样的方向迈进""我认为，应该具备这样的思维方式"……

在向员工阐释上述理念时，我所得到的反应大致可以分为两种。一种是员工的眼中闪烁着光芒，频频点头，对我的说法表示赞同；另一种则是员工一脸的不以为然，对我的说法似乎不屑一顾。而第二种员工正是我的"攻坚对象"。比如，我召集10名员工谈话，如果其中有3人不同意我的观点和理念，我就会锲而不舍地努力说服他们，直到他们接受为止。

据我多年的经验，最排斥我理念的，往往是那些自以为"这种道理我早就明白"的员工。他们心中的真正想法与我的想法大相径庭；反之，对我的理念真正产生共鸣的员工则不会简单地随声附和，而是津津有味地听我讲话，连续几个小时都不厌倦。

对于不接受我的理念的"顽固分子"，该如何让他们心服口服呢？在这个问题上，我倾注了大量时间和精力。在许多企业家的眼里，花一个小时做员工的思想工作，远不如让员工干一个小时的活儿来得合算。但在我看来，为了能够转变员工的思想，让他们理解我的理念，花一个小时也好，两个小时也好，我都在所不惜。

也有极端情况——无论我再怎么晓之以理、动之以情，对方还是像顽石一样，不为所动。于是，我会说："算了，那你辞职吧。"对方听后，往往会满脸怒气，对我大吼大叫："我凭什么非得辞职？！"

对此，我会这样解释："听我这么不停唠叨，你挺痛苦的吧！我也很痛苦。既然双方都痛苦，我建议你还是去与你的想法相符的公司就职。日本是一个自由民主的国家，人人都有自由选择职业的权利。你犯不着在不喜欢的公司苦熬。如果全日本就我们一家公司，那另当别论，可如今有的是企业和就业机会，你又何必委屈自己呢？"

如今的京瓷已经是一家世界知名的大企业，如果我再说这种话，可能会出问题。可当时的京瓷只是一家中小企业，更大更优秀的企业比比皆是，员工大可另谋高就，没有非得"一棵树上吊死"的理由。因此，在当时，不管员工多么优秀，如果与公司的矢量不一致，我就会劝其辞职。

总之，在规模较小的集体中，即便只有一名成员的矢量与大家不一致，也会对周围人造成负面影响——"原来矢量不一致也没关系嘛！反正照样能在公司里做下去"。因此，为了让全体员工的矢量一致，我十分重视员工的思想工作。

⑥ 重视独创性

京瓷自创业之时，就非常重视独创性，从不模仿他人，一直凭借独特的技术与对手一决胜负。其他公司不敢接手的订单，我们欣然接受，之后全体员工拼命努力，创造出这种产品。随之也就确立并积蓄了一项项独创性的技术。

譬如，京瓷曾获得过大河内纪念生产特别奖、科学技术厅长官奖等奖项，特别是多层封装技术的开发成功，更有力地证明了这一点。这项技术为京瓷飞跃性的发展带来了机会。

> 抱着无论如何也要成功的强烈的使命感，每天钻研创新，一步一步积累，必将孕育出卓越的发明创造。

独创性产生于把"承诺"转变为"现实"的过程中

自成立之初，京瓷就一直重视独创性，秉着"不模仿他人，一直凭借独特的技术与对手一决胜负"的宗旨，一路走到了今天。京瓷乐于承接其他公司无法完成的任务。说到这里，可能大家会认为京瓷原本就具备优秀的技术实力。可事实并非如此。

公司成立之初的唯一客户是松下电子工业（如今的 Panasonic），当时，京瓷向松下提供用于制造显像管的绝缘部件。要想争取新客户，就得寻找可能需要用到新型陶瓷绝缘部件的电子产品制造商，比如东芝、日立和 NEC 等。可当时京瓷只拥有制造显像管绝缘材料的单一技术，加上与松下的合作关系，京瓷不能把相同的产品卖给其他公司。

在这样的情况下，京瓷采取"广撒网"的战略，遍访东芝和日立等公司的研究所——"我们拥有陶瓷技术，不知能否为贵公司出一份力"。可对方总是拒绝提供既有陶瓷产品的订单——"我们公司一直和那家供应商长期合作"。当时唯一的机会是"连他们的大型合作供应商都无法制造的陶瓷产品"。他们往往会问："既然你们拥有陶瓷技术，那能做出这样的产品吗？"

一般来说，客户是不会把已经委托合作供应商的产品订单给别人的。对于"上门讨活儿"的新面孔，客户往往会询问："能否制造难度较高的产品？"如果回答："这个我们没做过。"那生意就没得谈了。所以，即便当时只有制造显像管绝缘材料的技术经验，我也不得不在客户面前摆出一副"无所不能"的架势——"这个嘛，虽然有点难度，但应该能行"。如果不这么说，客户是不会搭理的，因此我往往会歪着头，装出一副思考状，然后说："我们会想办法搞定的。"但其实是在撒谎。

如果只是像这样"满嘴跑火车",那就再也没脸见客户了。一味撒谎只能使自己的路越走越窄,倘若公司不出成果,获取新订单只能是痴人说梦。

因此,在用撒谎这种极端手段"抢"到订单后,接下来的工作可就够呛了。我们必须把谎言变为现实。而这与独创性息息相关。

前文中提到"全员参与经营"。当我从客户那里回来后,便会立刻召集全体员工,向他们说明目前的情况:"某某公司的研究所计划制造这样的新产品。该产品很有市场前途,将来可能会大批量生产。那家研究所非常看好咱们公司,他们说了,如果咱们能成功制造相关部件,就会给我们大量订单。但正如各位所知,目前咱们公司既无相关技术,也无相关设备。但我无论如何都想制造出这种部件,满足客户的要求。"当时公司缺乏技术和设备,这一点员工早就心里有数。因此,在听了我的话之后,大家唯一的表情是惊愕。

　　有人当场提出质疑："连设备都没有，怎么可能做出来？"于是，我便开始与员工们进行交涉。

　　"没设备就不能做事了？这可不是我想听到的。我会马上想办法采购设备，虽然咱们目前买不起好设备，但我会想办法，通过购置二手设备等手段，让生产客户订购的部件成为可能。"

　　"可即便现在急着去找二手设备，也很难保证按时交货。既然想争取到新产品的订单，就应该在平时进行设备方面的资金投资，做到有备无患，否则很难试制新产品。"

　　"你完全没有理解我的意思，我在讲'泥绳式经营'的道理啊。"

　　所谓"泥绳"，指的是古代的日本捕快在抓到小偷后，才去制作绑小偷的绳子。用中国话说就是"临阵磨枪""临渴掘井"。可如果在抓到小偷前就做好一批绳子，就增加了成本负担，可能成为一种"库存积压"。因此，在抓到小偷后再搓绳，可谓是效率最高的做法。我一边煞有介事地对员工讲着这样的大道理，一边宣布"咱们京瓷会一直采用'泥绳式经营'的方式"。

我接着说道："在获得订单之前，就准备好生产设备，这样的事情谁都会做。但许多企业正是由于这种无谓的设备投资，才会陷入经营不善的困境。咱们要采取'泥绳式经营'的方式，在拿到订单后，再购入设备。"

阿米巴经营思想的原点，如"只在必要时购入必要量""杜绝无用库存"等，都是源于这样的思维方式。

一提到"重视独创性"这个京瓷哲学的条目，总给人一种高端的感觉，可它其实源于我的软弱无力和无可奈何。当时，京瓷没有技术实力和设备条件去争取新订单，可为了养活近百人的员工，我不得不使出"苦肉计"来拿到订单。而这种靠"连蒙带骗"得到的订单，却为京瓷创造了"不得不发挥独创性"的现实环境。

正所谓"穷则变，变则通"，我故意把自己逼至困窘境地，促使自己研发出新技术。打个比方，前者是"先进的研究所，充足的经费，一流大学的优秀人才"，后者是"生死存亡、你死我活的竞争环境，挑战身心的极限"，两种研发条件简直有天壤之别。

即便拥有前者的条件，也并非就一定能够获得独创性和专利技术。我认为，独创性的本源是"穷则思变"，只有身处后者的条件，把自己和部下逼至窘境，以"生死存亡"的极限状态思考和研发，才能获得独创性。

对于从未尝试过的工作，对于不太可能研制成功的产品，却做出"能够完成"的承诺，这的确是撒谎，但通过这样的谎言，京瓷确实做到了"不模仿他人，开发出自家独特的技术"。

每天坚持不懈的小创意终促成伟大开发的技术

把自己逼到窘境，战胜艰难困苦，努力攻克难题。通过这样的经验积累，能逐渐提升自信。

京瓷亦是如此，公司原本的业务只有松

下电子工业的显像管部件订单，通过努力，渐渐获得了东芝和日立等公司的订单，并努力满足了对方的要求，于是产品线逐步扩大。与此同时，独创性也在企业文化中逐渐扎根。

比如，索尼公司在开发磁带录音机时，由于录音机里的主动轮对磁带的磨损太大，因此想采用陶瓷材质的主动轮部件，于是找到京瓷。我在听取了对方的要求后，便联想到给某个老客户提供的某件既有产品，于是在脑中浮现创意——"如果灵活运用那件产品中的技术，应该能制造出陶瓷材质的主动轮"。

换言之，一旦成功研发出一种产品，就可以灵活运用在该过程中所习得的技术，从而创造出其他新产品。这便是"技术的连锁式运用"。比如，一旦成功掌握了马口铁的曲面加工工艺，就可以进一步研究"是否能把这种工艺运用于不锈钢的曲面加工，乃至其他金属的曲面加工"。技术的运用领域是无限广阔的。

"不断思考如何灵活运用既有技术"不但是掌握"人无我有"独创技术的条件，也是确保企业拥有丰富技术储备的基础。京瓷之所以能够在各领域拥有核心技术，正是不断积累技术实力的结果。

如上所述，在阐释"重视独创性"时，我提到了"每天坚持发挥创意"，虽然一两个创意看似微不足道，但只要能够坚持不懈，随着日积月累，等过了1年、2年、10年，乃至像京瓷这样过了39年，就能收获伟大的技术成果。

说到"独创性"，可能会给人一种遥不可及的感觉，但它其实源于每天的创意积累。只要坚持不懈，日积月累，看似微不足道的创意和改良，最终能够促成伟大技术的诞生。

自己独立思考，自己亲身实践

这种"不模仿别人，自己独立思考和实践"的作风，在不知不觉中成了京瓷的传统。换言之，京瓷人的处事习惯是"重视独创性，不依靠别人，走自己的路"。

企业经营没有范本可循，即便是同样的生意和目标，每家公司所走的路也各不相同。有的走在田埂上，却由于脚下一滑而掉到水田里，于是干脆在田里走；有的选择铺好的水泥路，却走在路边上。虽然目标相同，但选择的道路千差万别，因此途中遭遇的困难也有所不同。

正如释迦牟尼佛祖所开示的那样，归根结底，人生是一个人的旅途，只属于自己，而不属于他人。不管一个人拥有多么好的孩子、父母或配偶，人生仍然是一个人的孤独旅程。人们独自出生，独自死去，无人陪同。

企业经营也与之类似，应该依靠自己。可有的企业家却常常问别人："怎样才能把企业办好呢？"如果抱有这种依赖别人的态度，不管是人生还是经营，都不可能顺利。

京瓷曾与苏联成功建立了贸易关系，向苏联出口成套机械设备。当时，有家日本知名的大企业到我这里来"取经"，他们的领导问我："稻盛先生，要怎么做，才能像贵公司这样生意兴隆呢？"我听后，顿时感到错愕与失望。

大企业有的是毕业于一流大学的优秀人才，我原以为这样的企业势必遵循"独立思考，自主实践"的原则，可他们却来拜访我这家位于京都的中小企业，不假思索地问应该怎么做。如果抱着这种依赖他人的想法，企业当然无法顺利运作。

在日本泡沫经济的繁荣期，各家企业争先恐后地投资房地产，随着泡沫破灭，它们都背负了巨额的不良资产。究其根源，便是步人后尘、盲目跟风的思想所导致的恶果。打个比方，当双脚踏入四下无人的泥田时，必须自己独立思考"怎样才能快速地把脚从泥地里抽出来？""如果鞋子掉进泥坑了，怎样才能拿出来，去哪里洗干净？"

然而，现实中却有许多贪图安逸的企业家，他们只要遇到些许经营方面的挫折，便立刻去向别人请教解决对策。如果是中小企业领导去向大企业领导请教，那我还可以理解；如果大企业领导向取得成功的中小企业

"取经"，那就是原则性的错误了。我认为，领导的这种错误思维，正是企业无法顺利发展的症结所在。

敢于挑战"不可能的任务"的习惯促使第二电电诞生

1984 年，我创立了与陶瓷业务毫不相关的第二电电。当时的我，对电信业一窍不通。

从明治时代起，100 年来，日本的电信业一直隶属国营，被日本电信电话公社（如今的 NTT 公司）垄断。而在 20 世纪 80 年代，形势突然转变，政府开始推行电信业的自由化，允许民营企业进入该领域，于是我毅然决定进军电信业。

我当时想，自己正好赶上百年一遇的变革期，如果以"没有相关知识和经验"为由而袖手旁观，下一个机遇可能又要在百年之后才会到来。为了不错过大好机会，我成立了第二电电，正式进军电信领域。

自创业起，京瓷一直在不断挑战"不可能完成的任务"，这已然成为京瓷人的习惯和活法——以"有意注意"的态度深入思考每个细节，如同在黑暗中全神贯注地探路一般。

在成立第二电电时，我也采用了同样的方法，毅然迈入一片黑暗的未知世界。如果我没有养成敢于挑战"不可能完成的任务"的习惯，面对伸手不见五指的未知领域，我势必会心生恐惧、裹足不前，最后拜托别人为我引路。

但我们京瓷人是秉着"独立思考，亲身实践"的原则一路打拼过来的，这也为第二电电的成立创造了良好的先决条件。

在"重视独创性"的基础上，自己独立思考，亲身实践。这么做貌似很难，但其实并非如此。京瓷创立之初，在一无技术、二无设备的窘境之下，为了拿到订单而不惜撒谎。这便是京瓷获得独创性的实践方式，其中并不存在什么高深莫测的秘诀。因此，既然京瓷能做到，各位企业家也都能做到。总之，并不是只有京瓷才能成功创新，只要稍稍改变一下思维方式，人人都能做到。

⑥ 玻璃般透明的经营

京瓷以信赖关系为基础开展经营，包括会计在内的所有业务全部公开，形成了毋庸置疑的体系。

举例来说，按照"单位时间核算制度"，所有部门的经营业绩都向全体员工公开。自己的阿米巴组织的利润是多少，具体内容如何，任何人都可以轻易了解。另一方面，每个人也都敞开心扉，在工作上追求公开性。

公司内部如同玻璃般透明开放，我们就能把全部精力投入到工作中去。

光明正大的作风是企业家的威信与魄力之源

我之所以采取公开玻璃般透明的经营，是有其理由的。

通过向全体员工公开企业内部的信息，

他们知晓自己所属的阿米巴单位的效益及相关明细。为此，我把各个阿米巴单位平均每小时创造的附加价值指数称为"单位时间效益"，并在公司内明示。

员工作为受雇于企业的劳动者，往往会产生"企业家可能在通过剥削我们而发大财""企业家可能独占了我们大家创造的利益"等想法，而我想消除这种偏见。

京瓷公司不设所谓"招待费"之类的预算，当确实需要使用招待费时，每次都必须提出申请。即便是社长，也必须提交相关书面请示，写明具体用途。对于使用的招待费，公司会向全体员工明示，其单位精确到 1 日元。所以说，公司内部非常透明。

企业家往往倾向于拥有一定程度的招待费自由支配权，认为这样便于自己的经营活动。

可一旦这样的念头稍有萌芽，企业家便会丧失自身的威信与魄力。换言之，如果企业家在面对员工时稍有亏心，就无法挺直腰板，从而失去魄力。

领导的统率力是企业经营的关键。为此，企业家自身必须"行得正，坐得直"，要毫不心虚地宣布："我们公司绝对无违规和舞弊行为，我拿的也是规定的工资，没有灰色收入。"这样才能具备威信和魄力。不仅如此，这种光明磊落的作风还能使企业家强化自我、鼓起勇气。

在我看来，没有勇气的企业家是最没有价值的。而勇气的原点便在于"在工作中具备光明磊落的作风"。

一般来说，企业家往往会抱有"自己稍微有点'财务自由'也没关系吧""自己为了经营公司而如此辛苦，稍微拿点好处也没关系"的思想倾向。

而在我看来，与因此而失去的勇气和魄力相比，这点经济上的利益不值一提。我认为，魄力、自信及勇气才是企业家真正宝贵的财富。

企业家的奉献精神是守护社会正义的基石

为了以光明磊落的姿态心无挂碍地投入工作，我一直贯彻这种玻璃般透明的经营。可一旦采用这种经营方针，企业家就成了公司中最"吃亏"的人。

在股份制公司或有限公司，虽然法人的责任有限，但按照日本的金融制度，当企业向银行借款时，银行会要求"公司社长以个人名义担保"，于是，企业家只能抵押自己的房子等财产。一旦经营不善，不仅公司有倒闭之虞，自己的房子都有可能被金融机构没收。

企业家背负着如此巨大的风险，如果再采取光明磊落的经营方式，按规定拿"死工资"，那就没有了任何额外收入和职务之便。换言之，企业家的责任重如泰山、工作繁忙，却还要忍受员工们的猜疑："社长会不会在背着我们捞油水。"这样看来，企业家可谓是最"吃力不讨好"的人。再加上日本的税制不合理，其税率之高，简直是惩罚性的。

社长肩负的责任是如此之重，从事的工作是如此之多，因此，我甚至认为，完全可以向员工宣布"社长应该得到 10 倍于普通员工的薪水"。

以大学应届毕业的新员工为例，其初始月薪一般是 20 万日元，10 倍便是 200 万日元。如果是一家 500 人的公司，社长每月的工作量肯定远远不止 10 名新员工的总和，很可能抵得上 20~30 人的工作量。因此，即便社长拿 400 万 ~600 万日元的月薪，也是合情合理的。干脆再多算一点，假设社长的月薪为 1000 万日元，若简单合计，其年薪便是 12000 万日元。而在业绩优异的美国中型企业里，不少企业家的年薪都达到了这个数字。

可在之前的日本，一旦年薪超过 5000 万日元，就得上缴 75% 至 80% 的所得税。如果企业家采取光明磊落的经营方式，即便拿了高薪，大部分也都交了税。因此只能接受现实，仅仅拿数倍于新员工的薪水。可说到底，企业家也是普通人，在这样的情况下，如果不具备奉献精神，便会心生欲望，对自己的收入不满，从而可能违规舞弊、牟取私利。

1998 年，日本的所得税和个人居民税的合计最高税率从 65% 下调至 50%，即便如此，企业家辛苦赚来的工资，还是会被国家拿走一半，真可谓是"掠夺行为"。这让我联想到了日本长良川的"鸬鹚捕鱼术"——渔民让鸬鹚去捕鱼，然后让它们把捕到的鱼吐出来。可如果让企业家"吐个精光"，那大家都会丧失劳动积极性，所以政府姑且让企业家"吞下一半"，但在我看来，50% 的税率仍然过高。

企业必须采取玻璃般透明的经营，可越是透明，企业家就越吃亏。在美国，企业家根据付出的劳动和发挥的作用，获得相应的报酬。这被视为理所当然；反观日本，虽然也在朝着相同的方向在逐渐改善，但在我看来，其本质还是没有改变。

总而言之，即便仅从薪水来看，日本的企业家也是非常了不起的，他们不是一味地追求个人私欲，而是甘于奉献，不惜牺牲个人利益。这样的精神，正是守护社会正义的基石。

㉖ 树立高目标

创业之初，京瓷的厂房是租来的，员工不足百人。但从那时起，我就提出"京瓷要放眼全球，向着全世界的京瓷前进"。公司虽小，却把目光投向世界，这就是树立高目标，树立远大的目标。

只有设定高目标的人，才能取得伟大的成功。只追求低目标的人，只能得到渺小的结果。如果自己设定了远大的目标，只要朝着这个目标全神贯注、全力以赴，就能走向成功。

只有胸怀大志，乐观开朗，描绘宏伟的蓝图，树立远大的目标，才能成就难以想象的伟大事业。

目标是从"原町第一"到"世界第一"

在创业初期，京瓷租用"宫木电机"的仓库充当厂房，厂址位于京都市中京区的西京原町。

当时，面对不到百人的员工，我经常这么说："根据咱们目前的条件，只能租借这种木结构的厂房，这可能会给各位同人带来诸多不便，但我有一个目标，想让京瓷发展成世界级的企业。"

"我们当下的目标是成为原町第一的企业，接下来要成为中京区第一，之后成为京都第一，进而成为日本第一，最后成为世界第一的企业。"虽然嘴上这么说，但我后来发现，哪怕要成为"原町第一"都不容易。当时，在京瓷的厂房附近，有一家名为京都机械工具的公司，他们生产制造用于汽车的扳手等工具。在20世纪60年代，日本的汽车产业蓬勃发展，而修理用的工具箱是每辆汽车的标配，每卖出一辆车，就等于卖出了一个工具箱套装，因此那家公司每天都非常忙碌。工人们锻造烧得火红的钢材，制造出扳手等各种工具。他们的工厂日夜铁锤作响，火花四散，生意非常兴旺。

上班时，我路过那家公司，看到他们忙碌的情形，心想"咱们京瓷也必须努力"，等我完成工作后下班回家，看到他们还在开工。当时的京瓷员工为了"成为原町第一"而起早贪黑，已经非常努力了。可我下班后，却看到他们的厂房中依然机器轰鸣、热火朝天，于是不禁感慨："在我有生之年，哪怕要赶超那家公司，恐怕都挺困难的。"这么一想，感觉连"成为原町第一"这个初级目标都变得虚无缥缈了。

当时的中京区，还有像岛津制作所那样的大企业。要想成为"中京区第一"，就必须超越它，可在那样的现实条件下，这简直是痴人说梦。即便如此，我仍坚持梦想，不断向员工强调"总有一天，咱们要成为世界一流的企业"。

高目标加上一步一个脚印的努力，必将开创未来

我当时反复念叨"京瓷总有一天会成为世界第一"，这听起来似乎是不切实际的空想，但我的头脑其实非常清醒。我的高目标发自内心，但我并非好高骛远之人。我直面现实，认真对待每天的工作，这便是我的追梦方式。

如果眼中只有高目标，就会忽视身边现实，这就好比仰头奔跑，可能会掉入沟渠，也可能发生交通事故。

早上第一个到公司，完成前一天剩下的工作，然后拼命努力地研制客户要求的产品。当年的我，就是这样度过一天又一天的。因为完全没有时间去思考将来，所以我选择认真活在当下。在必要时，最多也就预想一下一周后或者一个月后的情况。而在绝大多数时候，我都埋头工作，努力度过充实的每一天。

商业评论家和企业经管顾问往往会持有

这样的观点——"这种'只顾当天'的做法无法让企业发展壮大，企业需要长期的经营战略。至少要制订未来一整年的计划，并让计划具体到每天或每周"。偶尔听到这类说法，我也会觉得有点道理，但这其实并不符合现实情况。有的企业家每天从早忙到晚，在结束了一天的工作时，不禁感叹："啊！今天的工作总算是完成了。"在这种状态下，根本没有条件去思考长期计划。

有的经营顾问会说："只知道完成当下的工作，这样的企业无法做大做强。"对此，我持有不同观点。

"认真努力地过好今天，明天自然能胸有成竹；认真努力地过好明天，这周自然能胸有成竹；认真努力地过好这周，这个月自然能胸有成竹；认真努力地过好这个月，这一年自然能胸有成竹；认真努力地过好这一年，明年自然能胸有成竹。哪怕不去特意制订计划，也能做到胸有成竹。因此，应该活在当下，时刻做到全神贯注。这才是关键所在。"

这话听起来或许像无可奈何的狡辩，但我仍坚持自己的观点。虽然以经营顾问为代表的专家们异口同声地强调："战略是公司发展的必要条件""公司需要长期规划""企业家应该制定具体的目标和计划"，但我还是认为，只要通过每天一步一个脚印的努力，就势必能开创未来。

另一方面，我虽然忙碌于日常工作，但绝对没有遗忘从"原町第一"到"世界第一"的高目标。面对目标，虽然自己也感到有点虚无缥缈，但我从不认为它是无法实现的空中楼阁。如果我打心里觉得这只是不切实际的"疯人疯语"，那也不会向员工大声宣布了。我之所以每天强调目标，就是因为在潜意识中认定它会实现。所以，在联欢会上和员工们举杯共饮时，我会不断向他们念叨自己的愿景——"假设咱们现在是世界一流的企业……"酒过三巡，情绪高涨，自然容易盲目乐观地说大话，但我并非单纯地吹牛和空想，而是在描述发自内心的愿景。开始几次，员工们还对我的话表示不解："领导在说什么胡话呢？"可等我唠叨了几十次以后，他们也在潜移默化中渐渐认同了我的话。

如果不预设"成为原町第一"的初级目标，直接向员工宣布"要成为世界第一"，那理想与现实之间的差距就太过巨大，会让人心生"遥不可及"的绝望感。反之，如果只要求员工"努力做好日常工作"，他们可能会变得安于现状，"做一天和尚撞一天钟"。京瓷之所以能够取得今日的成就，正是"高的目标"加上"一步一个脚印的努力"的结果。

如果目标太大，面对理想与现实之间的巨大鸿沟，人们往往会丧失斗志。因此，要在"活在当下"的同时，让高目标植入自己的潜意识之中。换言之，要让员工"把每天的努力付诸工作，把高目标留在自己心中"。

面对高目标，人们往往会由于自己缓慢的前进步伐而放弃。但我以"努力活在当下"的态度，把注意力放到日常工作中，因此每天都很充实。虽然朝着目标前进的速度如同尺蠖爬行般缓慢，但在日积月累之下，光阴如电，等我回过神来，发现那曾经遥不可及的"世界第一"的目标，居然已经实现。

"一步一个脚印"与"树立高目标"看似相互矛盾，其实水乳交融，缺一不可。只有在树立高目标的同时，坚持一步一个脚印的努力，才能最终迈向成功，实现梦想。

不能一味地好高骛远。如果过于关注目标而忽视积累，则会产生无力感，从而挫伤积极性。要把高目标放在自己的潜意识中，每天努力前进。只要如此坚持不懈，在不知不觉中，就能取得惊人成绩。

第 3 章

**在京瓷
人人都是经营者**

(63) 定价即经营

定价关乎经营的死活。在制定价格时，是薄利多销还是厚利少销，可以说定价有无数种选择。

决定了一定的利润率后，销售量能达到多少，能创造多少利润，预测非常困难。

经营者必须在正确认识自己产品价值的基础上，找到销售量与利润率的乘积的最大点。而且这一点必须是客户和京瓷双方都乐于接受的价格。

为了找出这个点，定价时必须深思熟虑。

我认为，“定价即经营”是企业经营的重要条目。其实，当初在把它纳入京瓷哲学体系中时，我并没有充分认识到它的重要性。但随着时间的推移，我越来越体会到定价的重要性。

在京瓷创立之初，公司主要生产用于电子工业领域的陶瓷材质绝缘部件。当时，为了争取到订单，我辗转于各家真空管和显像管的制造商。客户会问："我们想在新的真空管产品中使用这种部件，你们公司能做吗？"于是，我按照客户的要求研发、试制、交货。如果客户评测合格，等到这种真空管量产时，京瓷就能获得大量的相关部件订单。我们就是依靠这样的接单生产而发展起来的。

有的客户已经与其他陶瓷制品供应商建立了合作关系。比如东芝、日立等大企业，它们都有自己的供应商。因此，当京瓷的业务员去争取订单时，对方往往会提出这样的要求："有一家供应商已经在和我们合作了，但如果你们能生产出这样的部件，并且报价便宜的话，我们会采购的。"

之后，随着公司规模的日渐壮大，客户数量也日益增加，与同行之间的竞争也愈发激烈。客户出于控制自家生产成本的目的，自然希望以尽量便宜的价格采购所需部件。"这个部件，你们公司的报价是多少？"这是客户肯定会提的问题。而等到我们公司的业务员把制作完成的报价表交给客户后，对方又说："我们无法接受这个价格，别家供应商的报价比你们便宜一成，这订单没法给你们。"我们的业务员大吃一惊，于是慌忙跑回公司。

业务员想着："这样的报价无法拿到订单，必须再便宜点。"于是重新制作报价单，再一次拿给客户看。可对方瞥了一眼后，态度冷淡地说："这个价格还是不行。另一家供应商后来又降价了。"换言之，客户在掂量哪家更便宜。

我们的业务员既老实又耿直，心想："这可不得了。竞争对手一开始比我们的报价便宜一成，如今又降了5%。"于是又慌慌张张地跑回公司。这很可能是客户放的"烟雾弹"，而我们的业务员信以为真，于是阵脚大乱，一心只想着让价。

我在听了事情的原委之后，总觉得哪里不对劲。竞争对手也不可能在短时间内实现如此的低成本生产。面对疑惑，我最初采取的办法是亲自出马，自己去客户那里核实情况。有时我会先于业务员，拜访客户公司的采购负责人，听取对方意见。此外，对于从客户那里回来的业务员，我会详细询问其交涉的具体情形："你的意思我明白了。那么，我问你，和你碰面的是对方公司的什么人？你一开始是怎么和对方打招呼的？然后对方又说了什么……"像这样，通过询问细节，我力图在脑中准确无误地再现当时的情景。

　　客户说："另一家供应商的报价要便宜15%。"这是虚张声势，还是实话实说？假如我方认定这是客户的心理战术，竞争对手最多也就便宜一成，于是回应道："我们只能降价一成，没法再便宜了。"可一旦判断失误，订单就成了竞争对手的囊中之物。

　　靠接单生产维持公司运作的企业家想必深有体会，一旦失去订单，工人停工，机器停转，公司就可能关门，员工就可能流落街头。为了不让这样的情况出现，必须准确判断对方言语的虚实，这点至关重要。

　　基于这样的考虑，我会让部下在我面前

再现当时的交涉情况，于是部下一字一句地在我面前"情景模拟"。虽然我不在现场，但为了判断对方的真正意图，便绞尽脑汁地想出了这个获取线索的办法。

如果业务员以降价 15% 的代价争取到了订单，从那一刻起，公司就必须降低 15% 的生产成本。可要在短时间内压缩 15% 的生产成本，不管在哪个行业，这都绝非易事。可业务员只会简单地下结论："如果不这么报价，就没法拿到该订单。"

如果我说："降价 15% 谈何容易。"业务员就会"威胁"我说："既然社长这么说，那就降价 10% 吧。不过，这样我就没法保证一定能拿到订单了。"对企业而言，没有订单就意味着没有收入，这当然是万万不行的。于是，我对业务员进行了思想教育。

成本控制的难题全都得由负责生产制造的员工来解决，这对他们是不公平的。如果报价便宜，自然能拿到订单。但业务员如果一味地靠降价来争取订单，则绝对算不上是值得称赞的做法。业务员也必须开动脑筋、讲究方法，要具备智慧和技巧，准确判断"顾客能够接受的最高价"。

你说得没错，如果我们降价 15%。客户肯定愿意下单。但客户真的是"多一分都不买"了吗？对方或许只是在漫天砍价而已，如果我们只降价 10%，他们或许也会买。即便价格再高点，他们说不定也能接受。

换言之，只要报价略微低于心理价，顾客就会开心满意。报价越便宜，获得的订单自然就越多，但一味降价是没有实际意义的。话虽如此，但我也不希望由于不肯降价而被竞争对手抢走订单。因此，在报价时，必须找准一个"价格平衡点"——若低于该价格，则订单信手拈来；若高于该价格，则订单争取无望。

要找准这个"平衡点"，就必须倾注心血，努力与客户交涉价格。身为业务员，应该独立思考和判断对方究竟是玩弄策略还是实话实说。如果你不假思索地盲目相信客户的话，还惊慌失措地跑来对我说："不接受客户要求的价格，就卖不出去。"你这种处事方式是无法解决问题的。

　　换言之，所谓定价，定的是"顾客乐于接受的最高价格"。不管是承揽类业务还是其他业务，"价格便宜生意来，价格昂贵生意去"是人人都明白的道理，所以才要找出"最高成交价"。不能轻率地让业务员随意定价，必须由负责经营的高层定夺。首先要参看业务员收集的相关资料和信息，然后彻底调查、辨别真伪，在此基础上才能做出决定。如果业务员不动脑筋，对客户唯命是从，只知道依靠"比竞争对手更低的价格"来获取订单，那么公司根本无法维持经营。

　　我是技术人员出身，熟悉研发制造。因此之前一直专注于产品生产，却不怎么给业务部门施加压力。我总是倾向于配合业务部门，把"以报价为准绳，努力降低成本"视为职责。当时的我可谓是"逼制造部门，宠业务部门"。可随着经验的积累，我逐渐认识到这种做法存在问题，于是对业务员提出了

"定价即经营"的路线方针。

定价的成功与否取决于企业家的聪明才智

定价为何如此重要？我举个简单的例子。

在我的出生地鹿儿岛，如今建有三家京瓷的工厂，我偶尔会去那里视察。像鹿儿岛那样的日本小城市，街边往往有不少家乌冬面店。有时候，我也会在午饭时间去光顾。

一家地处乡间的小餐馆让我记忆犹新，当时已经过了午间用餐高峰期，我走入店内，发现里面空空荡荡、四下无人。我问道："有人吗？"于是从里屋走出了一位大妈，她满脸诧异，似乎在想："这人找我有什么事啊？"我也在心里念叨："你不是挂着'饭馆'的招牌嘛。有人进来，当然是用餐了。"

我是客人，她原本应该对我说："欢迎光临"或者"您要点儿什么？"可却只是茫然地看着我。我问："你这里有乌冬面吗？"她也只是绷着脸应道："哦，那你要什么乌冬面？"我点了油豆腐乌冬汤面，然后她便一声不吭地到厨房里去吭哧吭哧捣鼓了。

到了这里，作为食客，我的消费体验已经很糟糕了。等面端上来后，发现汤头半热不热，看起来就不好吃。用筷子夹一根送到嘴里，果然不出所料。味道很差，可价格却和京都的差不多。

在我吃面的时间里，再也没有其他客人进来。虽说过了午餐高峰期，但这也是不正常的。再回想起刚才进店时，那位大妈待在里屋，由此推断，在我进店前，店里一直没客人。最让我疑惑不解的是，为什么这种小地方的乌冬面卖得和京都闹市区的一样贵？小地方的平均工资肯定比大城市低，这样的定价显然超出了当地居民的消费能力，因此餐馆才会门可罗雀。

几个月后，我没有"吸取教训"，又去了那家餐馆。发现原来500日元的乌冬面已经涨到了550日元。据大妈说，店里客人一直很少，经营亏损，为了摆脱困境，于是想出了这个"涨价回本"的办法。可她没有想到，一旦涨价，只会进一步吓走客人。

究其根源，是因为她不懂"何为定价的本质"。以那碗油豆腐乌冬汤面为例，她可能想当然地认为"大概应该卖500日元吧"，这种"拍脑袋"的定价行为，在我们身边非常常见。

在京瓷公司，当我选拔干部时，会有这样的顾虑："如果让大学毕业、满腹理论的科班人才当干部，公司真的能顺利发展吗？关键还得看其是否懂得商业本质吧。"基于这样的思维方式，我甚至打算让所有的候补干部都去当一回"夜间乌冬面小贩（夜里沿街叫卖乌冬面的摊贩——译者注）"。虽然该计划最终没能落实，但我的想法和构思很完整。

假设公司提供流动摊车和50000日元本钱，让候补干部拉着摊车，日夜沿街叫卖乌冬面。几个月后，50000日元变成了多少，其具体全额便是成绩。在此期间，他们不用去公司上班，工资照发。

接下来，我继续向大家说明该设想的目的所在。

要当乌冬面小贩，首先必须会做乌冬面。乌冬面好不好吃，汤头是关键。因此，"如何做好汤头"就成了亟待解决的问题。是用鲣鱼干煮汤？还是用海带煮汤？抑或两者并用？此外，是用便宜的海带还是用贵的海带？要不要在汤料里加小沙丁鱼干？用什么样的鲣鱼干？根据不同的汤料和做法，煮出的汤头也各不相同。

此外，像"去哪里买葱""如何煮面"等都是需要考虑的环节。是直接买一份份的湿面条直接下锅？还是买干面条焯熟后酌量使用？甚至是为了节省成本而直接买面粉自己擀面条？可见，光是"乌冬面原材料"这一项，就有各种方式可选。所以说，光是煮熟一份面的成本，也会由于不同的经营方式而出现差异。

如果去面条加工厂进货，便宜的话，一份乌冬面条的价格大概为二三十日元。把做好的面条放入事先煮好的鲜美汤汁中，再放上切好的葱和鱼糕。切鱼糕也有讲究，与其切一块厚的，不如切三块薄的。因为三块的面积大，平铺在面条里，显得更美观。如果像这样，在各方面下功夫，并努力控制材料进货价格的话，一碗乌冬面的成本不会超过100日元。

接下来，就要决定价格是多少了，也就是所谓的"定价阶段"。假设成本价是100日元，那么卖200日元也可以，卖300日元也可以，摊贩可以自由决定。但有一点必须考虑，那就是"卖什么价，才能让生意最好"。

此外，"到哪里卖"也是一个需要考虑的环节，这当然也由摊贩自己决定。如果在没什么生意的地方，即便拉着车连续转悠几个小时，也只能是徒劳，关键在于选址。有的摊贩在小酒馆和酒吧聚集的繁华街市周边"蹲点"，等候晚上喝醉酒的路人光顾；有的摊贩在前往繁华街市的半路上顺便去趟学校聚集地，以傍晚学习归来的学生为对象，低价叫卖；有的摊贩专门把繁华街市的夜店女和醉汉作为目标顾客，他们最早也要在夜间11点后才会来吃面，如果头脑够机灵的话，就能明白，哪怕从11点开始布置摊位，时间也绰绰有余。

如上所述，在什么时间做生意、在哪个地段做生意，这些都取决于每个人的头脑，而定价也由此而不同。如果是在学校聚集地赚学生的钱，有的摊贩可能会以"成本100日元，售价200日元"的方式搞薄利多销。而有的摊贩则会反其道而行之，走"精品路线"，以较高的价格售卖非常美味的乌冬面，即所谓"少销多利"的方式。换言之，定价是一切的原点，其左右着经营的方向。

假设这样的"候补干部实践考察期"为三个月，那么这三个月内，在当夜间乌冬面小贩的过程中大幅盈利者，便是具备经商才能之人。在京瓷，这种擅长定价和获取利润的人便会被提拔为干部。

这就是我想要表达的意思。

可口可乐的定价诀窍：把获取的利润用于促销宣传

我再举几个具体实例，先说可口可乐。

我的青年时代正值日本战后物资匮乏期，当时有销售各种物品的黑市，而可口可乐也在那时进入了日本。起初它非常昂贵，我记得，与弹珠汽水和柠檬汽水等同类饮料相比，其价格高得离谱。

我第一次喝可口可乐时，觉得有一股药味儿，心想："就这玩意儿，价格居然比弹珠汽水和柠檬汽水贵一倍还多。"再加上当时的可口可乐还是玻璃瓶装的，瓶壁非常厚，让人觉得里面的液体比一般汽水少，很不划算。因此，当可口可乐刚进入日本时，我认为它肯定卖不出去。

可结果如各位所知，可口可乐后来席卷了日本的饮料市场，转眼就超越了弹珠汽水和柠檬汽水，成为碳酸类饮料中的王者。按理说，碳酸饮料作为大众类消费品，只有"好喝又便宜"才能好卖，但可口可乐却颠覆了这样的常识。这让我惊讶不已。

后来才知道，当时，销售可口可乐的商家都能获得可口可乐公司支付的大量佣金。而且，只要商家同意，公司就会为商家无偿安装印有"可口可乐"字样的店头招牌。换言之，可口可乐公司为了让自家产品的销量超过柠檬汽水和弹珠汽水，给予了商家各种形式的激励。

在以前的夏季庙会里，经常会看到这样的情景。夜市摊位前放着大冰块，上面堆满可口可乐的玻璃瓶，劲头十足的年轻小伙一边大声地叫卖"来瓶可乐吧！"一边把冰凉的可乐递给客人。摊贩如此卖力地推销可乐，甚至把嗓子喊哑了也在所不惜。仅凭这点，就能想象可口可乐公司支付的佣金有多么高。

售价高，利润自然也高，而大部分利润都用于促销宣传，比如巨额的广告费用。反观利润微薄的弹珠汽水和柠檬汽水厂商，它们既无法像可口可乐公司那样一掷千金地打广告，也无法给予零售商利益激励，最终纷纷在市场竞争中败给了可口可乐。

换言之，可口可乐的战略是"通过高售价获得高利润，并把大量利润投入到有效的促销宣传中"。我认为，这便是其成功的秘诀。从这个案例中可以看出，定价是一门复杂的学问，并非越便宜越好，关键在于根据具体战略进行定价。

养乐多的定价诀窍：把"卖健康"作为"大义名分"

我再举个养乐多的例子。

"养乐多"这个商标名取自一种名为"养乐多菌"的乳酸菌。酸奶和养乐多之类的乳酸菌饮料能够清理肠道，调整消化功能，因此被认为是有益健康的。在养乐多之前，市面上已经有一种叫"可尔必思"的饮料，它也是通过乳酸发酵工艺制成的。而养乐多却在广告文案中强调"养乐多里的活性乳酸菌能够直达您的肠道"。

可尔必思一直是大瓶装的，量多味浓。小时候，一到夏天，我的母亲经常会用水把可尔必思冲淡后给我喝。我觉得可尔必思和养乐多的味道并没有什么大差别。可养乐多装在小小的塑料容器中，价格却比可尔必思贵。

养乐多在刚推出时，我认为它没有市场前途。可尔必思已经存在，不但价格划算，而且也具备清理肠道的功能，可为什么小瓶装的养乐多反而卖得更贵？我当时觉得不可思议。

事实证明我又预测失误了，养乐多的零售网点在日本全国逐渐铺开，遍布各个角落，养乐多公司也蓬勃发展。后来，不仅限于日本，其在巴西和东南亚等国家和地区也取得了成功。

日本各地都有养乐多公司雇用的促销员，促销员是清一色的女性，她们被称为"养乐多妈妈"，推着装有养乐多的手推车进行推销。养乐多售价高，因此毛利也高，公司能够向这些"养乐多妈妈"支付高额薪金。在高回报的激励下，她们自然会努力而热心地从事推销工作。

据说，在上岗前，每名"养乐多妈妈"都必须接受公司的培训。公司会教育她们："你们的工作并非单纯地推销清凉饮料，而是推销健康理念。每天早上一瓶养乐多，为好身体加油。我们公司是向日本国民提供健康的企业。"换言之，"养乐多公司从事的是健康产业，卖养乐多就是卖健康"。之所以要对"养乐多妈妈"进行这种培训，就是为了让她们理解企业的"大义名分"。

而这样的健康理念，便是养乐多定价策略的原点。

售价优先原则

我在前面提到，定价的普遍性原则是"判断顾客乐于接受的最高价格"。但仅凭这点，还是无法保证企业经营的成功。因为有时会出现这样的情况——定价成功，销售理想，可企业却无法盈利。其问题就出在价格设定完成后的环节，即"如何以既定价格获取利润"。

以制造商为例，生产环节的成本控制决

定了利润的有无和高低。但如果业务部门只知道通过降价来争取订单，那么不管制造部门再怎么艰苦奋斗，也难以使企业实现盈利。因此，业务员必须尽量以高价获得订单。可一旦价格敲定，则创造利润的责任就完全压在了制造部门的肩上。

凡是商品，必然有其成本价。一般来说，成本价加上利润，便是商品的售价。据说这符合资本主义社会的经济学规律。

但我在这里想阐述的理念与之有所不同，就如我的著作《稻盛和夫的实学》中所述，我遵循的是"依据售价还原成本"的方式，即"售价优先原则"。在如今这种竞争激烈的市场环境下，不能仅靠"成本价＋目标利润"这种单纯的数值叠加来计算售价。必须先制定售价，然后以利润为目标，逆向调整成本价，这才是符合市场经济实情的方法。可资本主义会计学等理论学科却没有与时俱进，一直死守着传统的"成本价主义"不放，而几乎所有的大企业都仍在沿用这一套老旧的理论体系。

如果按照传统的定价方式，一旦商品卖不出去，就不得不降价。这样一来，之前积攒的利润就会一下子灰飞烟灭。因此，我们应该秉着"售价优先原则"，努力思考如何根据既定售价来降低成本价，这正是企业经营的关键。如果定价过低，那么无论怎样艰苦奋斗，都无法实现盈利。所以必须设定"符合市场行情的最高价"。

根据商品的价值来定价

从很久以前起，我就摒弃了"成本价＋利润＝售价"这种传统的成本价主义教条。对于京瓷的员工，我也一直如此教育。

咱们京瓷公司不会根据传统的成本价主义来定价，而是把最终成品的价值作为定价的准绳。

举个例子，有家客户购买咱们生产的绝缘材料，用于他们公司的真空管制造。每支真空管的售价为 200 日元。我们以每件 20 日元的价格提供绝缘材料。客户生产的真空管每支卖 200 日元，且销路不错，获取了大量利润，因此客户十分高兴。即便咱们生产的绝缘材料的成本价为每件 5 日元，但它是构成真空管的重要部件，况且客户已经获取了足够的利润。换言之，如果客户非常乐意以每件 20 日元的价格采购咱们的部件，那何乐而不为？可能有人会认为"把成本价 5 日元的东西卖到 20 日元，这是牟取暴利的行为"，但秉着"双方满意，双方受益"的宗旨，我觉得这样做未尝不可。

再以糕点厂为例，在开发出一款原创的日式糕点后，该如何定价呢？答案是"根据商品的价值来定价"。假设这款新糕点口味上乘、造型优美，那么即便卖 200 日元一份，顾客也会买单。就算其成本价为 40 日元，也完全可以卖 200 日元。如果拘泥于所谓的"成本价＋利润"的传统定价方式，就会产生这样的定价结果——"40 日元的成本价加上 10 日元的利润，就卖 50 日元吧"。其实大可不必这么缩手缩脚。

反之，如果糕点做工粗糙，就像露馅儿

的包子一样，那么在同类产品普遍售价为 50 日元的情况下，倘若以 200 日元的价格出售，其结果只能是无人问津。于是，为了打开销路，就算以每份 30 日元的亏本价卖，也是无奈之举。

总而言之，如果是具有独创性的新产品，在定价时就不用拘泥于成本价，而应该思考其价值，即"顾客愿意出多少钱买它"。

顾客承认商品的价值并愿意支付既定的售价金额，这说明顾客能够从中获益。因此，即便高价，也不算是暴利。反之，把成本价为 200 日元的商品加上 40 日元的利润，以 240 日元的"良心价"出售，如果顾客认为"这东西不值 240 日元，我只愿意掏 50 日元购买"，那么该商品的价值就只有 50 日元。在消费者眼中只值 50 日元的商品，却耗费了 200 日元的生产成本，这只能说是技术上的失败。就算向顾客解释"因为成本价的关系，所以卖这个价"，对方也不会买账。

换言之，商品的售价取决于其被市场所

承认的价值。

思考需要多少毛利

商贸流通业亦是如此，零售业者在采购了某种商品后，为了使其能够打开销路，往往会以略低于竞争对手的价格出售，比如在"建议零售价"的基础上降价 5% 到 10%。但在采用这种方法时，必须事先考虑好有关毛利的问题。如果以这样的价格出售，到底还能获得多少毛利？必须确保的毛利底线是多少？

打个比方，一家零售业者采购了某种商品，该商品的进价为每件 100 日元。其他竞争对手都在以每件 130 日元的价格出售。在这种情况下，企业家在定价时可能会想："别人卖 130 日元，那我卖 120 日元好了。不对，如果卖 115 日元，销路肯定更好。"如此低价，销量的确不会差，但企业却会陷入经营困难、债务缠身的窘境。因为企业家对于毛利缺乏认识，没有搞清"维持运作的最低毛利率是多少"。如果只知道"比竞争对手卖得便宜，就能打开销路"，在制定售价时单纯靠自己的感觉发挥，其结果自然是失败。

京瓷偶尔也会委托别的厂商生产 OEM（代工贴牌生产）产品，有的干部认为"既然我们只是采购成品后直接销售，那么赚取 5% 的中间利润就够了"。

零售业的普遍原则是"毛利率不得低于 30%"。由此可以推测，即便有的照相器材店和电器店打着"平价微利"的招牌，其进货价最多也就占零售价的 70%。而广告宣传费、销售费、贷款利息负担及人工费等诸项费用大约占销售额的 20%。因此，为了确保不到 10% 的税前利润率，无论如何都必须保证 30% 的毛利率。这是业内常识。

可没有经验的企业家却会想当然地认为"既然只是单纯的买入后卖出，那么有 20% 的毛利率就够了"，有的甚至还会再减 5%，只赚取 15% 的毛利率，结果导致企业资金拮据、周转不灵。定价失误是问题的症结所在，由于企业家不清楚"维持运作所需的利润"，才会导致这样的后果。

制造业更要创造高收益

如上所述，即便只是把成品买入后卖出的商贸流通业，若要维持收支平衡，其毛利率也不能低于 30%。反观制造业，如果利润率只有 5%，企业就无法维持下去。前文中提到的乌冬面生意亦是如此。

我经常对制造业的同行这么说：

"仅仅是把成品买入后卖出，都要赚取 30% 的利润。而我们这些制造商要雇用技术人员，凭借智慧创意和机器设备，从无到有地创造产品。如果利润率只有区区 5%，实在太可怜了。我们的工作就这么没有价值吗？我认为，从事制造业的企业，哪怕获取 50% 左右的毛利率，也是天经地义的。"

然而，现实是残酷的。纵观整个制造业，没有一家企业能够赚取 50% 的毛利率。回顾人类历史，产业发展最初源于商业资本的兴起。原始社会的人类最早通过在山中采集野果、射箭捕猎过活。而随着这种狩猎采集的生活逐渐稳定，人类又学会了耕种，用收获的粮食来养家糊口，从此采取了农耕生活方式。只要拼命努力地耕种劳作，就能获得丰收。结果，像红薯、稗子和小米等粮食便出现了富余，于是，人类学会了把这些剩余的粮食贮存在家中，以备不时之需。

这种"贮存"行为滋长了人类的欲望。在狩猎采集时代，倘若滥捕滥采，则有断粮之虞，因此人类互相训诫，不可胡乱捕猎和采果。可进入农耕时期后，随着粮食储备的增加，人们的欲望也水涨船高。于是，当听说"邻村有大量的小米储备"后，便会有小偷和强盗前去掠取。而随着欲望的进一步升级，人类社会便出现了战争和杀戮。

在那样的状况之下，最终出现了一群聪明人，他们以低价买入别人剩余的谷物，再高价卖到缺乏相应作物的地方。换言之，他们发现了商品的价值。

由此诞生的商业资本家，其天性就是"低价买入，高价卖出"，因此对当时的产品提供者——在田间耕作的农民——实行压价式的剥削。直至今日，这个世界的经济局势都是"商业资本强，产业资本弱"。按理来说，商品生产者无论在技术、设备还是其他各方面，都投入了大量资金，完全有理由获取高利润。可在现实中，商贸流通业的利润率更高。

我时常用这样的狠话来激励企业家："如果连10%的税前利润率都达不到，那么你还是把公司关了吧。"这是我的一种激将法，为的是让企业家们能够发奋图强，改变现实环境。

我还对京瓷制造部门的员工这么说：

"银行的贷款利息一般是6%到8%。只要借钱给别人，什么都不用做，就能赚取六七个百分点的利息。而像咱们这样的制造业者，却背负着莫大的风险，稍有差池，就可能蒙受巨大损失。要是咱们的利润率只有区区5%，那也实在太划不来了。既然如此辛苦，咱们就应该获取更高的利润。"

降低成本是改变思维的催化剂

京瓷的主要业务是按照客户要求进行

的"接单生产"，因此与一般的整机制造商不同，不需要建立销售门店和营销渠道。像东芝和日立这样的知名电器厂家都会向京瓷订购特种部件，京瓷只要向它们交货即可，完全不需要自己的零售门店。不过，由于需要频繁前往客户的企业进行推销和洽谈，因此京瓷在各地设置了业务分部。再加上接单生产往往是"完成后立即交货"，因此基本没有库存。

在这样的商业模式下，我最初设定的方法是"把售价的 10% 作为业务部门的佣金"。为了实现该目标，制造部门就必须把生产成本控制在报价的 90% 以内，并且要不断降低成本以提高利润率。

之后，随着京瓷的发展，公司开始生产和销售诸如照相机、手机和宝石等大众类消费品。此时我发现，10% 的利润率已经无法维持收支平衡了。

以照相机为例，京瓷必须向经销商提供各种形式的支援，还需要在电视和报纸等媒体上打广告。这一切都得自己出钱，于是就不得不从毛利中扣除广告宣传费。此外，还必须在各大卖场和门店开展促销活动，给予经销商补贴激励。换言之，对于制造和销售大众类消费品的企业而言，当业务部门把货卖出去后，还需要指导各级零售商开展促销活动。公司不仅需要向业务部门支付包括宣传费在内的佣金，还必须向零售商支付佣金。

假设零售商要求 30% 的毛利率，如果产品售价为 100 日元，零售商能够接受的进货价则为 70 日元。假设业务部门的佣金为批发价的 30%，那么制造部门就必须以 50 日元左右的成本价生产出该产品。

尤其是市场竞争激烈的产品，零售商往往会采取贱卖政策，狠压进货价。如果制造商以对方要求的价格出货，基本上无法实现收支平衡。即便如此，为了确保销售渠道，制造商不得不满足零售商的要求，确保对方 30% 的利润率。

这样一来，就无法守住"毛利率 30%"的底线了，虽然心里明白"这样下去不是办法"，但毛利率还是一降再降，最后跌至

10%。算上广告宣传费用等支出，便立刻出现赤字。再加上成本吃紧，制造部门也完全无法实现收支平衡。这可谓是如今制造业的常态。

面对这样的状况，许多大型制造企业的领导干部都会无奈地接受现实，但问题其实就出在定价上。虽然定价时遵循了"顾客乐于接受的最高价格"的原则，但随着各项费用的产生，导致利润不断减少。唯一的解决方法是"彻底思考如何降低成本"。可许多企业却想当然地通过"累加法"来计算成本，自然会出现"价格压迫经营"的情况。

以生产手表为例，假设要制造一款售价为 4000 日元的石英手表。刨除在商贸零售等各环节中产生的佣金和费用，还剩 1000 日元。可如果把制造手表所需的水晶振子、电池和其他部件的成本计算在内，仅材料费就超过了 1000 日元。在这种情况下，必须改变思维、追本溯源。

首先要重新审视之前的采购清单，认真

进行市场调研。有没有能以半价甚至三分之一的价格提供水晶振子的供货商？有没有能以五分之一的价格提供表带的供货商……如果这样仍然无法缓解成本压力，就应该进行价值分析（Value Analysis），重新审视产品设计，以 1000 日元为成本限制，做出能够盈利的产品。在如今这个时代，技术人员必须"以市场价格为纲"，进行产品的设计研发，以谋求企业的收支平衡。

如果大家都只会通过对材料供应商的压价来降低自身的生产成本，那么整个制造业的所有企业早晚都会陷入赤字的泥潭。

即便是停业大甩卖，也要确保利润

不少商人下意识地抱有一种观念——价格越便宜越好卖。我在上文中提到，零售业的普遍原则是"毛利率不得低于30%"，但不少业内人士其实并不具备这样的意识。即便如此，凡是高利润率的企业，其势必死守"毛利率30%"的底线。

看到超市和平价商店出售的同类商品比

其他商家便宜 10%~20%，起初我以为，它们是在削减自身 30% 的毛利率，有的零售商也确实在这么做，但后果只能是破产。凡是成功运作的超市和折扣店，都会通过对供货商压价的方式对冲自身因打折而造成的损失，因此仍然能够保证 30% 的毛利率。

前段时间，有家超市开展了"返点 5% 消费税"的促销活动，搞得其他超市纷纷效仿。但究其本质，各家超市的操作方式其实有所不同——有的是从自身 30% 的毛利率中扣取 5% 来回馈顾客；有的则对供货商说，"我们要搞返点 5% 消费税的促销活动，希望你们提供 5% 的价格优惠"，从而维持了自身 30% 的毛利率。

有趣的是，由于"返点 5% 消费税"的促销活动取得了一定成功，于是有的超市便开始进一步加大优惠力度，搞"九折特价"甚至"八折特价"，结果却不尽如人意。原因其实很简单——"八折特价"之类的优惠活动并不少见，折扣店也好，商场的甩卖活动也好，八折的优惠幅度是稀松平常的。超市搞"返点5%消费税"的活动,结果盛况空前;超市搞八折特价,结果却反响冷淡。由此可见,"价格越便宜越好卖"的观念是错误的,关键在于是否把握消费者的心理。一些搞"八折特价"的超市不但没有实现提升销售额的目标,反而使自身的毛利率减少,结果陷入非常艰苦的窘境。

再举个反例。有一家大家熟知的百货商店,由于经营不善而进行停业大甩卖。大量顾客蜂拥而至,店内连续几天都挤满了人。奇怪的是,说是清仓大甩卖,店内的商品却没有断货,反而货源充足。不仅如此,在停业大甩卖期间,该店还创下了自开业以来最高的销售额纪录。

说起停业大甩卖,总会让人产生这样的印象——商家低价清仓,只能赚取微利。可据说那家百货商店让厂家承担打折成本,因此毛利率并没有下降。从中也能看出"商业资本强,产业资本弱"的现实格局。

我并无批判商业资本之意,即便是停业大甩卖,也会产生诸多费用,比如在报纸上连篇登载整版广告——"银座某某百货商店停业大甩卖!!"刊登一次的费用就高达一两千万日元。考虑到这种广告宣传费及其他诸项费用,如果商家不保证自身30%的毛利率,就无法维持运作。因此,一边打出"停业大甩卖,价格至冰点"的宣传口号,一边让厂家或供货商来承担打折成本,从而保证自身的毛利率不变。这种经营风格可谓精明而坚实。

当然,就像刚才提到的,也存在一些"实诚"的商家,在举行停业大甩卖时,把原先能够保持30%毛利率的商品以六折、五折的低价出售,甚至导致赤字的出现。总而言之,即便是停业大甩卖,擅长定价的经营者照样能够确保自身利润,这才是成功的经营方式。

定价是企业最高管理者的职责

"定价即经营"是我一直倡导的理念,但定价并非能够一蹴而就之事。既然定价是经营的本质,那么最高管理者对于公司经营活动的各个流程（包括进货、削减生产成本等事务）都必须负起责任。不但要坚决果断地做出削减成本的指示，还要在采购资材时与供货商积极杀价，这一切都必须由社长亲力亲为。倘若社长高高在上，把这些工作全权交给负责相关事务的干部，随着产品市场价格的不断下降，公司会在转眼间出现亏损。

换言之，在定价时，必须同步思考降低成本的方法。首先要想"如何控制生产成本"，进而思考材料的采购战略——"与那家厂商交涉时，如果采取这样的方式，应该能争取到理想的报价"。只有把这些问题都想清楚之后，才能定价。如果不考虑周全，而让负责业务的干部定价，就称不上是合格的企业管理者。我认为技术人员的职责是"研究如何降低生产成本"。

在京瓷创立后不久，我就得出了这样的结论。人们往往认为技术人员的职责是"开发新技术"，但其实并非如此，"思考降低生产成本的方法"才是技术人员的职责所在。

而我所说的降低成本的方法，并非像"使用同样材料，能降一点算一点"之类的"小打小闹"，而是指"从根本上颠覆原有生产工艺和流程"的革新。打个比方，在生产某种产品时，针对 100 日元的原材料费，要审视其本源——"能用 5 日元把它做出来吗"，进而研究出全新的制造方法。京瓷对技术人员的要求是"合格的技术人员不是单纯的发明家"。我一直用这样的话来激励技术团队："咱们公司不需要只知道躲在象牙塔里的技术人员。"

有的企业推行薄利多销的经营方针，明明销售额一路上扬，却陷入经营困难的苦境，问题还是出在定价上。

话虽如此，但由于业内竞争对手个个"虎视眈眈"，因此随便提价亦不可行。如果实在无法通过现有的产品线来获取足够的利润，那么也不必执着恋战，应该在开发新产品时努力确保利润。

⑭ 销售最大化、费用最小化（量入为出）

企业经营其实非常简单。只需致力于如何扩大销售额，如何缩小费用。利润就是销售额与费用的差额，利润不过是结果。因此，我们只要不断思考如何"销售最大化、费用最小化"这一点就行了。

所以，我们不可拘泥于常识和固定观念，比如"材料费"应当占"总产值"的百分之几，"促销费"必须花多少，等等。

为了实现销售最大化、费用最小化这个目标，必须每天钻研创新，坚韧不拔，努力再努力，这是十分重要的。

在京瓷成立之初，我最初碰到的经营难题是"企业家必须看懂财务提供的利润表和资产负债表"。我是技术人员出身，对于产品的研发制造非常熟悉，再加上对于自家产品的性能了如指掌，所以能够向客户讲解和推销。可对于会计和财务，我既无经验也无知识，完全是个门外汉。

在听了公司财务人员的说明后，我愈发云里雾里，觉得连看懂利润表都是一件难事。于是，我决定不把企业经营复杂化。哪怕它原本就很复杂，我也要尽量以简单明了的方式去认识和理解它。

于是，我对财务人员说："所谓企业经营，就是实现'销售最大化、费用最小化'，而其差值便是赚取的利润。可以这么理解吗？"

"简单来说的话，的确如此。"财务人员答道。

"既然这样，那就好办了。我今后就朝着这个方向努力。"

这正是我经营理念的原点，也是我坚持至今的经营原则。

在京瓷成立的首个财年，销售额为 2600 万日元，税前利润为 300 万日元。可见，在公司创立之初，税前利润率就超过了 10%。之后，税前利润率一路攀升，最高曾达到 40% 左右。之后业绩稍显低迷，在 15%~20% 之间摆动。但在公司成立至今的 40 年间，一直保持着不低于 10% 的税前利润率。

40 年后，公司的合并结算销售额超过 7000 亿日元。在如此巨大的销售额基数之下，还能使税前利润率保持 10% 以上的企业可谓凤毛麟角。一般来说，如果销售额有几千亿日元，那么即便利润率的百分点在个位数徘徊，其业绩也已经相当可观了。

京瓷之所以能够维持这样的高收益，正是由于"追求销售额的最大化和费用支出的最小化"。我起初对财务一窍不通，因此只能以单纯的方式理解企业经营，可这么做反而带来了好的结果。公司首个财年的税前利润率就超过了 10%。之后，我一直坚持贯彻这样的方针，因此实现了持续性的高收益。

确立"阿米巴经营"

在持续贯彻"销售最大化、费用最小化"

的经营方针的过程中，数年之后，"单位时间核算制度"（"阿米巴经营"的企业管理体系）开始在我脑中萌芽。

销售额减去包括材料费在内的诸项费用，其余额便是附加价值。把附加价值除以包括加班在内的员工总劳动时间，便能求得员工平均每小时创造的附加价值。在京瓷，我们把它称为"单位时间效益"。"创造能够量化的单位时间效益"便是阿米巴经营的系统原理。

把全体员工的平均工资除以他们的劳动时间，便能求得他们每小时的平均工资。假设每小时的平均工资为 1000 日元，就要考察在时薪 1000 日元的情况下，员工创造了多少附加价值。换言之，企业家必须审视员工在单位时间内的工资和其为企业创造的价值。附加价值越高，说明员工为企业所做的贡献越大。倘若一名员工得到的工资和其为企业创造的价值持平，则等于是"正负归零"，说明该员工没有发挥作用。

企业不仅要为社会负责，还要为投资者

负责。因此既要为社会做出贡献，也要给予股东相应的分红。员工创造的效益必须远高于企业支付的人力成本。而阿米巴经营则通过计算"员工每小时所创造的附加价值"来量化效益。

在京瓷，员工不会说"我在自己的岗位上创造了这么多财富"，而会说"我在自己的岗位上平均每小时创造了这么多附加价值"。这个概念在后来成了一个专有名词——单位时间效益，它成了阿米巴经营体系的基础。

不拘泥于所谓的"常识"，以高收益为目标

在京瓷刚成立不久，我看到报纸上刊登着大企业的结算书，于是在心中萌生了这样的想法。

当时的客户几乎都是制造电器、机械类产品的大企业，我发现它们的利润率基本都在 3%~4%，虽然各家之间存在若干差异，但整体利润幅度大致相同。

　　而当时京瓷的税前利润率高达 20%~25%。这让我切身感受到"常识"的可怕。大多数企业家并不具备像我这种追求"销售最大化、费用最小化"的经营理念，而是基于先入为主的观念和所谓的"常识"——"业内大部分企业的利润率都在 3%~4%，和我们公司差不多，所以我们还算不错"。

　　换言之，许多企业家拘泥于这样的常识——"这个业界，这个行业，保持这样的利润率就可以了"。如果以这种观念经营企业，最多只能获得行业内的平均利润。在我看来，大部分企业之所以无法另辟蹊径、灵光闪现地飞跃发展，正是由于企业家只知道在所谓"常识"范围内开展事业。

　　有一个实例能够证明我的观点。我们知道，除去那些从事高附加值业务的企业，一般来说，同一行业的各企业之间"材料费与销售额的比率"往往大同小异，之所以会出现高达数个百分点的利润率差额，原因往往出在销售费用和一般管理费用上。有的公司的销售费用和一般管理费用较高，占销售额的 18%；有的公司则极力缩减这部分费用支出，把其比率控制在 12%~13%。这导致了各企业之间税前利润率的差别。

我在看了其他公司的结算公告后，立即发现了这个本质性的问题。由于同一行业内的各家企业往往使用类似的原材料，因此制造成本也相近。除了拥有低价采购渠道的企业，绝大多数企业的原材料购入价格往往与市场牌价相差不大。与之相对，广告费、招待费等销售费用则弹性较大，根据使用方式的不同，会出现两到三个百分点的差额。因此，我首先把"如何控制销售费用"视为提高利润率的关键。

此外，我还在"控制管理费用"上下功夫。当时的京瓷规模尚小，作为担任技术部门专务的干部，还得早起打扫会客室，有时甚至还打扫厕所。如果雇用保洁人员干这些活儿，则会增加企业的费用。在创业初期，我通过这种让员工"一人身兼数职，互相分工配合"的方式，节省了不少管理费用。

如上所述，当时的京瓷为了彻底削减

销售费用及一般管理费用，可谓付出了所有努力。

为了实现"费用最小化"，需要细分经费项目

要想实现"销售最大化"，只有努力争取顾客的惠顾，拼命进行有效的推销，没有安逸的捷径可走。

由于京瓷初期的主打产品是各种工业用部件，因此既无法像大众消费品那样通过成功的市场预判而一炮打响，也无法通过广告宣传来立竿见影地提高销售业绩。唯一的办法是不辞辛劳地四处拜访客户，耐心地推销我们的陶瓷产品。换言之，实现"销售最大化"的唯一途径是"努力跑业务"。

与之相对，"费用最小化"则是企业经营的乐趣所在。其实现方法可谓多种多样，利润率也会随之发生变化。

为了实现"费用最小化"，我努力做过各种尝试。其中，"细分经费项目"是一种行之有效的方法。对于利润表中经费项目的明细,我的要求甚至超过了公司财务部门。

京瓷的制陶工序流程是:原料部门把调配好的原料交给成型部门;成型部门把原料加工成陶坯后,交给烧制部门;烧制部门把成型的陶坯放入炉中烧制,之后再交给下一个部门……如果想计算在这一系列流程中所产生的诸项成本,比如电费和燃气费,就必须做到"细分项目"。一般来说,财务报表上只会记录工厂整体产生的相关费用。至于哪些是原料部门花费的,哪些是成型部门花费的,哪些是烧制部门花费的,哪些是质检工序中产生的,就不得而知了。由于烧制陶瓷的高温炉是电炉,因此肯定是"用电大户",但如果经费项目不够详细,那么就无法掌握诸如"烧制过程中产生了多少电费"之类的重要数据。

要削减什么费用?在哪个环节削减?削减多少?如果无法搞清这些细节,那么一切只能沦为空谈。仅仅呼吁员工"要节约水电费"并无效果,因为员工完全不知道具体该怎么做。为了解决这个问题,我不惜投入一定的前期费用，在原料、成型和烧制等各部门都安装了电表。这样一来，我就一目了然地掌握了"每个部门各用了多少电费"。于是就能实现行之有效且具有针对性的成本控制："你们部门一直把烧制陶瓷的高温炉开着不关，所以这个月的电费比上个月多了不少。你们要严加管理，注意节能。"

在不少企业，都能看到这样的情景——到了午休时间，社长在工厂内来回转悠，关掉办公室和厕所里开着的灯。这样的举措或许能够培养员工的节约意识，但如果真想有效节约成本，就不要只是一味地在公司里来回关开开，而必须准确把握"各部门所浪费的电力"，摆出具体的事实数据，从而对员工进行有效的批评指正。电费也好，燃气费也好，企业家不要只是茫然地看着项目上的数据，而应该在明确把握浪费源头的前提下亲赴现场，向相关负责人指明问题，从而达到节约用电和节约用气的目的。

我经常一边查看写有各项经费明细的核算表，一边在工厂巡视，从而向员工指出问题的根源。总而言之，企业家要想有效削减经费，就必须在号召员工节约成本的同时，实现经费项目的高度明细化，从而使基层员工和"问题当事人"也能清楚认识到问题的根源。换言之，制作"事无巨细、一目了然"的经费项目表，便是实现"费用最小化"的秘诀，也是企业经营的关键之一。

⑥⑤ 每天都进行核算

经营企业，不能只看月底做出的核算表。

月度核算表是细小数字的累积，是根据每天的销售额和经费的累计，计算出来的。我们必须意识到一个月的核算结果是每天核算的积累。在经营中，如果不看每一天的数字，就像不看仪表盘驾驶飞机一样，不知道飞机飞往何处，在哪里着陆。同样，不看每天的经营数字，就不可能达成经营目标。

> 不可忘记，核算表是每一个人、每一天的工作积累的结果。

京瓷公司每月进行核算，透过每个月的数字变动来审视经营状况。为此，就必须对每天的核算数据做到心中有数，这便是该条目的中心思想。

首先，必须充分把握上个月的相关数据——如上个月的销售额、经费和利润。然后以此为基础，观察一系列的变化——"与上个月相比，这个月的该项目有所改善"……如果不回顾上月的结果，企业经营就无从谈起。

有的企业采取所谓"半财年结算制度"，让财务部门和会计对过去六个月内的总体盈亏进行结算。在我看来，这种方式的时间跨度太大，并不能为企业经营真正发挥作用。

本月度结算必须在次月的前十天内完成

要想通过审视上个月的资料来开展这个

月的经营活动，就必须结清截至上月月末的销售额和经费等项目，然后在下个月的第一周内完成所有业绩数据的计算和报表的制作。即便再晚，也必须在下个月的第十天内完成。如果花了十天时间来得出上个月的业绩结果，那么其对于当月经营活动的参考价值就已经有所贬损。换言之，当月的决策和行动都会因此而出现十天的延误。

为了避免这种情况的发生，应该提前把每天产生的售货记账单分月归纳合计。哪怕是一些没有财务部门的小企业，也应该对自己所委托的会计事务所提出相应要求——"希望你们能在每月的这个日期前完成上个月的结算"。为了实现高效率的结算工作，就要事先把每天的售货记账单按月归总。只要把产生的经费、人工费、银行转账金额等一并计算，然后交给会计事务所，事务所便会予以合计。如果能把这样的准备工作做到位，那么最晚在次月的前十天内，肯定能得到准确无误的财务结算表。

然而，即便是盛和塾的塾生，以前也很

少有人能做到在次月的前十天内完成前月度结算。即便知道结算数据对于次月经营活动的意义，但由于需要花费相当大的精力和劳力，因此大多数企业家会望而却步。而京瓷则一直坚持贯彻这样的方针，40 年来，从不间断。即便如今年销售额已经高达 7000 亿日元，也仍然保持着这种每月及时结算的运作体系。

京瓷公司一直坚持"根据上月结算书，开展当月经营活动"。如果发现上个月的利润表中"由于某部分经费的突然增加，导致利润减少了这么多"，那么这个月就要节约某部分经费。由此可见，及时到位的结算是提高利润率的重要工具，它能帮助企业家迅速发现问题并找出解决方案。

要用企业家的意志"做核算"

"做核算"是我特意使用的表达方式。所谓"做核算"，听起来像是"做假账""掩盖坏账"的粉饰行为，但其实并非如此。我想表达的意思是"核算结果取决于企业家的意志"。

很多人可能会心生疑惑，"核算"是事业奋斗的结果，是自然产生的，为什么还要去"做"呢？

企业经营必须以"天"为单位，每天脚踏实地地奋斗。但如果只知埋头努力，核算结果总会有"随波逐流"的倾向。明明在凭着自己的意志努力经营，可核算结果却是"听天由命"的一串数字，并没有体现出企业家的意志。

经营活动必须源于企业家的意志。以豆腐店为例，之前每天早上做 50 块豆腐，但为了提高产量，于是暗下决心——"今天要加把劲，做 60 块豆腐，所以得比平时早起一小时"。企业家可以像这样凭借自己的意志提高出货量。同理，为了控制成本，企业家可以积极思考如何改良榨豆浆的方法——"以前都是用手挤，如果改用老虎钳夹的话，不但出浆率更高，还能节约大豆用量"。

从该意义层面上看，核算的确是能够"做"的。"做核算"绝非胡乱地人为篡改数字，而是企业家通过自己的意志来提高销售额，削减成本经费，从而使核算结果发生变化的行为。

在企业经营活动中，这点非常重要。如果"上个月的结算结果非常不理想，没有产生利润"，则完全可以归咎于企业家所开展的经营活动。即便企业家为自己开脱——"我可是非常努力的，可不知为何，竟会出现这种结果"，也是毫无意义的。不管核算的结果是好是坏，都是企业家意志的体现。在铁一般的数字面前，一切借口都显得苍白无力。

⑥⑥ 贯彻健全资产原则

京瓷严格防止不良资产的发生。在必要的时候，买进必要的原料，生产必要的产品，这是原则。购买了多余的东西，或者生产了过剩的产品，就会出现不良库存，浪费不必要的经费。

而万一出现了不良资产，就要立

即处理。这虽然会造成一时的损失，但不要顾忌眼前的数字，要拿出勇气，坚决把不良资产处理掉。如果不这样做，将问题搁置，只会带来更大的损失。

一定要坚持在健全的资产状态下经营企业。

京瓷最初生产用于电子工业领域的陶瓷材质绝缘部件，所有产品都按照客户要求定制。换言之，当时的主要业务来源是那些制造电器、机械类产品的大企业，我们的业务员上门洽谈："我们（京瓷）拥有这样的制陶技术和产品。有什么能为贵公司效力的吗？"于是获得了不少定制生产的订单。

客户说："我们正好需要这种绝缘材料。我们研究所正在寻找能够制造它的企业，你们去那儿看看吧，我会帮你们联系好的。"

到了研究所后，那里的研究员对我们说："你们来得正好。其实我们正计划研发这样的产品，所以在找所需的绝缘材料。你们能制造出来吗？成品部件需要具备这样的性能和形状。"我们回答道："我们公司能制作这种部件。"于是获得了少量打样性质的试制品订单。通过苦心研发，把完成的样品拿给客户后，客户反馈道："很不错。我们今后会量产新产品，到时需要大量该部件。事不宜迟，你们抓紧时间，先做 1000 个吧。"就是通过这样的不断积累，才使京瓷取得了今日的成就。

研发制造一丝不苟地完全按照客户的设计图进行，因此自然会被认可和采用。正是通过这种经营方式，公司自创立伊始，就走上了盈利之路。

"陶瓷石块论"的由来

在京瓷成立的第三个年头，税务署的人上门来进行税务调查。

陶瓷制品是在高温炉中烧制而成的，因此无法避免损耗和次品的产生。举个例子，考虑到成品率，如果客户的订单要求生产 1000 个，实际就要生产 1300 个，在其中筛选 1000 个合格品交货。可有时实际的次品数量少于预期，原本预测的次品数为 300 个，结果只有 100 个，于是便有了 1200 个合格品。1000 个给了客户后，还多出 200 个。考虑到客户将来可能会再次要求生产同款部件，于是把多出的 200 个合格品放入仓库。万一哪天需要，就可以直接提供给客户。于是，当时公司的仓库里堆满了这种"剩余合格品"。而在税务调查中，这样的库存却产生了问题。

看到没有交予客户的合格品库存，税务署的人很自然地问道："这些是什么？"

"这些是根据客户的订单要求而生产出来的东西。当时生产得太多，所以剩下了。"

税务署的工作人员又说："那么这就算是库存了。我来看看当初的卖价是多少。"

于是，这些工作人员开始查看相应的单据。

"从单据上看，这东西当时每个售价 100 日元，现在仓库里有这么一堆。这属于公司资产，需要在评估后收税。"

"等一下。这是之前向客户交货后剩下

的，之后对方再也没有下过同样的订单。这些部件以后到底能不能卖出去还不知道呢。但考虑到万一客户再下单时，就能直接提供现货，所以觉得扔掉太可惜了，这才留着的。"

"你也说了，就是因为有卖掉的可能，所以才留着的。这样的话，就等于是资产。既然是资产，就要缴纳相应的税金。"

在这样的情况下，我提出了"陶瓷石块论"。

"该部件是按照客户要求特别定制生产的，没有剩余价值。如果客户不再下同样的订单，就等于是废品一堆。如果是糕点之类，或许还能通过打折来卖掉，但该部件除了下单的客户以外，对别人来说，是毫无用处的，和路边的石块没有区别。要是以后卖出去了，我们自然会报税纳税，但目前请把其资产价值评定为零。我们绝对没有瞒报逃税的意思。"

即便我这么说，税务署的人却仍然坚持己见，认为这属于合格品库存。不管我再怎么解释"如果卖不掉的话，它们等于是石块"，对方依旧不予理睬。仅仅生产过一次的部件尚且如此，如果是客户多次要求定制的部件，由于发生过数次"接单、生产、交货"的商业行为，税务署的人就愈发视其为企业资产。

"只是目前没订单而已，等到订单再来，（这些东西）不就能卖掉了吗？"

"不是这样的，该部件用于客户的试生产，如今生产已经结束，对方也已经告知我们，不再需要它们了。"

"既然如此，那为什么还留着呢？不需要的话，扔掉不就行了？"

"扔掉的话太可惜了。而且，万一将来客户再需要同样的部件，我们又得从零开始做，太麻烦了。"

"既然它们具有这样的价值，就属于资产范畴，必须缴纳税金。"

面对这样的说辞，我当时也一筹莫展。"白白扔掉实在太可惜，即便纳税，也要留着。"这是我当时的想法。

可后来仔细一想，根本没指望能卖出去的东西，一旦被视为公司资产，就会在资产负债表的资产项目中成为半成品或商品库存，最终成为所得的一部分而被收税。

"价值如石块之物，卖出去的希望渺茫，却不得不为之交税。即便视其为资产，也属于不良资产"。随着这种想法的萌芽，我开始下决心扔掉无用之物。

抛弃不良资产，保留健全资产

不仅是剩余合格品的库存问题，我还曾与税务署争执"用于陶瓷部件成型的模具是否应该归于公司资产"的问题。

一旦接到了客户的试制订单，哪怕最初只要求生产 500 个，也需要先打造出精密模具。由于是试制品，可能在生产 500 个之后就不再生产。如果开模费用由京瓷承担，一旦发生"试制完成后未获得量产订单"的情况，就会蒙受损失。如果开模费用由客户支付，则公司就没有负担了。

模具往往价格不菲，在完成试制品并交

货后，公司会把模具保管起来，以备将来量产之用。随着试制业务的不断增加，公司里堆满了这种"价值不明"的模具，至于它们到底还能不能再派上用场，什么时候能再派上用场，完全不清楚。

从财务角度看，模具属于固定资产，会分期折旧。可模具在试制结束后，其实就已经完成了"使命"，不再具有价值，而且客户也已经支付了开模费用。因此，它们只是放在仓库一角的什物而已，并无价值。

可税务署的人却说："这么多模具都应该归入公司资产，然后按照法定耐用年数进行折旧。"

于是，模具也被征了税。

由于使用次数不多，因此模具看起来很新，精度也很高。可根本不知道何时才能再派上用场，很可能再也没用了。一旦被归为企业资产，即便头一年有一定百分比的折旧，也得交好几年的税。

不管我再怎么解释"这是试制用的模具，已经完成了使命，以后不会再来同款订单了，所以它们没有价值"，税务署的人还是一贯地不予理解。他们认为："既然如此，那把它们都粉碎掉得了。当废品处理掉的话，就不算是企业资产。"

把还能使用的模具报废处理，对于当时的我而言，在心里还是有点抵触的。而且考虑到或许客户日后还会要求试制三五个，到时再重新开模就太麻烦了，所以我总是不自觉地保留模具，以备不时之需。可在税务署的征税之下，模具究竟是粉碎还是留下，成了困扰我的问题。

有的企业家却根本无法体会这种烦恼，因为他们不假思索地把这些事务全权交给了财务主管和税务顾问。"由于您的努力经营，公司的结算结果如下，产生了该数额的利润，所以需要缴纳该数额的税金"，企业家在听了这样的汇报后，由于对财务知识一窍不通，所以只知道按照报表数字交税。

什么是库存？在法律上有其定义。但却有不少企业把已经失去价值的备用品和商品归入企业资产。表面上看，企业似乎经营得不错，可等到实物变现时，却发现大量卖不掉的不良库存和不良资产。这样的情况绝非个例，而是普遍存在。

想必各位企业家也有同感。即便是能够卖掉的库存品，一旦在仓库里的时间超过 3 年，就只能超低价贱卖了。对于这样的不良库存和不良资产，企业家必须亲自盘点，尽量舍弃不需要的东西。

这种"舍弃"的工作，许多企业家其实都在实行，但他们的做法往往是"在产生利润的时候舍弃"。一旦产生利润，就必须交税，于是不少企业家会彻底舍弃不良库存；反之，在无利润进账时，如果舍弃多余的资材，就会出现赤字，于是企业家会采取截然相反的方针——"能不扔就不扔"。可见，对于不良库存和不良资产的去留问题，企业家往往根据"自身利害"来决定，其目的是调整结算的账面数据。

而我想强调"舍弃不良资产与自身利害无关"。不管有无利润，企业都应该努力做到"只保留健全资产"。如果能够坚持这种健全的经营方式，即便遭受经济低迷的打击，也能在财务上有所富余。打个比方，哪怕公司的利润率只有 3%，但"全是健全资产的 3%"和"掺杂不良资产的 3%"，二者可谓天壤之别。尤其在经济不景气的情况下，这样的差距更是会导致截然不同的结果。

正确把握实际的资金流向

从财务的专业角度看，那些模具的本质是什么呢？为了让京瓷的员工便于理解，我经常会举一个生动的例子。

例子是一桩简单的小生意——卖廉价香蕉。假设有个身无长物的大叔，得知镇上在办庙会，于是想拿手头的钱做点买卖，小赚一笔。他去附近的市场批发了 5000 日元的香蕉，然后跑到举办庙会的神社夜市。

向管夜市的老大打了招呼后，就准备开卖了。可把香蕉直接放地上也不是办法，在苦苦思索后，他想到了一个法子——在装橘子的纸箱上铺报纸，把香蕉放在上面卖。为了搞到纸箱，他又去了果蔬店。

　　他走进店里问道："能给我个纸箱吗？"
果蔬店老板对他上下打量了一番后，心想：
"纸箱这种垃圾，平时就愁扔不掉，可这家
伙似乎迫切需要。"于是脑子一转，对大叔
说："一个箱子 300 日元。"因为赶时间急用，
所以他只得无奈地花 300 日元买下一个空
纸箱。

　　终于可以开卖了，可如果叫卖时没有敲
打作为"伴奏"，就缺乏声势。

　　为此，大叔又从附近顺手拿了一根棍子。
可纸箱上的报纸实在煞风景，会影响香蕉的
销路，所以他又想拿大点儿的包巾铺在上面，
在包巾上陈列香蕉。于是去买包巾，原价
1000 日元的包巾，砍价到 500 日元买下。在
纸箱上摊开包巾，上面摆好香蕉，终于正式
开张了。

　　当天总算卖完了香蕉，获得了 7000 日元
的销售额。大叔认为自己赚了 2000 日元，感
到非常愉快，于是在回家路上花 500 日元吃
了一碗牛肉盖饭。

　　第二天，税务署的人来找他。"你昨天

赚了 2000 日元，需要交 1000 日元的税。"大叔辩解道："我 5000 日元进的货，卖了 7000 日元，看起来我似乎是赚了 2000 日元，但其实我还投了其他本钱呢。纸箱花了我 300 日元，包巾花了我 500 日元，这些道具合计 800 日元。我其实就赚了 1200 日元。如果按照 1200 日元的所得收税的话，我还可以理解……"

可税务署的人却坚持己见："纸箱也好，包巾也好，你下次做生意时还能用吧。这些道具属于资产。"

就算大叔再怎么不服，再怎么唠叨"纸箱早晚得扔，包巾也破得没法再用了"，税务署的人却始终强调："虽然你说自己只赚了 1200 日元，但从财务的角度看，你就是赚了 2000 日元。这是行业规则。"这么一来，大叔也无从反驳了。

不懂财务知识的人一旦被告知"你赚了 2000 日元，要交 1000 日元的税"，往往会老老实实地缴纳。而在上文的那个"大叔叫卖香蕉"的例子中，如果缴纳了 1000 日元的税金，再刨除 800 日元的道具费，就只剩下 200 日元的利润，算上他昨天吃的那碗 500 日元的牛肉盖饭，他反而亏空了 300 日元，其实一分钱都没赚到。

在现实中，有不少和那位大叔"半斤八两"的企业家，他们由于不懂财务知识，经常在经营活动中犯类似错误。

通过上述例子，希望大家理解把握实际资金流向的重要性，它是实现"现金流经营"的关键。

"购买时下所需"的巨大优势

对于材料，京瓷公司一直遵循"按需购入"的原则。

从前，日本的贫寒人家都会"按日购入"生活必需品。丈夫在外拼命工作一天后，把当天的工钱交给妻子，然后妻子去买当天所需的米、豆酱和酱油，由于家中无积蓄，因此无法一斗一斗（1 斗即 10 升，约等于 18 公制升）地买米，只能一升一升地买，豆酱和酱油也只能少量地买。按照当天生活所需购买，这便是贫寒人家典型的生活状态。

在京瓷，我故意效仿贫寒人家，把"只购买当前所需的量"作为原则。

绝大多数企业在资金充裕时，往往会"大量低价"地购入资材。"买得多，价格就便宜，于是就越划算"，这被视为购买的常识。但我却反其道而行之，坚持"按需购入，决不多买"。与大量购入相比，这种方式的采购价格势必很高。想必不少人对此疑惑不解。为了让大家明白其意义的真髓，我经常会讲一个关于我母亲的小故事。

当时日本还未全面发动战争，我还是个小学生，父亲经营着一家不大的印刷厂，雇用 10 名左右的工人。

那时，父亲老家的乡亲们经常会拉着大板车或挑着扁担，来鹿儿岛市里叫卖红薯和蔬菜。如果有卖剩下的，拿回村里也太麻烦，于是常常会去市里的朋友或亲戚家中休息。我们家也一样，父亲的亲戚经常登门拜访。在城里负重叫卖了一天，想必又累又饿，于是我母亲让他们坐在家里的廊子处休息，还用茶和糕点招待他们。而他们每次都会对母亲说："夫人，这些蔬菜是我们卖剩下的，便宜点儿卖给你得了。"母亲觉得这是他们对于热情招待的回馈，每次都会非常乐意地买下。包括父亲雇用的工人在内，当时家里吃饭的人很多，需要不少食物，所以母亲觉得自己是在做利人利己的好事。

一天晚上，家里人坐在一起吃饭时，母亲对父亲说："今天（你们）村里的亲戚又来拜访了，他们把卖剩下的菜便宜卖给了我，挺好的。"我也觉得不错，可父亲却绷着脸发火："怎么又这样？！真是蠢货！"我当时很不解。母亲热情招待对方，作为回报，以便宜的价格买到了东西，这难道不是好事吗？可父亲为什么要骂母亲是蠢货呢？面对父亲的态度，母亲也很不高兴，噘着嘴一声不吭。

打那以后，我时常思考父亲当时生气的理由。后来发生的一件事，让我对此恍然大悟。一天，我放学回到家，母亲在庭前大喊："啊？不好了。"然后开始掘庭园的土。凑近一瞧，原来那些便宜买来的红薯和芋头一直被埋在土里保存，可它们已经开始腐烂了，所以母亲慌忙地把它们都给挖了出来。

她用菜刀削掉红薯腐烂的部分，把剩下还能吃的小块儿蒸熟，然后放到竹篓里。她对我说："去把你的小伙伴们叫来。"当时我是"孩子王"，所以一边抖着威风，一边对小伙伴们喊道："有红薯吃了哦！"于是一帮小孩儿来到我家，享用母亲的"红薯款待"。看着他们个个吃饱回家的开心劲儿，母亲很高兴，说又做了件好事。

那一刻，我明白了父亲生气的理由。他整天在印刷厂里忙碌，并没有亲眼看到母亲招待父亲亲戚及买入蔬菜时的具体情景，但直觉告诉他："虽然老婆总说捡了便宜，但恐怕是在无谓地浪费钱。"正因为如此，父亲才会在那天吃饭时破口大骂。

母亲当时可能觉得"因为是老公的亲戚，所以才出于好意买下的，可居然还要被骂……"因此一脸不悦。虽然我没有确凿证据，但父亲很可能认为，热情招待是没错，但不能让钱打水漂。

　　母亲为了处理掉开始腐烂的红薯，把它分给我的小伙伴。这让我恍然大悟——"原来如此，虽然一次买得多能便宜点，但却会招致如此大的损失"。

　　由于"购买时下所需"的方式往往无法争取到较为便宜的价格，因此被认为是"违背常识"的做法，但其实并非如此，它才是真正合理的购买方式。

　　"购买时下所需"虽然花费较高，但购买量是真正需要的数量。人是非常有趣的。一旦手头的东西都是必不可少的，就会认真使用，加倍爱惜。反之，如果所需物件在仓库中堆积成山，则往往会出现浪费。母亲买了一大堆红薯，却让它们白白烂掉，这就是一个典型的反面教材。

　　又比如要组装某件产品，组装数量为1000个，组装所需的螺钉和螺栓部件分别只有1005个。在这种情况下，哪怕只是掉了一枚螺钉，工人也会努力把它找出来。反之，如果螺钉和螺栓数量充足，那么即便丢了一两枚，也没有人会在意。原本冲着便宜的价格而大量购入的部件，结果却由于损耗而导致成本不降反升。可见"购买时下所需"的采购方式是具有优势的。

不仅如此，如果真正做到了"按需购入"，就不再需要仓库，从而省去了仓库管理费用，也不会产生所谓的"库存资金占用率"。

京瓷公司一直遵循"购买时下所需"的原则，对于企业经营，具有非常大的正面推动作用。

㉖ 能力要用将来进行时

制定新目标时，要敢于将这个目标设定在自己的能力之上。现在被认为无法实现的高目标，在将来的某一时点定能实现，据此设定目标。同时，为了在设定的时点达成目标，必须考虑提升自己现有能力的方法。

仅凭现有的能力，谁都能断言能做或不能做。但是，不提高现有的能

力，就不可能完成新的工作，不可能
实现更高的目标。

现在虽然做不到，但到时无论如
何也要做到，只有这种态度才能达成
高目标。

在京瓷哲学中，"能力要用将来进行时"
与"追求人类的无限可能性"是一对相互呼
应的条目。"追求人类的无限可能性"也可以
表述为"相信人类的能力无限"。

我们每个人都有无限的可能性。要想成
为出色的企业家、在经营活动中取得巨大成
就，就要深刻理解该条目的含义。

其中心思想是"在描绘自己的人生蓝图
时，首先要以发展的眼光看问题，相信人的
能力会不断成长和提高"。

现实中，大多数人都会简单地给自己下
结论——"这个我不可能做到"。他们把自己
当前的能力作为判断基准。

人的能力并非静止不变，他会朝着未来
的方向，不断成长进步。因此，在数年之后，

就能做到当前根本无法实现的事。没有"我能"的精神，人类就不会进步。在我看来，造物主从各个方面把人类设计为"不断发展进步的生物"，基于这样的思想，我提出了"能力要用将来进行时"的观点。

因此，不要说"我一没文凭二没素养三没技术，所以做不来"，现在开始努力也不晚。只要坚持认真学习，将来势必能够取得进步。人的能力是无限的，能够创造出各种可能性。

想必没有人会真正放弃人生，没有人会真的甘愿维持现状。在潜意识中，人们总是希望通过努力打拼而过上更为精彩和美好的人生。可一旦面对现实中的难题，却往往退缩不前、否定自我。我们必须改变这种消极态度，即便遭遇艰难险阻，也要相信自己："我应该能行""只要好好努力，我应该能搞定"。

如果只以当前的能力来评价自己，那实在太妄自菲薄了。我们不要再把自己限制在既有的能力水平之中，而应该相信能力会随着时间的推移而提高，从而朝着目标努力迈进。这便是我所强调的中心思想。

首先要相信"能力会进步"

早在创业伊始，"能力要用将来进行时"的哲学思想便在我脑中形成了。

那时，在登门推销陶瓷绝缘材料的过程中，我发现，凡是制造电器机械类产品的大企业，他们的研究员往往要求京瓷制造高难度的产品或部件。除了这种高难度的试制任务外，京瓷根本争取不到其他新订单。

那时，名古屋有多家大型制陶企业。有的公司以前制作陶器，后来也开始涉及工业陶瓷业务。在竞争对手林立的大环境下，创业伊始的京瓷只是一家微型企业。由于许多目标客户都已经和大型制陶企业建立了合作关系，因此京瓷不可能抢到既有产品或部件的订单。凡是客户愿意交给京瓷做的，往往都是那些合作伙伴做不来的订单。客户公司的研究员一边展示设计图，一边问："你们公司能做出这个吗？"与大型制陶企业相比，那时的京瓷无论是资金还是技术实力，都存在巨大差距，可碰上的尽是这种高难度的业务。

面对客户的垂询，如果回答"这个做不了"，那一切都无从谈起。一无资金二无技术的微型企业，如果回绝来之不易的生意，只能是死路一条。我一心想让公司经营下去，所以"打肿脸充胖子"地对客户说："我们会努力的，这个要看实际情况，或许能做出来。"结果对方说："如果只是'或许'，那就算了。"我害怕对方不再理睬，于是不得不鼓起勇气说："我们肯定能做出来。"

为了争取到订单，迫于形势，我只能出此下策。通过"撒谎"，得到了试制品的订单，更要命的是，我还和对方约定"3个月后交货"。

当时，京瓷的技术员只有寥寥数人。回到公司后，我对他们说："经过如此这般的洽谈，我答应客户'能够做到'，于是争取到了这个订单。我打算努力拼一把，在3个月内交货。虽然咱们从没做过类似的产品，但通过这样的方法和流程，我觉得应该能行。事不宜迟，咱们快点开始实验吧。"可员工们异口同声地说："领导啊！这是不可能完成的任务。"

京瓷从未制造过如此高难度的产品，凭借当时的技术实力，这的确是不可能完成的任务。可如果就此放弃，之前的努力就会化为泡影。为了让技术员接受我的想法，我开始对他们宣传"能力要用将来进行时"，这便是该理念的开端。我说道："凭借咱们当前的能力，的确难以实现。但在接下来的 3 个月内，通过反复实验，能力势必会提高。"

有时撒谎是"权宜之计"

对于我的这种做法，周遭的人调侃道："明明做不来的活儿，却谎称'能做'，这就是您获取订单的秘诀吧。"这话十分刺耳，他们认为我是依靠诡辩和谎言而搞到订单的，所以对我如此非难。

倘若放任这样的贬损之言，则会造成不良影响，从而产生误解。为了让他们能够理解我的想法并协助我的工作，我如此解释道：

"我并没撒谎。只要我们的能力获得提高，在不久的将来，势必能够完成客户要求的业务。如果到了交货期还无法完成试制品，那就真的成了撒谎；但如果赶在交货期前完成了试制品，就不算是撒谎了。所以说，我并没有向客户撒谎，这只是一种'权宜之计'。"

据说，释迦牟尼佛祖对于不明理之人，也会采取"不传究竟之道，只言权宜之计"的开示法。因此这不算撒谎。

"说了'3个月后交货'，如果最后没能实现承诺，那即便客户骂我是骗子，也算我咎由自取，只能低头道歉。但在交货期到来之前，谎言便不是谎言，而是权宜之计。"我当时一直对干部们强调这点，并顺势激励他们："大家是想成为最终露出马脚的骗子？还是想成为让谎言成真的能人？一切就看咱们接下来3个月的努力了。大家要拼命奋斗，全力研发试制品。"

在试制品完成前的日日夜夜，真可谓如履薄冰、生死一线，大家反复实验和讨论。

当时唯一支撑我的信念便是"能力要用将来进行时"。毕竟自己心里清楚,靠当前的实力无法成功,因此该信念成了我唯一的"救命稻草"。

"能力要用将来进行时"是发展进步的前提

打个比方,假设有一个人,目前一无资金二无技术,但他脑中有个构想——筹措 1 亿日元资金,一年后创业。不管他的愿景蓝图有多么具体而美妙,但在当前的现实环境下,只能是痴人说梦。可他如果花费 1 年时间说服了金融机构或投资者,得到了 1 亿日元的启动资金,并通过自我学习和磨炼而具备了成为企业家的能力,那么他的梦想就不再是白日梦了。

之后又经人介绍,接触到了大学等机构的优秀科研人员抑或在企业裁员中下岗的中老年技术人才,即便他自己不懂技术,也能把远大的计划变为现实。

所以说,只要具有"无论如何都要实现

梦想"的精神，并持续努力，梦想之门必然会打开。我就是一个活生生的例子，当时一无资金二无技术，只能把"能力要用将来进行时"作为自己唯一的"信念武器"，不断努力推进工作。正是由于这份"精神财富"，京瓷才能从"一穷二白"的创业初期成长为如今年销售额高达7000亿日元、税前利润率超过10%的集团型企业。

对科研人员而言，"能力要用将来进行时"也具有重要意义。这么说或许有点突兀，但事实的确如此——只有做到这点的科研人员，才能取得优秀的研究成果。

在大企业等组织中，经常以"项目团队"的形式开展研究工作。我认为，团队成员必须个个具备"能力要用将来进行时"的信念，否则便没有加入团队的资格。如果团队遭遇失败，其中势必有人不理解该信念或不具备该信念。这种实例举不胜举。

该条目不仅适用于企业发展，甚至适用于全人类的发展。因此大家千万不要妄自菲薄，要相信自己蕴藏着无限精彩的可能性。

遇到困难时，不要退缩放弃，应该奋力迎战、坚持到底。

⑱ 目标要众所周知，彻底贯彻

为了达成目标，一定要让全体员工都知晓这个目标，并彻底贯彻。也就是说，这个目标要为全员所共有，大家都把这目标当作自己的东西。

不论是销售部门，还是生产部门，当月的"销售额""生产总值""附加值""单位时间附加值"等这类数字，一定要装进全体员工的头脑里，在车间里、职场里，不论问谁，都能马上脱口说出。

在京瓷的"阿米巴经营"和"单位时间核算制度"里，由于全员知晓目标、共有并贯彻目标，这样就提高了每一个人的参与意识，从而形成齐心协力实现目标的巨大能量。

"目标要众所周知，彻底贯彻"也是我在创业初期归纳总结的成果，当时我千方百计地想团结员工的力量，于是思考出了这样的理念。一般来说，企业家即便对员工阐述自己的想法，其对象往往也只限于公司干部，而很少涉及基层员工，但我却一直努力让全体员工明白我的想法。再加上当时的京瓷还是一家微型企业，而这种方法能获得尽可能多的支持。

所以说，公司规模越小，企业家就越需要获得基层员工的支持。

如果包括基层员工在内的全体员工都与企业家同心同德，势必能够实现团结一心、共同奋斗。基于这样的考虑，自创业伊始，我就一直非常重视"目标要众所周知，彻底贯彻"。

该理念与京瓷哲学中的另一个条目"玻璃般透明的经营"相互关联。在京瓷，不管是结算内容，还是其他信息，都对全体员工公开。换言之，不但做到了"目标众所周知，彻底贯彻"，而且还做到了"彻底公开现状和结果", 这便是京瓷的企业文化。

这么做的效果非常显著——京瓷实现了玻璃般透明的经营, 全体员工都具备"为企业经营出谋划策"的主人翁精神。换言之, "参与企业经营活动"的责任意识在每位员工的心中萌芽。

不少中小企业经常出现这样的状况——管理层与员工之间产生隔阂, 随着工会上级组织的介入, 企业内部爆发劳资纠纷。在京瓷成立初期, 当时的我奋战在企业经营的第一线, 正好碰上日本社会的"工会活动浪潮", 当时存在"职业性"的工会运动团体, 他们把势力一直渗透至中小企业, 通过拉拢和吸收各企业的工会成员, 扩大他们的组织规模, 使各企业的工会服从于他们的指挥。对于没有工会的企业, 他们就会煽动工人"你们公司的老板在剥削和榨取你们, 在独享财富", 从而"赶鸭子上架"般地促使工人们成立工会。

　　管理层辩称"员工不明白我们的苦衷"；而员工们则丝毫不考虑管理层的立场，一味地要求"提高工资，改善待遇"。在这样的对立与僵持之下，双方无法推心置腹地谈判，于是便产生了劳资纠纷。

　　这样的事情在我们这个社会频频发生。但在我看来，劳资关系并非天生对立，可以通过"共同经营"的方式，培养员工的主人翁意识。有的企业家之所以无法使管理层与员工之间产生连带感，其原因在于双方的立场差异悬殊，从而丧失了相互理解的意愿。

　　我认为，如果能让员工和企业家处于同一立场来思考经营活动，那么就能超越传统的劳资关系。为此，就必须让全体员工具备"为企业经营出谋划策"的主人翁精神。

　　换言之，如果每名员工都能把自己看成是"参与企业经营活动的一分子"，那么劳资纠纷就根本无从产生。正因为如此，我才会反复强调"目标要众所周知，彻底贯彻"的重要性。当我有难处或烦恼时，我会告诉全体员工，让他们理解我的处境。在数十年的企业经营生涯中，我一直秉承着这样的理念。

我认为，正是由于采用了这种"全员参与经营"的方式，才使得京瓷公司的劳资关系能够保持和谐圆满。

第 4 章

关于开展日常工作

⑥⑨ 提高核算意识

> 京瓷以阿米巴为单位实行"单位时间核算制度"。这样，谁都可以清楚地了解部门的工作成果，每一位员工都必须具备经营者意识，都必须认真思考如何提高自己所属的阿米巴的"单位时间效益"，并付诸实践。
>
> 平时，我们强调即使是一支铅笔、一枚别针也不能忽略，爱惜物品，就是上述核算意识的体现。
>
> 散落在地上的原料，堆积在车间角落里的不良品都是金钱。我们必须把核算意识提高到这样的水平。

不仅限于公司干部，我一直对全体员工反复强调"要提高日常的核算意识"。我所说的"核算意识"其实就是"成本意识"。换言之，在日常工作中，要以成本意识来处理一切事务。说到"收支平衡"，不少人会把它和

"获得利润"直接挂钩，但其实并非如此。"收支平衡"是"成本思维"的目的，是提高经济效益的关键。

如果在工作中不考虑花费与成本，企业经营势必无法顺利开展。

以宾馆里的餐厅为例。餐厅空空荡荡，男女服务员因无事可做而站着发呆，放眼望去，零星的几位客人点的都是 1000 ~ 1500 日元的咖喱。如果我看到这幅情景，便会立即在脑中计算服务员的人工费和餐厅一天的营业额等相关数据，然后得出结论——这家餐厅入不敷出。自己的生意自不必说，即便是像这种与自己无关的场景，也要做到"以成本意识瞬时思考"。企业家如果在平时养成了这种习惯，与茫然旁观者相比，其经营能力自然能与后者拉开巨大差距。身为企业家，对于日常生活中的各种现象，要做个认真观察思考的有心人，切不可漫不经心地一瞥而过。无论何时何地，都必须具备成本意识思维。

再举个更为具体的实例。企业家把一项

事务性工作交给秘书，工作内容是"把一张纸上的内容敲到电脑里"。可秘书却办事拖沓，花了半天才完成。

大学应届毕业生目前的起步月薪为20万日元。即便是中小企业，算上加班费，平均每名员工每月的人工成本就高达30万日元左右。再算上奖金，总计约40万日元。假设员工每月的工作天数为20天，每天的人工成本就是2万日元。假设员工每天的工作时间为8小时，每小时的人工成本就是2500日元。再除以10，就求得了"每6分钟250日元"的人工成本价。换言之，人工成本就像出租车的计价器，每过6分钟，就会增加250日元。

这么一想，看到无所事事的员工，自然会觉得碍眼。如果以成本意识看问题，"到处瞎转悠"的人就不是人，而是"每6分钟250元"的金钱。面对这样的损失，企业家当然会如坐针毡、忍无可忍。

或许是因为自己身为企业家的立场，所以我会以这样的思维方式看问题。但我认为，必须让员工也领会这样的理念——"你的工资是每 6 分钟 250 日元，如果你每 6 分钟为公司创造的财富不足 250 日元，公司就会因为你而蒙受损失"。假如全体员工都能具备这样的成本意识，那么即便浪费了一小时，他们也会努力在下一个小时的工作中弥补，从而创造出 5000 日元乃至 10000 日元的价值。

需要注意的是，如果企业家总是当面训斥员工"你上午在发呆，等于是浪费了公司的 10000 日元"，就容易给人留下苛刻和冷酷的印象，从而招致员工的反感。应该潜移默化，让员工自觉反省"我今天上午好像一直在发呆，害得公司损失了 10000 日元"。这样一来，企业经营势必会无往不利。

总而言之，必须让全体员工经常思考"我此时此刻的做法，到底会耗费公司多少成本呢"。这便是该条目的中心思想。现实中，具备这种成本意识的往往是企业家和管理层，对于员工的各种浪费行为，他们感到急躁和不满，最终因无法容忍而怒火爆发，但这只会起到反效果，从而与提高经济效益的目标渐行渐远。反之，面对企业家的批评指正——（你）这种做法会使公司蒙受损失，如果员工具备与企业家相同的意识，就能做到虚心接受这个指正。不仅如此，具备成本意识的员工还能为企业家分忧解难。

作为企业家，不仅在处理公司事务时需要具备成本意识，即便在日常生活中，也要时刻具备成本意识。比如在宾馆餐厅或拉面店用餐时，心里会想"我来大致估算一下成本，看看这家店的经营状况如何"。如果养成了这样的思考习惯，当自己要开展新业务时，只要脑子稍微一转，就能立刻计算出结果——"这个生意应该能实现收支平衡""这个生意恐怕谁做都很难盈利"……不管是在工作中，还是在玩乐中，都要时刻"以成本意识看世界"。做到这点，就能发现更多的商机。

对于员工，企业家要积极宣传、坚持教育，让成本意识植入员工心中。对成本敏感的员工越多，企业就越能提高经济效益。

成本意识的培养从知道每个螺钉和螺栓的价格做起

当京瓷规模尚小时，我经常亲自去视察生产现场。看到每公斤值不少钱的原材料散落在地上，我顿感切肤之痛，于是立刻召集现场的工人，进行训话。"为什么把原材料随便洒在地上！？"我至今仍记得自己当时大发雷霆的样子。

的确，在组装车间等生产现场，工人由于专注于手头的作业，有时会不小心把螺钉和螺栓掉在地上。由于是流水线式生产，面对掉落的螺钉和螺栓，如果一个个去捡，就会跟不上生产节奏，工人们必须马不停蹄地进行组装，因此对于掉落的原材料往往不予理会。在这样的过程中，掉在地上的螺钉和螺栓就会被工人在无意中踩坏，从而失去使用价值。正因为如此，当我目睹散落在车间地面的原材料时，立刻想到"照这样下去，公司是无法维持收支平衡的"。

所以，每次看到地面上有螺钉等原材料掉落时，我都会问在场的员工："有螺钉掉在地上了，你知道一个螺钉要多少钱吗？"面对我的提问，员工往往会先露出一副不解的表情，似乎在抗议"干吗问这种问题"，然后回答："不知道。"正式工尚且如此，如果是打零工的女工，就更加"一问三不知"了。因此，需要让他们知道"一个螺钉的价格是多少"。

换言之，培养核算意识，首先要从知道每个螺钉和螺栓的价格做起。如果员工不能把握成本信息（比如"浪费一枚螺钉或螺栓会造成多少金额的损失"），那么提高经济效益就无从谈起。因此，企业家应该在自身具备成本意识的基础上，对全体员工进行教育，使成本意识渗透到他们的思想之中。这点非常重要。

⑦⓪ 以节俭为本

公司业绩比较好的时候，我们往往容易放松对经费的控制，觉得"花一点小钱无所谓"或"不必那么小里小气的"。这样一来，各部门的浪费累积起来，就会极大地影响整个公司的利益。

一旦养成了自我放松的习惯，当形势变得严峻时，即使想要紧缩经费，也很难恢复到原有的状态。因此，无论在什么情况下，我们都必须注意节俭。

把经费压缩到最小限度，可以说这是我们参与经营最贴近的方式。

在京瓷创立伊始，由于当时"一穷二白"，因此向员工强调节俭是理所当然的。而在历经 40 年后，公司已然成为一家合并结算销售额高达七八千亿日元、利润将近 800 亿日元的大企业。可能有人会问，我为什么还要以节俭为宗旨，并依然坚持实行呢？

　　人的想法会不断变化。我在讲解"人生方程式"时，已经向大家详细阐释过这点。"以节俭为本"是京瓷哲学的根基，是最为重要的条目。我一直强调，人的思维方式和哲学思想最为重要，但它其实是在不断变化的。所谓"人心易变"，在人的一生中，并不会持续抱有同样的想法。有的企业家在一段时间内凭借高尚而优秀的思维方式取得了事业的成功和人生的幸福，但随着功成名就和周遭环境的变化，其思想变得腐化，人格也开始堕落，最后公司破产倒闭，曾经辛苦创立的基业毁于一旦。这绝非耸人听闻，而是确实存在的现象。换言之，随着企业家思维方式的变化，企业的经营状况也会相应地变化。

　　"以节俭为本"是极为朴素的准则，对于现在的京瓷而言，这规矩似乎有点"小家子气"，但我经常强调"现在是过去努力的结果，将来取决于今后的努力"，即便销售额高达几千亿日元，即便成了世界级的大企业，也不能忘记勤俭节约。我认为，不管环境怎么变，企业经营的根基不能变。

可能一直要求自己节俭的缘故，我这个人怎么都学不会奢侈。我出差时经常一个人用餐，如果在宾馆的餐厅消费，那么一顿晚饭的花销可能会高达几千甚至一万日元。对于那些能够坦然享受如此"高消费"的人，我是无法理解的。

稍微计算一下，就能知道，我们平时在家里自己做的饭菜，每顿的成本价应该不会超过 1000 日元；可到了宾馆，随便一顿就要花好几千日元。

我休息日的一大乐趣是和妻子一起去超市大采购。我每次都推着购物车跟在她后面，一边说"买这个吧""买那个吧"，一边把各种食品往车里放。这时，妻子总是对我抱怨："你平时很少在家，也很少回家吃饭，却还要买这买那的。"但我的确非常享受这样的购物过程，于是买了一大堆，心想"今天我真是奢侈了一把"，可在收银台结账时，结果一共也就花了 15000 日元左右。而且据她说，买的食品可以保存 10 天左右。

可能是我"劳碌且小气"的天性使然吧。去吉野家吃牛肉饭是我的一大爱好。但由于我一把年纪，独自跑到吉野家用餐，实在有点难为情，因此经常叫上我的司机同去。点大碗的话，米饭太多吃不下，所以我往往会点两碗普通量的牛肉饭，再加一碟牛肉。牛肉饭吃到一半时，饭上的牛肉浇头已经吃光了，这时候再吃碟子里的牛肉——我和司机一人一半，放到米饭上当浇头。对我而言，这已经挺奢侈了。

哪怕每顿晚餐花 5000~10000 日元，哪怕这样连续吃 10 年，我也完全消费得起，但我觉得这样的举动实在太可怕，如果非逼我这么做，那还不如要我的命。我并非因为没钱而害怕奢侈，而是对其存在思想上的排斥。看到那些每天晚上在吃喝花费上大手大脚的人，我实在无法理解他们的心境。

有的企业家稍有成就，便学会了奢侈——总是在宾馆餐厅享用豪华菜品。每当目睹这样的情景，我总是会想，他们在创业之初，应该也是以节俭为本的吧！可在事业取得一定的成功后，由于有了奢侈的经济基础，便渐渐习惯于高消费的享受。人往往就是在这样的过程中改变自己思维方式的。

保持优秀的思维方式是公司业绩长青的前提

要想让公司持续发展、业绩长青，就必须保持优秀的思维方式。五到十年的短期成功或许不难，但如果想让中小企业持续发展，进而长期保障员工的生活福利并维持业绩繁荣，则绝非易事。

今日的成功，不能保证明日的辉煌。身为企业家，不管今日还是明日，都必须拼命努力，要做到"生命不息，奋斗不止"。当我最初觉悟到企业经营是这种不断持续的"人生苦行"时，不禁因目标的遥远而感到害怕和迷惘。

鉴于这样的想法，曾经有段时间，我十分羡慕奥运选手。成为奥运选手自然是非常困难的事，凡成功者，都是相应运动项目中的佼佼者，受到旁人的赞许也好，自己感到

自豪也好，都是天经地义的。要想成为奥运
选手，天赋和努力缺一不可，但具体的行动
还是较为简单的。只要把目标锁定在四年一
届的奥运会，奋力拼搏即可。

与之不同，企业家则必须让企业维持长
期繁荣，十年太短，二三十年是起步，四十
年才算正常。为了实现这样的目标，不但需
要坚持长期的努力，且其间不可有一丝懈怠。
在企业规模较小时，要以节俭为本，脚踏实
地地奋斗；之后，不管自己变得多么富有，
不管企业变得多么优秀，都必须做到"不忘
本，不变质"。这就需要企业家常怀自省之心，
常思克己之道。

正因为如此，当时的我觉得，与企业
家相比，奥运选手算轻松的了。只要拼命奋
斗个五年十年，一旦功成名就，就能光荣退
役了。

事实上，奥运选手也很不容易，他们所
承受的痛苦远远超出我们这些旁观者的想象。
由于我以前对于企业家必须承受的辛劳尚存
嗔念，因此对奥运选手有一定程度的误解。

可能有点跑题了，但我想表达的中心思想其实很明了——"以节俭为本"的思维方式不仅是中小企业及微型企业成长发展的先决条件，也是大企业保持业绩长青的必要前提。希望大家勿忘初心，保持勤俭节约的美德。

㉑ 按所需数量购买所需物品

在购买物品和原材料的时候，因为大量购入能降低单价，于是，轻率地购进超出需要的东西，这是不应该的。

买得过多会造成使用上的浪费。即使一时以便宜的价格大量购入，但因此需要保管的仓库，需要支付库存的利息，这样就增加了额外的支出。而且，由于产品规格变更等原因，买进的材料会变得根本无法使用，这就很危险。

总之，厂家就是厂家，应专注于制造本身，要靠制造获取利润。只在必要之时购进必要数量的物品，这一点非常重要。

　我在前文中阐述"贯彻健全资产的原则"时，也提到了相关的内容。乍一看，我的观点似乎与"批量越大，成本越低"的现代经济原理背道而驰，但在京瓷公司，我一直要求员工在采购时严格遵循这种看似违背常理的做法——只按所需数量购买所需物品，哪怕价格高一点也无妨。

　如果大批量购入，就会产生库存，于是就需要放置的仓库，还会产生库存资金占用率等成本。不仅如此，每次结算时，都需要盘点库存，还必须报废无用的东西。这样一来，原本由于贪便宜而大量购入的物品和原材料，到后来却在悄无声息地蚕食企业的经费。

　在京瓷，"按所需数量购买所需物品"也被称为"购买时下所需"。至于"购买时下所需"所带来的好处，除了上面提到的外，还有很多。比如，由于只采购了所需的量，因此员工就会在使用时特别爱惜，不会随意浪费。如果富余的原材料堆满仓库，那么员工就会麻痹大意——"即便在生产过程中出现失误也没关系，反正仓库里有的是原材料，大不了重做"；

反之，如果没有库存，就不允许失败，于是员工就会珍惜手头的原材料，从而杜绝了浪费。

总而言之，虽然"购买时下所需"的采购方式或许很难享受到优惠的价格，但其带来的好处足以弥补这点儿损失。

⑦ 贯彻现场主义

物品制造的原点在生产现场；销售的原点是同客户接触。

出现问题时，首先需要回到现场。脱离现场，在办公桌旁煞费苦心，空谈理论，绝对解决不了问题。

人们常说，"现场是座宝山"，现场蕴含着第一手信息，这是解决问题的关键。经常去现场，不仅可以找到解决问题的线索，而且可以获得意外的启示，借此提高生产效率，提高产品质量，或者得到新的客户订单。

现场主义不仅适合于生产和销售部门，而且适用于一切部门。

人们常说"现场是座宝山",隐藏在现场中的第一手信息往往是解决问题的关键。企业家通过不断亲临现场,不但能找到解决问题的突破口,还能获得各种意想不到的启示,从而提高生产效率、良品率及接单量。该方法不仅适用于企业的制造和业务部门,在所有部门也都能发挥作用。

在招聘员工时,不少企业青睐优秀的应届大学毕业生。他们通过在大学的各方面学习,拥有较高的专业知识水平。因此,尤其是中小企业,对于年轻且优秀的人才,更是求贤若渴。不要说应届毕业生了,哪怕是从其他公司中途离职的,只要他们具有优秀的技术水平,就会欣然接纳,并且在工作中尊重他们的意见。而他们也因为能够充分发挥自己所学的知识而干劲十足,于是埋头努力工作。

我也一样,通过努力学习,在大学期间掌握了化学合成领域的理论知识。比如,要实现某种化学反应,需要使用怎样的装置、怎样的催化剂等等。在踏上工作岗位后,我力图在工作中发挥自己的才智。然而，像我这种"学院派"的技术人员，往往容易进入一个误区——认为"只要知道方式方法，就能轻而易举地成功"。可一旦付诸实践，却发现困难重重。其原因是没有明确认识到理论和实际之间的差别。理论推断"能够成功"的事，实际操作起来，却比想象中要难得多。

我在前文中也讲过，陶瓷的合成工艺便是一个典型的实例。翻开专业书籍，就能得知相关工艺流程——"把这些原料进行混合后，以该温度烧制即可"，但在实际操作时，却远远没有这么简单。光是"混合原料粉末"这一项作业就很有讲究。粉末是固体，与液体和气体不同，其对于"充分混合"，并没有明确的判断标准。如果光靠理论知识，便无法做出理想的陶瓷成品。换言之，"知道"并不意味着就一定"能做"。同理，如果对现场不了解，那么原本能够做成的事情也会失败。

我经常强调的"重视经验"，与现场主

义的思想如出一辙。这两个条目都是我从事研究工作时的亲身感受。只有把习得的理论知识和现场的实际经验相结合，才有资格说"能做"。我之所以一直呼吁企业家们有时要深入基层、与现场的员工一起工作，正是由于切实体会到了现场的重要性。

现场主义是各部门通用的真理

在京瓷公司成立十多年后，开始尝试建设海外生产基地，而美国的圣地亚哥是首个试点。当时，京瓷买下了仙童半导体公司的一处工厂，并把日本总部的三四名技术人员派到当地，开始工厂运作。然而，一开始问题颇多，建设投产遭遇了许多困难。于是我一次次地亲赴现场视察和指导。当时，圣地亚哥工厂负责人是个美国人，他对我的做法持有异议。

"您亲临现场，和工人们一起进行生产作业，这让我非常困扰。您是日本京瓷总部的高层，而且还是最大的老板，却穿着工作服出现在现场，还帮助基层工人完成工作，这真是违反常理。堂堂企业领导，明明有其他重要的事务在身，却做着和拿三五美元时薪的基层工人同样的工作。您想，他们会如何看待您呢？他们会认为您的工作能力和他们半斤八两，或者认为您是因为觉得有趣而在'玩票'。再加上您的英语也不太好，到了现场，会被员工轻视，从而丧失威信，进而影响到今后的工作开展。如果您想了解现场情况，只要吩咐一声，我们就会让现场的工作人员来汇报，所以希望您待在自己的办公室里就好。"

对于他的说辞，我愤然反驳：

"你在说什么呢?! 重视现场一直是我的作风。不管别人怎么说，我都要亲赴现场。"

当时，我经常和那名工厂负责人如此争执。

不仅如此，当看到现场的工人动作缓慢时，我会批评指正。有一次，一名工人为此和我吵了起来。他是位退伍军人，曾服役于美国海军，二战时在硫黄岛和日军打过仗，是条硬汉子。对于在日企工作，他可能在心中一直有所抵触，再加上日本人以领导的身份当面批评呵斥自己，于是他怒火爆发，对我吼道"你这个小日本！"当时，之前提到的那名工厂负责人也在场，他在看到这一幕后，对我做了一个无奈的表情，似乎在说："我早就提醒你了，谁叫你不听劝。"即便如此，我仍然坚持贯彻现场主义。

后来，担任圣地亚哥分部总经理的美国人并不去现场察看，而是把下属提交的数据输入联网的电脑，用电脑进行生产管理。当我得知此事后，立刻前去质问他。他固执己见地辩解道："只要在键盘上输入命令，所有数据都能一目了然，所以没必要去现场。"对此，我训斥道："你自己去现场看看就会明白，这些数据本身就是胡扯！"于是又开始了一次次的争吵。

这么说或许大家不相信。但在30年前，美国近半数的一线工人都不擅长计算，这就导致上报的生产量往往有误，而现场监管员则会把这种无法如实反映现场情况的数据交给领导，使不少领导信以为真。

即便用先进的电脑系统进行管理，倘若输入的数据有误，则毫无意义。可不少管理者却迷信这种数据，自以为拥有了一套出色可靠的系统。不管是生产制造还是生产管理，如果没有"了解现场"的前提，一切都只能沦为空中楼阁。正是在拓展海外业务时遭遇了上述问题，才使我愈加深刻地认识到现场主义这一思维方式的重要性。

现场充满了启示

在我刚踏上工作岗位时，有一位前辈，他便是我现场主义思想的启蒙老师。他做事非常认真，总是默默地努力完成工作。

在混合制陶原料的粉末时，需要用到一种名为"球磨机"的陶瓷器具。它外形呈瓶状，内置的球形研磨体在旋转时会产生离心力和摩擦力，从而使原料磨碎混合。起初，我在实验时按照学校老师教的方法，按部就班地操作，并不思考细节。

有一次，我看到那位前辈坐在清洗台旁，埋头洗着球磨机。他不但用刷帚认真刷洗，还用刮刀把附着在球形研磨体缺口和凹洞处的残余粉末逐一刮掉，最后用水彻底冲净。

堂堂大学生、堂堂男子汉，却为了洗区区一个球磨机而如此耗费精力。我当时有点鄙视他——"平时沉默寡言、其貌不扬也就罢了，可洗个球磨机都这么婆婆妈妈，真是个笨拙之人"。

然而，每次清洗球磨机时都是"三下五除二搞定"的我，却总是无法取得理想的实验结果。有一天，我恍然大悟。如果清洗球磨机时草草了事，就会残留少许上次实验时用到的粉末。这微量的杂质会导致陶瓷成品的性质出现根本性的偏差。

于是我茅塞顿开。他不但用刮刀把球形研磨体的凹洞一个个仔细刮干净，而且还用挂在腰间的毛巾认真擦拭它们。原来如此，我明白了，如果不把清洗工作做得如此细致到位，就无法获得理想的实验结果。

虽然那位前辈并没有直接向我传授这个道理，但他的实际行动为我树立了榜样，使我在潜移默化中获得了领悟。

所以说，必须要关注现场、重视现场。不管制造业、销售流通业，还是其他行业，它都是放之四海而皆准的真理。

以前，在与日本知名律师中坊公平先生会面时，我曾经问他："您作为律师，可谓能力超群、成就斐然。请问有什么秘诀吗？"对此，中坊先生的回答是现场主义。我原以为律师的工作就是坐在办公椅上审读资料、思考对策，但他的一番话却让我醍醐灌顶，我一直向现场寻求所有问题的答案，解决问题的关键线索必然在现场。这让我再次认识到，现场主义适用于各行各业。我希望大家也以现场主义为方针，不要仅仅局限于理论层面的理解，而要在实地了解现场情况的基础上开展工作。

接下来，我要讲的条目叫"重视经验"，它与现场主义可谓是殊途同归，其核心思想是"只有实践，才能出真知"。换言之，如果没有自己亲自动手做过，就谈不上是真正的"会做"。对于该条目，我打算只引用《京瓷哲学手册》中的解释，而不再对其做进一步的展开。我把说明重点放在紧接其后的条目——“制造完美无瑕的产品”。

(73) 重视经验

在企业从事技术开发和产品制造，经验不可或缺。仅有理论是远远不够的。

以陶瓷为例，把原料的粉末搅拌混合，然后成型，再经高温烧结后完成。这一点只要学习，谁都能理解。可是，粉末的搅拌混合究竟是怎么一回事，不亲手操作，不经过辛苦体验，是绝对领会不到的。如果是液体或气体，当然可以充分混合，可是粉末状的固体，究竟要搅拌到何种程度，才能称之为完全混合呢？这一点只有通过经验才能体会到。

只有将经验与理论结合起来，才能够完成杰出的技术开发和产品制造。

⑭ 制造完美无瑕的产品

　　我们所制造的产品，必须是"完美无瑕的产品"。就像崭新的钞票一样，看上去就能让人感觉到锋利，手感舒服。

　　产品能够反映出制作者的心地。心地粗糙的人制造出来的东西是粗糙的，心地细腻的人制造出来的东西是细腻的。制造大量的产品，再从中选出合格品，抱这种想法，就不可能制作出令客户满意的产品。

　　产品的生产工艺完美无缺，在此基础上，全员集中精神，认真操作，不允许出现一个不良品。目标必须是每一个产品都完美无瑕。

　　为了制造陶瓷材质的半导体集成电路，我曾让公司里的一名技术人员牵头，负责推进该研发项目。

　　对于当时的京瓷而言，半导体集成电路

完全是未知领域，研发之路可谓充满艰辛。研发团队克服了旁人难以想象的困难，经过长时间的埋头工作，终于研制成功。那名负责人把样品拿给我看，我当时心里明白他们为此所倾注的心血和付出的努力。然而，经过仔细端详，发现样品总给我一种"不纯净"的感觉。

制造半导体集成电路时，需要把陶瓷原料放在氮氢混合气体中烧结，由于烧制环境中没有氧元素，一旦基板上有脂肪附着，哪怕只有微量，也会在烧制时炭化，从而使成品呈现灰色。

"不够纯净"是我对该样品的印象，但这样的外观瑕疵并不影响其功能。既然他对我说："社长，我们完成了。"样品的功能想必没有问题。即便如此，我还是对样品做出了这样的评价：

"确实，它的性能或许没问题，但这样不能算合格。"

他问道："为什么不合格？功能特性完全符合要求。"

面对他的疑惑，我说："你仔细看看（这个样品），难道不觉得它有点脏兮兮的吗？"

历经千辛万苦才研发出来的产品，结果却以"不美观"为理由而被否定。他因此而不满，怒气冲冲地反驳我：

"您也是技术人员出身，应该明白'要以理性看待问题'的道理吧。可您却说'脏兮兮'，我不知道这是什么意思！脏不脏和产品的性能并无关联，可您却凭感觉来评判，这也太奇怪了吧。"

对此，我向他解释道："你说了，根据测定结果，它的功能完全满足要求。即便如此，由于其外观出现了变色，最多只能算是功能特性勉强及格的试制品，绝对算不上是完美的产品。功能出色的产品，其外观也必须出色。"

以棒球运动为例，虽然也存在投球时姿势古怪的投手，但绝大多数的优秀选手往往姿势优美。产品亦是如此，优良的产品势必应该具备相应的"气质"。

"这个陶瓷产品本来应该是纯白的，人

们看到它时，应该不禁产生'会划破手'的错觉。我们必须制造出这种完美无瑕的产品。如果外表能做到如此漂亮，那它的性能也一定是最好的。"

当时，我反复强调"会划破手"的理念，因此坚决不采纳他提交的样品。所谓"会划破手"，指的是完美产品所散发的一种气质。后来，对于京瓷的产品，我一直坚持"性能优秀，外观精美"的原则，从而在半导体集成电路的事业上取得了成功。

从那以后，这种说法成了公司上下皆知的惯用语——"随便触碰会划破手，（我们的产品）要戴上手套才能摸"。员工在从事研发生产时，都把制造这种完美无瑕的产品作为目标。因此，对于成品的拿取，我有严格规定，必须戴上手套，禁止徒手触碰。

我认为，正是由于这样的态度和精神，京瓷才能由中小企业成长为初具规模的中型企业，进而发展成大企业。

六波罗蜜与京瓷哲学

不仅局限于产品，员工的行为举止亦是如此。如果员工举止得体、品格高尚，那么企业文化势必也能获得相应提升。总之，企业家不仅要追求产品的完美，还必须追求公司整体的完美。

京瓷哲学其实也是一种"戒律"。我一直强调"作为人，何谓正确？一旦认定是正确的，就毫不动摇地贯彻到底"。从本质上来说，其与释迦牟尼佛祖所开示的戒律是一致的。

释迦牟尼佛祖把"开悟"作为人生的终极目标。在佛教教义中，"开悟"也被称为"到达彼岸"，而凡人一般把它理解为"极乐净土"。但实际上，佛祖所指的"彼岸"其实是"转迷开悟，安心立命"的境界。一旦到达这样的精神境界，便等于是进入了极乐净土。

至于度到极乐净土的方法，佛祖做出了名为"六波罗蜜"的修行开示。六波罗蜜的第一项是"布施"。捐香火钱是布施，助人也是布施。

我经常强调"利他之心"，从表面上看，这一理念似乎与企业经营相矛盾，但其实并非如此。利他之心即"为世人、为社会做奉献"的精神，属于布施的范畴。中小企业家为了守护员工而日夜努力奋斗，在我看来，这种为他人尽心尽力的行为就是一种值得敬佩的布施。

六波罗蜜的第二项是"持戒"，即恪守戒律。佛祖指明了人的"六项根本烦恼"。所谓烦恼，源于对自身肉体的执着，世人常常由于烦恼而堕落。

接下来，我将对这"六项根本烦恼"逐一说明。第一项是"贪"，其指的是诸如贪欲、性欲、名誉欲等人类皆有的欲望。这些欲望与人的肉体共生共存，但切忌纵欲过度。

第二项是"嗔"，心灵被愤怒所控制，横起暴恶，损害他人。

第三项是"痴"，即愚痴无知、智慧闭塞、怀有"愤愤不平，嫉妒他人"的卑鄙之心。

第四项是"慢"，即抛弃谦德、骄傲自大，怀有傲慢之心。

第五项是"疑"，义如其字，即怀疑不信之心。

第六项是"见"，由思维不正而产生错误的知见，以邪见看待事物，以恶念解释现象。

这"贪、嗔、痴、慢、疑、见"便是释迦牟尼佛祖所开示的"六项根本烦恼"，而抑制上述欲望和烦恼的修行，便是持戒。

六波罗蜜的第三项是"精进"，即努力工作。我一直要求大家"要付出不亚于任何人的努力"。即便别人都睡觉了，自己仍然在努力工作，这便是精进。禅宗僧人为了开悟，会进行严酷的修行。不管是干农活儿，打扫卫生，还是坐禅，他们都全神贯注、全力以赴。这便是精进。

企业家如果每天努力地经营公司，便是一种精进。换言之，企业家的努力经营和禅宗僧人的艰苦修行并无本质区别。虽然想和周围的人一样去度假旅游，但由于担心"自己不在时，公司可能会因运转不灵而倒闭"，因此每天早出晚归、拼命工作。精进的方式多种多样，并非只有坐禅才算是精进，认真经营企业也是一种精进。

六波罗蜜的第四项是"忍辱"，即"忍受、坚忍"之意。在经济不景气的大环境下，不少企业家咬紧牙关、坚持到底。依据佛祖圣言，这也是一种修行。

六波罗蜜的第五项是"禅定"。其本意为"坐禅入定"，但按照我个人的理解，其并非指"必须坐禅才能入定"。我认为，如果能做到"至少每天一次，让自己静下心来"，则也是一种禅定。企业家在一味专注于经营事务的过程中，有时会"头脑发热"，从而失去冷静判断的能力。为了避免这种情况，在一天之中，我们至少要给自己一次"稳定心境，冷静头脑"的机会。在我看来，这便是禅定的含义。即便只是在入睡前闭目静心片刻也无妨。

如果能努力实行上述五项修行，便能到

达六波罗蜜的第六项——"智慧"的境界。所谓"智慧"，即理解支配万事万物的宇宙真理。换言之，一旦获得"智慧"，便到达了开悟的境界。

努力实行六波罗蜜，为磨砺人格而倾注一生

如上所述，释迦牟尼佛祖道出了人生的真正目的——开悟，也向世人开示了方式方法——六波罗蜜。换言之，只要尽量抑制自己的烦恼、忍得住痛楚和苦难、保持心境的平和、为他人尽力奉献、努力认真地度过人生，便能接近开悟的境界。而这些内容与我一直强调的"提高心性""磨炼心志""纯化心灵""净化心灵"如出一辙。

然而，由于你我皆凡人，因此不可能到达佛祖所言的开悟境界。犯恶行、动邪念，然后反省和改正，我们的人生正是在如此反复的错误摸索中度过的。由于肉眼凡胎，因此也会不自觉地发抱怨、起愤恨、生欲念。既生为人，自然会有诸烦恼。关键在于尽力

"抑制烦恼"和"磨砺自我"。换言之，六波罗蜜是贯穿一生的修行。当一个人要离开这个世界时，他的人格和灵魂的纯净程度，完全取决于其修行的成果，而这种成果是能够带到那个世界的。在我看来，人的肉体虽然注定会消亡，但崇高的灵魂却能够穿越到那个世界。

即便仅仅为了提升人生方程式中的"思维方式"，我们也要牢记六波罗蜜。企业家只要能够努力磨炼心志，哪怕自己没有发愿，公司也会在不知不觉中发展壮大。不过，大家对此务必要抱有正确的认识——公司发展壮大的结果并非企业家值得炫耀的资本，通过奋斗而提升的人格和人性才是真正属于自己的宝贵财富。

⑦ 倾听产品的声音

当出现问题或是工作陷入困境时，应该认真地、虚心地对相关事物和现象进行连续观察。

例如，在生产现场，用尽一切办法，材料利用率仍然提不高，我们经常会碰到这类障碍。这时候，应该从产品、机器到原材料、工夹具，观察整个工序中的每一个细节，用真诚的目光认真注视有关的现象。如果存在不良品或有维护不当的机器，我们就能听到它们的"哭泣声"。产品自身会告诉我们解决问题的线索。

不抱成见、偏见，谦虚地观察事物的真实状态，这一点十分重要。

该条目与京瓷的产品生产具有密切关系。

京瓷公司的主打产品是工业陶瓷部件，虽然它与陶器一样属于陶瓷产品，但主要用于电子工业领域，因此精度要求较高。制造原料是粉末状的金属氧化物，如氧化铝、氧化铁、氧化镁和氧化硅等。把这些原料粉末放入模具中压制成型，然后放入高温炉烧制，待其固化烧结后，便成了陶瓷产品。

普通陶器的烧制温度在 1300 摄氏度左右，而工业陶瓷有时要在 1600 乃至 1800 摄氏度的高温下才能烧成。一旦温度超过 1600 摄氏度，火焰的颜色就不再是红色，而是呈现一种刺眼的白光，人看了会眼睛生痛。在如此高温的烧制下，压制成型的陶坯会收缩。碰上收缩率高的，其尺寸会缩小两成。而这种收缩必须是整体均衡的，否则便是次品。

对于这种制陶工艺，并没有什么理论知识做支撑，学术界对它的研究也不多，因此几乎只能依靠实际经验。我们京瓷人亦是如此，只能通过反复实验来掌握规律。

因为不确定的因素过多，所以导致各企业的现实状况大相径庭。以"成品率"为例，各家制造商可谓参差不齐。即便使用相同的设备、进行相同的作业，有的企业出现赤字，有的企业却赚得盆满钵满。可以说，生产过程中的良品率决定了企业的优劣。

因此，不管是在我创业前的打工时期，还是在京瓷创立之后，我都坚持频繁地前往现场，并且每次都会带着放大镜，用它来仔细检查每件产品。我用的放大镜由多枚镜片组成，1 枚镜片可以放大 5 倍，另 1 枚可以放大 10 倍，如果 2 枚一起用，放大效果就能加成，如果 3 枚一起用，放大倍率就更高。

产品的体积非常小，精度非常高。比如，圆形或四角的开孔处，只要边角部分稍有缺损，就属于次品。这样的细节当然无法用肉眼察觉，因此我才用放大镜认真检查。同时，还要查看产品中是否混有杂质，合格的陶瓷产品必须是纯白色的，如果表面存在像芝麻点一样的黑色颗粒，则也属于次品。我就是这样一边拿着放大镜，一边认真观察各处细节。通过这样的方式，倾听产品的声音。

观察产品是提高成品率的前提

如上文所述，我经常长时间待在现场，拿着自己的放大镜全神贯注地查看产品。如果放大镜的倍数还不够用，我就用显微镜观察，有时一看就是一小时。在这样的过程中，我渐渐对产品产生了感情，一旦发现瑕疵，就会不禁在脑中重现实际生产流程，并推测"这孩子（产品）是在哪个环节受伤（出现残缺）的呢"。

如果是高规格的产品，有时良品率只有10%，甚至5%。其最具代表性的便是名为IC（Integrated Circuit，即集成电路）的半导体。IC是一种微型电子器件，在一块边长仅有两三毫米的方形硅基板上，搭载着数十万个晶体管、二极管等元件。它是制造手机等电子产品时不可或缺的部件。如果用显微镜观察IC，就能看到上面密密麻麻地排列着晶体管，哪怕只混入微量杂质，也会使IC沦为废品。

半导体产业始于美国硅谷，后来在日本

逐渐繁荣。这是一场微观世界的"产业战争"。胜负的关键是"能在一枚硅晶片上获得多少个良品"。换言之，这是一场关于成品率的竞争。

起初的良品率可以用"惨淡"来形容，一枚硅晶片只能生产出一到两个良品，因此最初的 IC 价格高昂。但随着行业整体工艺水平的提高，成品率也逐渐上升，等到一枚硅晶片能够生产几千乃至几万个合格品时，IC 的单价也就随之大幅下跌。于是，随着半导体价格的下跌，诸如电视机、收音机等使用半导体部件的电器产品，其价格也变得平民化。

要想提高成品率，首先必须从观察产品做起。在观察的过程中，就能听到产品的声音，从而得知产品"哪里疼""在哪里受的伤"，进而查明生产流程中的问题环节。

在上文中，我之所以一直使用"产品的声音"这种拟人的表达方式，并非单纯为了让说明显得生动，而是为了强调认真观察产品的重要性。在实际工作中，我们必须达到这样的心境。

对产品的深厚感情是听到"产品声音"的前提

再给大家讲一个我创业之前的研发经历。把粉末压制成型，放入小的实验炉中，然后升温烧制。由于我当时的技术尚不成熟，因此总是无法取得理想的实验结果。在烧制过程中，陶坯不是这边翘就是那边弯，烧制出的成品就像鱿鱼干一样。我当时不明白翘曲的成因，每天只能一边推测各种可能性，一边反复进行实验。

随着实验的不断推进，我弄清了一点：原料在放入模具加压后，由于上下两面的施压方式不同，因此导致原料粉末的密度产生差异。反复实验后发现，密度低的下部收缩率大，从而发生翘曲。在书本上根本找不到这样的结论，必须依靠自己的力量得出答案。

虽然搞清了翘曲产生的机理，但仍然无法实现上下密度均匀。向客户交付样品的日子一天天临近，必须快点把东西做出来，可就是无法取得成功。即便绞尽脑汁地在工艺流程上下功夫，却怎么都烧制不出理想的成品。

　　于是，为了看清楚陶坯究竟是怎样翘曲的，我在炉子后面开了个小孔，透过小孔窥探炉内的情况。我认真观察陶坯的一系列变化，包括其翘曲程度与烧制温度的关系。结果发现，翘曲程度果然会随着温度的升高而加剧。不管重复多少次实验，它都像个活物一样，在炉中蜷曲变形。我看着看着，实在沉不住气了，突然产生了一股冲动——想将手通过小孔伸进去，从上面把陶坯压住。

　　我当然不可能真那么做，炉内温度高达1000多摄氏度，如果真把手伸进去，瞬间就会被熔化。可自己明明心里明白，却还是忍不住想做出伸手的动作。我认为，只有心怀这种"拼命想攻克难题"的强烈愿望，才能听到"产品的声音"。

　　实际上，就在我想把手伸进炉内将陶坯压住的瞬间，突然灵感闪现——"在高温烧制时，只要从上面将它压住，不就翘不起来了吗？"

于是，我用耐火的重物压在陶坯上烧制，结果大获成功，成品平整而光滑。我之所以能在最后关头找到解决问题的对策，可能也是因为努力倾听了"产品的声音"。

归根到底，对于自己制造的产品，要倾注无尽的爱。只有达到"抱着产品睡"的境界，才能制造出优秀的产品。

侧耳倾听产品的声音，制造完美无瑕的产品

说到"抱着产品睡"，我想起了一件往事。以前，一家广播电视台的广播机器出现故障，需要更换零部件。出故障的是用于冷却真空管的"水冷复式水管"。当时，负责修理工作的三菱电机公司联系到了该水管的生产厂家，但水管是在二战期间制造的，掌握相关工艺的技术人员已经不在。三菱电机公司因此非常犯难，最后找到了刚创立不久的京瓷公司。

当时的京瓷只生产小型陶瓷产品，像水

管这样的大家伙从未涉猎过，自然也没有相应的生产设备。即便如此，我在客户面前仍然"故技重演"，做出了"能行"的承诺，于是又把自己逼到了不得不完成产品的境地。

　　然而，要制造大型陶瓷产品谈何容易。虽然使用的原料与普通陶器相同，但由于尺寸巨大，其在成型干燥的过程中，往往会开裂。如果外侧的干燥速度快于内部，就会因为干燥不均而产生裂痕，所以必须做到"均衡干燥"。而且，如果干燥速度过快，也会发生开裂，因此需要一边用布头包裹还未干透的柔软部分，一边向布头上吹雾气，从而保持一定程度的湿润，并同时让产品慢慢干燥。不仅如此，为了避免产品因自身重量而变形，我还躺在炉窑附近温度适中的地方，把水管抱在胸前，通过缓慢转动的方式，使之均衡地干燥。

　　好几个晚上，我都"抱着水管睡"。如今回想起那一幕，依旧历历在目。在那个过程中，我通过对水管长时间的仔细观察，听到了它的"声音"。

在前文中已经讲过，在《京瓷哲学手册》中有名为"制造完美无瑕的产品"的条目。要想制造"让人不忍随便用手触碰"的完美产品，就必须拥有这种"抱着产品睡"的热情。

损耗并非理所当然

前文的内容涉及制陶业，但我所阐释的理念适用于各行各业。不管是何种制造业，抑或是销售流通业，都必须追求完美。在实际工作中，往往会产生各种各样的损耗，但如果把它视为理所当然的现象，就会出现问题。

各位企业家可以扪心自问，自己是否存在这样的想法——"公司的产品繁多，工人在作业中难免不慎把产品跌落损坏或遗失丢弃"。但如果能改变思维，不把其视为理所当然，以尽量减少损耗为目的，贯彻完美主义，公司势必会发生耳目一新的积极变化。

"墨守成规，安于现状"是人的本性。"我父母经营企业时，用的就是这套模式""我从创业至今，已经有十多年了，一直用的就是这套模式"……人们往往会以这样的理由来强调"老方法"的合理性。企业家如果能打破这种思维模式，侧耳倾听产品的声音，关心产品是否"在哭泣"，就能为公司整体的改善和提升创造契机。

我偶尔会和妻子一起逛超市，经常看到货架上摆放着打折处理的糕点等食品。在我这个外行看来，一些食品并无明显瑕疵，但超市却打对折甚至三折。家具卖场亦是如此，有的家具仅仅因为一处不起眼的残缺，就被作为处理品贱卖。

可见，产品哪怕仅有些许瑕疵，其价格也会立即贬值一半。光从这一点来看，我们也要在生产流程中做到全神贯注、一丝不苟。一旦发生问题，就要认真调查造成产品瑕疵的环节，从而改进生产流程。我认为，不管做什么生意，这样的态度都至关重要。

发明和发现是观察的成果

我再举一个开发非晶硅硒鼓的实例。使

用非晶硅感光硒鼓制造的打印机是京瓷的主打产品之一。这种品牌名为"ECOSYS"的打印机在市场上备受亲睐。其核心部件是非晶硅材料的感光硒鼓。

普通打印机和复印机的感光硒鼓由有机材料制成。有机材料类似于软质塑料，而京瓷采用的非晶硅则是一种高硬度材料。使用有机感光硒鼓的打印机和复印机，其硒鼓寿命只够打印或复印 1~2 万张纸，之后就必须更换新硒鼓；而使用非晶硅感光硒鼓的京瓷产品则不同，即便打印或复印了 30~50 万张纸，硒鼓也不会磨损，在整机寿命期内无须更换。

我当时对于"用过即扔"的一次性消费文化难以接受，觉得这不环保，于是便心生开发非晶硅硒鼓的念头。结果，京瓷成了全世界首家成功量产非晶硅硒鼓的企业。

在制造非晶硅硒鼓时，需要在精密研磨的铝筒表面涂上一层薄膜硅。在成膜工艺中，需要用到硅元素和氢元素的化合物——硅烷，它是一种剧毒气体。把硅烷气体充入容器后，通过等离子放电，使产生的电能把硅元素和氢元素再次分解，在排出氢气之后，硅就附着在了铝筒的表面。

但放电过程是不稳定的，无法对其进行具体控制。打个比方，一旦打雷，我们就能看到闪电在天空各处时隐时现，但对闪电的形状和出现的地点，我们既无法把握，也无法预测。等离子放电的性质与之类似，根据放电情况的不同，有时铝筒的某个部位上的硅膜会偏厚。说是"偏厚"，其实也就比其他部位厚千分之一毫米左右，但铝筒表面的硅膜厚度必须做到整体均一，哪怕只存在极小的误差，也会使其丧失打印机所要求的感光性能。因此这千分之一毫米的误差，便成了亟待解决的大问题。

当时，在学术界，"通过等离子放电而形成非晶硅薄膜的方法"的理论依据已经存在，但其量产技术却迟迟未能取得突破。在学术研究领域，实验室的样本一旦成功，其理论的正确性便能得到承认。但作为我们这些制造商，则必须实现品质稳定的连续性量产。

为此，京瓷也曾进行了旷日持久的研发。在第四个年头，有一天，部下对我报喜，说是"成功了"，我立刻飞奔过去视察，结果发现成品的确非常完美。然而，在我提出"再做一个"的要求后，同样完美的产品却再也没能出现。过了好几个月，又成功了一次，但接着又是连续的失败。

即便制造出了合格的产品，如果不能"批量再现"这种成功，对制造商而言，便毫无意义。为了找出突破口，我对研究员如此说道：

"要重现成功时的所有条件。你想想，成功的那天，你早上出门时是什么心情。如果出门前和老婆吵架了，那么就再和她吵一次。要重现与当时完全相同的心理状态。不仅是物理条件，必须把精神条件也一一重现。或许只有这样，才能让成功再现。"

当时，世界上的多家企业都在进行相关的研发，但结果还是没有一家能够实现量产。京瓷亦是如此，虽然成功过两次，但终究无法稳定地使成果再现。面对毫无进展的研发状况，我曾一度打算取消项目。但一天晚上，不知为何，我突然想去研发现场看看。该项目的研发工作是日夜不间断进行的，研究员们采取轮班制。我到了研究室，朝里一看，发现研究员在打瞌睡。明明一再叮嘱"要仔细观察实验中的现象"，可他们居然如此懈怠。这让我又惊又气，我走到那名研究员的身后，对他怒吼："混账！你们这副德行，会成功才怪！"

一切发明和发现都是敏锐观察的成果。只有具备敏锐的观察力，不放过任何微小细节，才能发现真理。我之所以提倡"倾听产品的声音"，正是为了强调观察的重要性。

如果没有敏锐的观察力，势必无法找到成功的秘诀。基于这样的思想，我当时撤下了那名打瞌睡的研究员，换上了新的研究员。按理来说，撤掉从事多年相关研发工作的研究员，就等于是抛弃了他多年积累的经验，这对企业是一种重大损失。但我不仅毅然决定这么做，还把研究所从鹿儿岛工厂迁至滋贺的八日市工厂，我让原鹿儿岛研究所的一名负责人去滋贺继续领导研发工作，而对其余的研发团队成员来了个"大换血"。

在即将成功的紧要关头进行如此大的人事变动，真可谓是莽撞无谋。一旦失败，过去3年的研究成果就会化为泡影。但我毅然决定赌上一把，我换上了具有敏锐观察力的新研究员，结果大获成功。正因为如此，京瓷才有了"ECOSYS"品牌的打印机产品线。

敏锐聆听机器的"哭泣声"

豆腐店也好，面包店也好，都有各种机器设备。我对机器的异响尤其敏感，因此经常在生产现场呵斥员工："机器在哭泣，你难道听不出来吗？"

机器一旦启动，势必会发出声响。新机器会发出一种悦耳的机械声，可随着不断使用，有的会突然发出一阵突兀的噪声，这便是故障的征兆。由于运转仍旧正常，因此不少人会忽视这种异响。而我对此则非常在意，一直严厉提醒生产现场的员工。

　　或许是习惯成自然，坐车时，我能够发觉车身和引擎的异响。于是对司机说："这声音和平时不一样，车可能有问题。"可司机往往会否定我的意见："没有啊，声音和平时一样啊。"就算我再怎么强调"车的声音和昨天不同"，他还是固执己见。

　　这便是"敏感度"的差距了。由于敏锐程度不同，司机认为声音没有变化，而我却听出了变化。把车开到修理厂检查后，不出所料，滚珠轴承的弹子少了一颗。我认为，必须培养自己较高的"敏感度"，因为它能使人具备预知危险的能力。

唯有井井有条之人才能发现问题和异常

　　我经常对员工不厌其烦地强调整理和清扫清洁的重要性。在京瓷，即便我突击检查，一般也很少发现工作岗位上存在"脏乱差"的现象，可检查桌和办公桌上的纸质资料往往较为散乱。桌子是四角形的，纸张也是四角形的，桌子与纸张的边角如果没有对齐，总让人觉得非常别扭。我一看到这种情况，就会忍不住把它们整理对齐。

"桌子是矩形的，所以应该把桌上的东西沿着四条边平行摆放，否则就会丧失平衡感，让人感觉不快。大家一定要注意，让桌子上的东西保持'四角平行'。"

哪怕只是桌上的笔盒斜放了，我也非要纠正，把它和桌子平行。我的这种"强迫症"已经在公司里出名了，只要一到现场视察，员工就会慌忙地把桌子上的所有物品"平行摆放"。

"井井有条"是一种"和谐"的感觉。我经常用美术纸制作"爱＋诚意＋和谐"的宣传标语。如果一个人看到桌上物品乱放而无动于衷，那么对于优良产品，他既无法理解，也无法制造。只有见状后感到浑身难受的人，才能发现现场的问题。如果无法察觉各种"不和谐因素"，就不可能发现异常。正因为如此，我才苦口婆心地强调整理的重要性。

这一理念与"侧耳倾听产品的声音"相互关联，且非常重要。

㊅ 贯彻一一对应的原则

在处理事务时，不能笼统记账，必须逐一明确，对应处理。

比如，在没有票据的情况下动用现金或物品；或者在没有对现金或物品进行确认的情况下，进行票据处理。这些做法都是不允许的。再比如，应收款的入账确认，必须弄清楚是哪一笔销售的款项，入账了多少。要将其分别一一对应起来进行核销。

另外，在生产活动和销售活动中也一样，要把"总生产值""总收益"这类收益性指标和产生收益所花的经费正确地对应起来，进行严格的核算管理。

在《稻盛和夫的实学》一书中，有一章专门讲述"贯彻一一对应的原则"。

按照正常流程，在交付产品时，需要同时开具送货单。客户在收货后，需要在送货单上盖章确认。只有走完这个流程，这笔交易才能计入公司营业额。虽然细节可能有所区别，但绝大多数企业都会遵循"产品和票据形影不离"的原则。

然而，在一些中小企业里，社长常常会破坏规矩。他们会对出纳说："我急着要去客户那里，先给我 5 万日元，暂估入账单以后再说。"这种"只提现金，不开票据"的情况时有发生。

对财务人员而言，由于从公司保险柜里拿出了 5 万日元，如果没有暂估入账单来证明"社长领了 5 万日元"，就无法做账。不管是金钱还是物品，一旦有进出，就必须有票据相随。这是不可动摇的经营原则。如果没有票据，就不允许金钱和物品的进出。必须在企业中严格推行这样的规章制度，谁都不能搞特殊。

创业初期的一件事，让我深刻领悟了这个道理。当时，公司里有一名比我年长许多的业务员。他性格忠厚，人品不错，且工作认真。我和其他员工都很信赖他。他负责的客户都是一些制造电器、机械类产品的大企业。明明几个月前就已交货，却迟迟没有收到货款。经我询问，他说："客户说会付的，叫我们再等等。"因为他平时办事认真，所以我也就相信了。

有一次，他请了三天假。其间，有客户打来电话质问："我们订的货怎么一直没送来，你们怎么搞的？"我觉得事有蹊跷，虽然知道这么做不对，但还是拉开了他的办公桌抽屉。结果发现里面塞满了送货单，单据上的货物早在几个月前就交付客户了。我不禁纳闷："货到底去哪儿了呢？"

经他本人解释，我才知道了真相。客户拼命催他"快点交货，不然我们这儿没法生产了"，他怕得罪客户，于是慌忙照办。可对方在收货后，就管自己忙去了，他不好意思叫对方盖章，于是只得把票据暂且塞在自己抽屉里。

未处理的票据实在太多，我当时真是大吃一惊。可事已至此，只能和他一起去催账。我对客户说："在 × 月 × 日，这名业务员给贵公司送过一批货，可我们还没收到货款"，但对方由于没有相应的票据，因此没有上报财务和计入赊购账目。我只能说："贵公司用了我们交的货，这点总没错吧。"对方答道："是的，可没有票据，我们也不知道该怎么处理。"这种情况还算是好的，有的客户甚至不承认使用了我们的货品。当时真是焦头烂额。

据那名业务员说，他也曾向客户提出相应的要求，可由于性格怯懦，在遭到敷衍后，便不敢继续强调主张，于是采取"鸵鸟策略"，把问题束之高阁。由此可见，在企业里，只要有一人怯弱，就会导致严重后果。

这起事故让我认识到一一对应的重要性——"一旦交货，就必须让收货方在送货单上盖章确认"。从那以后，我严格规定，不管是人、金钱还是物品，一旦有进出，就必须有票据相随。

决不搞特殊

曾经还发生过这样一件事。当时的京瓷

公司已经颇具规模，有一家制造电器、机械类产品的老客户请求通融："如今经济不景气，35000 万日元的赊购款中，我们这个月先付 5000 万日元，下个月再付 5000 万日元。请理解我们的难处。"

对方算是老主顾了，和京瓷的半导体部门和电视部门等都有业务往来。赊购的总金额为 35000 万日元。

相关业务负责人接受了客户的要求，按照"本月 5000 万日元，下月 5000 万日元"的形式入账。对此，我质问道："等一下，这 5000 万日元是哪批货的钱？"

他答道："这个嘛……反正就是客户付的款。"

于是我说："物品与款项必须——对应，——对冲。这是公司的规矩。这 5000 万日元，你打算和什么对应呢？对客户而言，这又算是哪批货的款项呢？如果随便以总数进行对冲，财务管理就会一塌糊涂。你去问清楚客户，这 5000 万日元是什么货款。如果做不到——对应，我们就不接受。"

客户听闻后颇为恼怒，但我不惜低头请求，最终获得了对方的理解。

在经济不景气的大环境下，企业家往往不会对款项较真，只要客户肯付钱，就"谢天谢地"了，但这样会破坏"一一对应的原则"。创业至今，京瓷一直坚持贯彻该原则，从不搞特殊。

"一一对应的原则"能够提高企业透明度，杜绝违规行为

我曾经和一位就职于日本知名商社的资深人士交谈过，他的话让我大吃一惊。

每年的 3 月份是财务结算期，一到那个时候，各事业部的部长为了完成销售和利润指标，会请求客户串通造假。"我的销售指标还没完成，不好意思，能不能先帮我开 3 亿日元的订购单。"

由于是造假，因此并不伴随货品的进出。等客户发出订购单后，就开具送货单。到了 4 月中旬，财务结算已经结束，于是再让客户开具退货单。换言之，为了应付结算，在

上个财年凭空增加销售额，然后在下个财年
把账做平。

　　我听闻后，顿感毛骨悚然。如果相关负
责人和客户串通一气，凭借票据，几乎无所
不能。这样一来，公司发表的销售额就完全
不可信了。由于造假的销售额并不伴随实物
的进出，不但不会产生相应的费用，销售额
还会百分百地成为利润。换言之，这种作假
手段不仅能抬高销售额，还能凭空产生相同
额度的利润。

　　"业绩由企业家创造"，这是我一如既往
的观点。但我所说的"创造"并非造假，而
是基于意志的奋斗。然而，现实中的许多企
业家都在通过票据来伪造业绩。不管是中小
微型企业，还是大企业，这种行为都极其
普遍。

　　明明没有实物进出，却有票据来往，这
本身就违背常理。不仅如此，伪造业绩还是
严重的违规行为，必须予以禁止。为此，我
一直反复强调"一一对应原则"的必要性。
它不但能防止类似的违规行为，约束企业家

的权力，还能提高企业的透明度和声誉。

根据利润率的变化，便能判断是否"一一对应"

有一个办法能够瞬时判断企业是否做到"一一对应"。

一家公司每个月的销售额和利润往往都会不断变化。根据市场状况，销售额的变化难免大起大落，但利润率的变化幅度却不应该太大。如果企业的利润率起伏不定，就证明其没有做到"一一对应"。

上个月的销售额为10亿日元，利润率为5%；这个月的销售额为8亿日元，利润率还是5%。这样的公司就做到了"一一对应"。

反之，上个月的销售额为10亿日元，利润率为15%；这个月的销售额为8亿日元，却出现赤字。这样的公司势必存在问题。换言之，只要查看利润率的变化，便能判断企业是否做到了"一一对应"。

管理不善的企业往往无法做到"一一对应"，因此其利润率势必会产生剧烈变化。不仅如此，其结算往往较为粗略。即便上半年或整年度显示盈利，但每月的经营状况却时好时坏、参差不齐。在这种情况下，企业家根本无法掌握公司的真实情况。

海外营业网点也应该要求"一一对应"的财务管理

我很早就在美国旧金山南部的硅谷设立了京瓷分公司。当时，美国的半导体产业方兴未艾，京瓷也是业务繁忙。我指派总部的两名员工赴美，负责分公司的运营工作。其中较为年轻的员工是理工科出身，但我还是决定让他负责经营和财务。

由于起初并不熟悉美国的财务会计制度，因此请了一名当地的注册会计师打理公司账目，会计师是一名留美日本人。而我和那名员工曾一起去斯坦福大学的图书馆学习，我们借了最简单的财务入门读物，从基础学起。当时的情景，我至今历历在目。我们一边看书，一边感叹"原来如此，美国人是这么处理票据的啊"。

之后，他逐渐成长，而硅谷的分公司也逐渐壮大。每次去那里出差，他都会向我汇报业绩状况。可我发现结算数据有很大起伏，某个月会大幅盈利，某个月又会严重亏损。于是我质问他："你们从日本总部进口产品，然后销售。既不用雇用工人，也没有大额支出。怎么会出现赤字的？"

他答道："我一直按照注册会计师的指导做账。"

经过调查，我搞清了原因。由于他是理工科出身，那名会计师怕他不理解，于是只教他单式簿记，而没有教他复式簿记。

硅谷分公司通过电报要求日本总部发货，于是总部便把产品空运到旧金山。到达旧金山机场后，马上由中介公司卸货和通关。接着，他会把产品装到车上，送到仙童半导体和英特尔等客户那里。一旦接到到货通知，他就会立刻开具送货单，然后去收货和送货。

这样一来，销售额是产生了，可进货记录却是空的。由于采用的是信用证结算，经由银行处理，日本总部的付款通知单往往要在 10 天后才能到美国。换言之，产品明明已经卖出去了，进货票据却还没开。

这样的处理方式导致了"先卖出，后进货"的奇怪账目。由于还没有进货记录，临近月末的销售额成了"零成本"的盈利；到了下个月，由于补齐了进货记录，出现了"只有进货，没有销售"的情况，于是出现赤字。

对此，我训斥道："你这样完全没有做到——对应。没有进货，就等于没有产品，没有产品，怎么可能产生销售额？遇到这种情况，你应该采取暂估法，先开进货单。这样一来，每月盈亏就不会起伏不定，金额也会与实际相符。"

在京瓷上市前，还有这样一段插曲。当时，公司委托了一名专家从事审计。由于我是技术人员出身，再加上公司成立不久就要上市，因此，他认为我对财务一窍不通，甚至怀疑京瓷的财务管理存在问题。起初，他拒绝为京瓷审计，在我的一再请求下，才接受了这项工作。而他首先关注的是海外营业网点。

"日本国内或许还管得住，但海外分部可谓'天高皇帝远'，往往账面混乱、充斥浪费，因此是调查的重点"。这可能是他当时的想法，可实际的审计结果让他大吃一惊。美国分部的负责人是理工科出身，并非财务专业，可公司账目却一一对应，分毫不差。于是他对我说："真是失敬。我还从未见过如此规范明晰的财务账目。"至此，他对京瓷刮目相看。

"一一对应"不但能杜绝违规，还能实现透明化管理。不管是人、物品还是金钱，一旦有进出，就必须有票据相随。我希望各位企业家都能贯彻该原则。

㉗ 贯彻双重确认的原则

凡是人都难免会出差错。还有一种情况，就是明知不对，却因鬼迷心窍而干起了舞弊的勾当。

为了防止差错和不当行为，有必

要建立由多部门、多人复核的双重确认的体制。比如，购入物品时，要经收货部门和验货部门这两个部门的确认。盖公章时，要经过盖章人和保管人的多重确认。计算数字时，需要两个人验算等。这些都是有代表性的例子。

尤其是有关金钱和物品的管理，一定要彻底贯彻双重确认的原则，建立起防患于未然的体制，杜绝差错与舞弊行为的发生。

关于这点，在《稻盛和夫的实学》的第五章"用双重确认的办法保护公司和员工"中，我也做过阐述。

以前曾有过这样的报道，某公司的财务总监连续 10 年挪用公款，等到东窗事发时，其涉案金额已非常巨大。类似的事件并非过去才有，如今依然频繁地见诸报端。

假设有一名女财务人员，在公司规模尚小时就入职了。几十年来，她一直独自管理公司财务，兢兢业业，从未违规，深得大家信任。但与坏男人交往后，为了满足对方的金钱需求，她不惜挪用几千万乃至几亿日元的公款。当然，我举这个例子并非针对女性，男性的贪污事件也是年年发生。对此，其公司领导往往会说："他（她）在公司干几十年了，工作认真，我也很信任他，居然会发生这种事，真是万万没想到啊。"

不管一个人多么认真负责，只要负责管理保险柜或现金，就有一时糊涂之虞。比如，一开始由于手头拮据，反正没人监督，于是暂且"借用"，打算下个月发工资后补上。可结果迟迟还不上，挪用的金额却越来越大，如此滚雪球一般，最终走入歧途。

人心都有善恶两面。在我看来，管理者应该负起责任。人性的贪婪，往往源于制度的疏漏。倘若制度完善，即便心生贪念，也无法犯罪。

我之所以倡导"双重确认"，并非基于"人性本恶"的思想。相反，我相信人人都有善良的佛性。为了避免员工由于一时的邪念而犯下罪孽，企业需要完善的管理制度。

管理公章也要做到双重确认

在京瓷，最初的双重确认体系是用于管理公章的。当时我是社长，因此不管是汇票、支票还是合同，都必须由我盖章。可我是技术人员出身，整天忙于研究开发和现场视察，不是在和产品打交道，就是在和客户打交道，不可能坐在办公室里一个劲儿地盖章。这几十年来，我亲自盖章的次数，一只手都能数过来。

正因为如此，我把盖章的工作交给了总务和财务。一旦拥有公章，就可以调用公司钱款，如果负责人违规舞弊，后果不堪设想；可如果由我保管公章，工作便无法开展。于是，我想出了一个办法——分割盖章和起草文件的权利。

要想在文件或票据上盖章，就要找管理公章的财务部长。在盖章之前，他必须仔细确认内容，却无权起草文件。

不仅如此，公章平时被锁在箱子里，钥匙则由另一个人保管。财务部长要使用公章时，必须说明原委、提出申请。保管人在确认了文件内容后，方可开箱取章。这等于加了两三道保险，从而做到了防患于未然，避免了员工犯下错误。

㊆ 要把事情简单化

我们往往有一种倾向，就是把事情考虑得过于复杂。但是，为了把握事物的本质，有必要把复杂现象简单化。把事情看得越简单，就越接近事物的本来面目，也就是说，越接近真理。

例如，看起来很复杂的经营，说到底，只不过是彻底追求"销售最大化和经费最小化"这样一个简单的原则而已。京瓷的"单位时间核算制度"，其基础就是"把事情简单化"这种思维方式。

尽力去把复杂现象简单化，这种思维方式，这一考虑问题的出发点非常重要。

　　我是技术人员出身，习惯于"进行实验、观察现象、探究真理"的流程。要想获得新发明或新发现，就必须把复杂的实验现象简单化，否则便会陷入迷局。以数学为例，变量越多越复杂，就越难求解。

　　所谓"把复杂的现象简单化"，其实就是探究其产生的本源。

　　在创业初期，我对财务知识一窍不通。即便看了利润表和资产负债表，也仍然一头雾水。

　　"资产负债表的左侧是资产，里面有流动资产和固定资产等项目；右侧有资本金和盈余公积等项目。左边有货币资金，右边有资本金和未分配利润，两部分相加，就是咱们公司的资金吧。"

　　对于我的说法，财务总监一脸无奈。

　　"您在说什么呢？表的左侧是借方，列示的是资产；右侧是贷方，列示的是负债和所有者权益。资产项目的合计等于负债和所有者权益项目的合计。"

　　我对此表示不解："右边不是写着资本

金吗？它为什么会和负债同列呢？明明应该算作公司的资金啊。"

"您是外行，我没法解释清楚。"

"行了行了。只要提高销售额，从销售额中减去费用，剩下的就是利润。这么理解总没错吧。"

"的确如此。"

"那就不用纠结了，只要追求销售最大化和费用最小化就行了。"

那次交谈之后，我一直把这最为简单明快的道理作为经营原则。

在我看来，"把复杂的现象简单化"是一种近乎直觉的分析能力。对于理工科出身的研究人员而言，更是不可或缺。纵观历史上的发明家和科学家，往往都具备化繁为简的能力，比如我们熟悉的爱迪生。我本人也非常重视这种能力。

有的人却喜欢把复杂的问题进一步复杂化。开会时，他们会强调"我要讲的内容非常复杂"，让人很头痛。我还发现，越是有学问的人，似乎越是有这种倾向。如果简单说明，就体现不出自己的高深，为了证明自己学识渊博，故意把话说得错综复杂、晦涩难懂。在我看来，这样的人往往自己也是一知半解，算不上是真才学。只有把复杂事物解释得浅显易懂的人，才是真正的智者。因此，我一直不断努力，试图做到"把复杂的问题简单化"。

通过添加一维，使复杂的现象简单化

我曾有幸与广中平祐先生交谈。他破解了一大数学难题，因而获得了数学界的诺贝尔奖——菲尔兹奖。当我询问其解题的秘诀时，他答道："简单来说，就是把二维空间中无法求解的问题放到三维空间中。"

在我看来，这正是"把复杂的问题简单化"。

他还解释道："假设有一个平面的十字路口，路口没有信号灯，车辆从四个方向同时开来。有直行的，有转弯的，车辆顿时陷入一片混乱。于是我造出立交桥，从上往下看，似乎是一个十字路口，实际上，由于道路立体交叉，即便没有信号灯，不同方向的车流也不会相互干扰。"

通过"以三维求解二维"的方式，广中先生破解了数学界的一大难题。其本质是"通过添加因数，使复杂的现象简单化"。

静心明心，真髓自见

要想培养这种"化繁为简"的能力，就需要做到"禅定"。禅定即静心，倘若心境杂乱，自然无法把复杂的问题简单化。反之，如坐禅般静心明心，便能以平常心看待事物，从而做到"真髓自见"。佛教称其为"打开心眼"。

我每日都会念诵白隐禅师（白隐禅师是江户时期临济宗著名禅师，开创了"白隐禅"一派。——译者注）的《坐禅和赞》，这是我静心入定的法门。在我看来，以静心明心的境界思考事物，是非常重要的修行，至少应该坚持每天一次。企业家如果只靠敏捷的思维和强力的手腕，即便能得一时成就，也是十分脆弱的空中楼阁，难逃"盛极则衰"的命运。因此，企业家需要慎重的态度和"化繁为简"的能力，并且在经营活动中触及问题的核心。

我认为，不管在企业、财界还是政界，凡身居领导之位者，皆有"化繁为简"的先天才能。这是成为领导的必要条件。

有关《京瓷哲学手册》的内容解说至此完结。希望各位读者反复研读，把其中的道理灵活运用于日常工作和企业经营中。

图书在版编目（CIP）数据

京瓷哲学：人生与经营的原点 / (日)稻盛和夫 著；周征文 译.
— 北京：东方出版社，2015.9
ISBN 978-7-5060-8450-5

Ⅰ.①京⋯　Ⅱ.①稻⋯②周⋯　Ⅲ.①企业管理—经验—日本
Ⅳ.①F279.313.3

中国版本图书馆CIP数据核字（2015）第222049号

KYOCERA PHILOSOPHY by Kazuo Inamori
© Kazuo Inamori 2014
Original Japanese edition published by Sunmark Publishing, Inc.
All rights reserved.
This Simplified Chinese language edition is published by Sunmark Publishing, Inc., Tokyo
c/o Tuttle-Mori Agency, Inc., Tokyo through Beijing Hanhe Culture Communication Co.,Ltd.

本书中文简体字版权由北京汉和文化传播有限公司代理
中文简体字版专有权属东方出版社
著作权合同登记号　图字：01-2015-3436号

京瓷哲学：人生与经营的原点
（JINGCI ZHEXUE：RENSHENG YU JINGYING DE YUANDIAN）

作　　者：	[日]稻盛和夫
译　　者：	周征文
译　　校：	曹岫云
责任编辑：	贺　方
出　　版：	东方出版社
发　　行：	人民东方出版传媒有限公司
地　　址：	北京市东城区朝阳门内大街166号
邮　　编：	100010
印　　刷：	鑫艺佳利（天津）印刷有限公司
版　　次：	2016年1月第1版
印　　次：	2023年5月第16次印刷
印　　数：	250 001—260 000册
开　　本：	720毫米 × 920毫米　1/32
印　　张：	19
字　　数：	242千字
书　　号：	ISBN 978–7–5060–8450–5
定　　价：	89.00元
发行电话：	（010）85924663　85924644　85924641

了解更多
稻盛和夫作品，
请进入"稻盛和夫专题"

分享《活法》
传递稻盛哲学！
团购电话：1330125799

官方淘宝店热搜：东方出版社 http://dfyxcbs.tmall.com
人民东方图书音像专营店：http://rmdftsyx.tmall.com
微博、博客热搜：活法在东方

延伸阅读

《思维方式》

所谓"思维方式"就是我们所持有的思想、哲学,或称为理念、信念也可用人生观、人格表示,也可称为"人生态度"。稻盛和夫坚持作为人应该有正面的"思维方式"的哲学,从而追求人的无限的可能性。

《稻盛和夫的哲学》

稻盛和夫思想的具体呈现。用浅显易懂的语言,从心智、欲望等多个维度深入探讨了"人为什么活着"这一哲学基本命题,并由此展现作者深刻的人生与经营智慧。

《心法之肆:提高心性 拓展经营》

稻盛和夫的处女作,回顾了在50年的经营管理过程中,所经历的种种困难和获得的经验教训,综合阐述了其哲学思想。最终提出了"提高心性 拓展经营"是人生和事业的追求。

《心与活法》

稻盛和夫用丰富的人生和企业经营经历阐释何谓"心态决定命运"。全书分为三部分:度过美好人生,心与经营,人生哲学是我的精神支柱。强调心态一改天地宽,改变心态不仅可以重塑自己,也可以决定事态的发展。领导人必读。

《日航的奇迹》

稻盛和夫亲自推荐。在稻盛和夫身边做了二十八年秘书的大田嘉仁执笔,真实记录了日航重建的全过程,阐释出了其中蕴含的经营与人生的真谛。更是给广大读者展示了一个稻盛哲学践行的鲜活案例。

《稻盛和夫自传》

稻盛和夫亲笔撰写的唯一传记。由曹寓刚和曹岫云共同全新翻译。全书以稻盛和夫的人生经历完整再现稻盛哲学,思维方式决定人生,再现京瓷阿米巴的生成路径。

《心法之贰：燃烧的斗魂》

"燃烧的斗魂"是稻盛先生一直提倡的"经营十二条"中的第8条。他在书中探究了"人心究竟拥有多少强大的力量"，也就是人生应有的状态。

《稻盛和夫的实学：创造高收益》

实现高收益是所有企业家的梦想。稻盛和夫通过经营问答，阐述了一套有效实现高收益的经营方法，而且这一高收益是高于10%。

《京瓷哲学：人生与经营的原点》

本书是稻盛和夫的"想法"和"活法"的原点，汇集了其八十多年来的经营活动和人生旅程的精华。

《稻盛开讲6：企业摆脱经济危机的五大方略》

本书以美国爆发的"次贷危机"为切入点，谈到了企业家在经营活动中应该采取的方式方法与处世态度，以及在面对经济低迷时应该采取的对策方略。

《创造京瓷的男人：稻盛和夫》

全方位呈现稻盛和夫的成长和创业之路，是一本"人性之书"。

《阿米巴经营导入手册》

以引进阿米巴经营的三家企业为例，阐释何谓阿米巴经营、该如何引进和运用、导入前后发生的何种变化，清楚勾勒出阿米巴经营导入的路径。